国家出版基金项目
NATIONAL PUBLICATION FOUNDATION

重庆市出版专项资金资助项目
重庆市"十三五"重点出版物出版规划项目

山地城市交通创新实践丛书

山地城市
立交群设计

龚华凤 ◇ 编著

重庆大学出版社

内容提要

本书旨在从城市空间用地布局、城市交通需求、交通运营、交通安全等方面构思城市立交群的设计，通过交通数据量化分析构造立交群，以交通运营分析确定立交线形，以经济与交通环境等综合指标确定立交群方案。本书分为两篇，共16章，第1篇为技术经验篇，主要介绍城市立交群设计的考虑因素、构思及流程等技术经验；第2篇为实战案例篇，主要以重庆火车北站北站场立交群为例，完整介绍了山地城市立交群设计的全过程。

本书的主要目的在于探讨城市立交群设计的构思和流程，总结城市立交群设计的实战经验，为广大立交规划设计工程师提供案例借鉴。

图书在版编目(CIP)数据

山地城市立交群设计 / 龚华凤编著. --重庆：重庆大学出版社，2019.10

（山地城市交通创新实践丛书）

ISBN 978-7-5689-0969-3

Ⅰ.①山⋯ Ⅱ.①龚⋯ Ⅲ.①山区城市—道路工程—立体交叉—设计 Ⅳ.①U412.35

中国版本图书馆CIP数据核字（2017）第330338号

山地城市交通创新实践丛书
山地城市立交群设计
Shandi Chengshi Lijiaoqun Sheji

龚华凤 编著

策划编辑：雷少波 张慧梓 林青山
责任编辑：肖乾泉 版式设计：黄俊棚
责任校对：刘志刚 责任印制：张 策

*

重庆大学出版社出版发行
出版人：饶帮华
社址：重庆市沙坪坝区大学城西路21号
邮编：401331
电话：（023）88617190 88617185（中小学）
传真：（023）88617186 88617166
网址：http://www.cqup.com.cn
邮箱：fxk@cqup.com.cn（营销中心）
全国新华书店经销
重庆新金雅迪艺术印刷有限公司印刷

*

开本：787mm×1092mm 1/16 印张：15.5 字数：352千
2019年10月第1版 2019年10月第1次印刷
ISBN 978-7-5689-0969-3 定价：128.00元

丛书编委会
EDITORIAL BOARD OF THE SERIES

序 一
FOREWORD

多年在旧金山和重庆的工作与生活，使我与山地城市结下了特别的缘分。这些美丽的山地城市，有着自身的迷人特色：依山而建的建筑，起起落落，错落有致；滨山起居的人群，爬坡上坎，聚聚散散；形形色色的交通，各有特点，别具一格。这些元素汇聚在一起，给山地城市带来了与平原城市不同的韵味。

但是作为一名工程师，在山地城市的工程建设中我又深感不易。特殊的地形地貌，使山地城市的生态系统特别敏感和脆弱，所有建设必须慎之又慎；另外，有限的土地资源受到许多制约，对土地和地形利用需要进行仔细的研究；还有一个挑战就是经济性，山地城市的工程技术措施同比平原城市更多，投资也会更大。在山地城市的各类工程中，交通基础设施的建设受到自然坡度、河道水文、地质条件等边界控制，其复杂性尤为突出。

我和我的团队一直对山地城市交通给予关注并持续实践；特别在以山城重庆为典型代表的中国中西部，我们一直关注如何在山地城市中打造最适合当地条件的交通基础设施。多年的实践经验提示我们，在山地城市交通系统设计中需要重视一些基础工作：一是综合性设计（或者叫总体设计）。多专业的综合协同、更高的格局、更开阔的视角和对未来发展的考虑，才能创作出经得起时间考验的作品。二是创新精神。制约条件越多，就越需要创新。不局限于工程技术，在文化、生态、美学、经济等方面都可以进行创新。三是要多学习，多总结。每个山地城市都有自身的显著特色，相互的交流沟通，不同的思考方式，已有的经验教训，可以使我们更好地建设山地城市。

基于这些考虑，我们对过去的工作进行了总结和提炼。其中的一个阶段性成果是 2007 年提出的重庆市《城市道路交通规划及路线设计规范》，这是一个法令性质的地方标准；本次出版的这套"山地城市交通创新实践丛书"，核心是我们对工程实践经验的总结。

丛书包括了总体设计、交通规划、快速路、跨江大桥和立交系统等多个方面，介绍了近二十年来我们设计或咨询的大部分重点工程项目，希望能够给各位建设者提供借鉴和参考。

工程是充满成就和遗憾的艺术。在总结的过程中，我们自身也在再反思和再总结，以做到持续提升。相信通过交流和学习，未来的山地城市将会拥有更多高品质和高质量的精品工程。

美国国家工程院院士

中国工程院外籍院士　邓文中

林同棪国际工程咨询（中国）有限公司董事长

2019 年 10 月

序 二
FOREWORD

　　山地城市由于地理环境的不同，形成了与平原城市迥然不同的城市形态，许多山地城市以其特殊的自然景观、历史底蕴、民俗文化和建筑风格而呈现出独特的魅力。然而，山地城市由于地形、地质复杂或者江河、沟壑的分割，严重制约了城市的发展，与平原城市相比，山地城市的基础设施建设面临着特殊的挑战。在山地城市基础设施建设中，如何保留城市原有的山地风貌，提升和完善城市功能，处理好人口与土地资源的矛盾，克服新旧基础设施改造与扩建的特殊困难，避免地质灾害，减小山地环境的压力，保护生态、彰显特色、保障安全和永续发展，都是必须高度重视的重要问题。

　　林同棪国际工程咨询（中国）有限公司扎根于巴蜀大地，其优秀的工程师群体大都生活、工作在著名的山地城市重庆，身临其境，对山地城市的发展有独到的感悟。毫无疑问，他们不仅是山地城市建设理论研究的先行者，也是山地城市规划设计实践的探索者。他们结合自己的工程实践，针对重点关键技术问题，对上述问题与挑战进行了深入的研究和思考，攻克了一系列技术难关，在山地城市可持续综合交通规划、山地城市快速路系统规划、山地城市交通设计、山地城市跨江大桥设计、山地城市立交群设计等方面取得了系统的理论与实践成果，并将成果应用于西南地区乃至全国山地城市建设与发展中，极大地丰富了山地城市规划与建设的理论，有力地推动了我国山地城市规划设计的发展，为世界山地城市建设的研究提供了成功的中国范例。

　　近年来，随着山地城市的快速发展，催生了山地城市交通规划与建设理论，"山地城市交通创新实践丛书"正是山地城市交通基础设施建设理论、技术和工程应用方面的总结。本丛书较为全面地反映了工程师们在工程设计中的先进理念、创新技术和典型案例；既总结成功的经验，也指出存在的问题和教训，其中大多数问题和教训是工程建成后工程师们的进一步思考，从而引导工程师们在反思中前行；既介绍创新理念与设计思考，也提供工程实例，将设计理论与工程实践紧密结合，既有学术性又有实用性。总之，丛书内容丰富、特色鲜明，表述深入浅出、通俗易懂，可为从事山地城市交通基础设施建设的设计、施工和管理的人员提供借鉴和参考。

中国工程院院士
重庆大学教授　周绪红

2019 年 10 月

前　言
PREFACE

　　自从 1928 年世界上第一个立交在美国公路上修建后，随着人类社会经济的发展，立交在全世界公路及城市道路上随处可见。在城市市区内，由于城市空间及交通功能要求的限制，立交间距越来越小，立交功能越来越复杂，为满足城市用地、交通需求、交通安全以及环境要求，立交群应运而生。直至目前，业界对立交群的研究和总结极少，能查到的可借鉴资料寥寥无几。为便于行业内学生、教师及同行参考，总结林同棪国际工程咨询（中国）有限公司在国内外立交群设计方面的经验，特编写此书。

　　本书旨在探讨城市立交群设计的构思和流程，总结城市立交群设计的实践经验，为广大立交规划设计工程师提供案例借鉴。同时，也想通过本书，给广大土木工程师特别是道路交通设计工程师，提供一个了解发达国家立交群设计的机会。本书分为两篇，共 16 章，第 1 篇为技术经验篇，主要介绍城市立交群设计的考虑因素、构思及流程等技术经验；第 2 篇为实战案例篇，主要以重庆火车北站北站场立交群为例，完整介绍山地城市立交群设计的全过程。

　　第 1 篇技术经验篇共包括 6 章。第 1 章简述立交桥在国内外的工程技术发展及基础理论发展；第 2 章探讨立交群的概念、分类特征及适用范围；第 3 章介绍山地城市立交群特点；第 4 章总结立交群设计时应重点考虑的因素；第 5 章以美国硅谷 US101 快速路立交群改造项目为例介绍立交群设计的完整流程；第 6 章介绍在工程实践中对立交群评价的方法及指标。

　　第 2 篇实战案例篇从第 7 章开始，共包括 10 章，主要介绍重庆火车北站北站场立交群设计的详细过程。第 7 章介绍重庆火车北站北站场项目的基本情况；第 8 章分析该项目的交通问题；第 9 章根据立交群设计流程确定本项目的研究范围；第 10 章介绍为解决该区域交通问题而进行的区域交通组织构思；第 11 章根据区域交通组织进行立交群方案拟订；第 12 章根据拟订的立交群方案进行交通流量预测；第 13 章根据交通预测流量对立交群各节点确定设计规模；第 14 章对构成立交群的 6 个节点分别进行工程方案设计；第 15 章分别对 6 个节点进行交通运营分析；第 16 章对各节点方案进行方案评价，并进行方案优选总结。

本书既可以作为立交规划设计工程师，特别是城市规划、道路设计、交通工程设计等规划设计工程师的参考案例，也可作为广大城市规划建设与管理人员的参考资料，同时也可作为道路工程、交通工程、土木工程、城市规划等相关专业教师及广大大中专学生的参考教材。

由于时间仓促，经验有限，本书难免存在不足和错误之处，恳请读者予以批评指正。

龚华凤

2019 年 3 月于江与城

目　录
CONTENTS

第 1 篇

技术经验篇

第 1 章　立交桥发展简述

立交桥通常是指在两条或多条道路的相交点，通过设置跨线桥或地通道等构筑物使直行交通跨越或下穿相交道路，同时通过匝道实现转向功能的一种交通组织方式。它既是一种交通组织方式，也是在某一特定区域内桥梁、地通道等构筑物的统称。最早的立交桥概念源于 20 世纪 20 年代交通出入口控制的需要，其目的在于使人流或物流高效安全地通过冲突点。

本章旨在介绍立交桥的发展背景与历程，揭示推动立交发展的因素，帮助广大师生及从业人员系统理解立交桥的发展历史。

1.1　国外发展简述

1893 年，亨利·福特发明了世界上第一辆以汽油为动力的汽车。至 1900 年，汽车开始大量生产，人类进入汽车时代。进入 20 世纪初期，在美国福特和通用两大汽车制造商的推动下，汽车工业快速发展，汽车性能日益精进，销售量蒸蒸日上。1916 年，美国汽车销量首度突破 100 万辆；1920 年，汽车销量超过 200 万辆（美国汽车工业发展史，2006）。

随着越来越多速度更快的汽车的涌现，交通控制方式也不断进步，信号灯控制由最初的煤气灯进化成电动红绿灯。囿于当时交通工程技术，红绿灯控制的交叉口在交通通行能力上越发不能满足汽车数量的增长。与此同时，立体交通的意识逐渐显现。最早的立体交通概念出现在 1916 年，美国马里兰州土木工程师 Arthur Hale 在 1916 年 2 月 29 日申请了世界上第一个全苜蓿叶立交桥专利（Leisch，2014）。

1925 年，法国著名建筑师勒·柯布西耶在他的《明日之城市》

中，从功能与理性的角度出发，首次提出了解决城市拥挤、提高交通效率的多层快速立体交通组织方式（李浩，2009）。

　　苜蓿叶立交可以说是立交组织形式的鼻祖。根据美国国家公路协会（AASHO）1954 年出版的《农村公路线形设计》记载，北美洲最早建成的立交桥是 1928 年在新泽西州伍德布里奇市建成的苜蓿叶立交（图 1.1）（AASHO，1954）。该立交位于当时的 25 号公路与 4 号公路交叉口（即现在的 US 1&9 号公路与 35 号公路），1928 年建成，1929 年投入使用（Kane，2006）。

　　该立交桥为标准苜蓿叶式立交，相交道路均宽 18 m，双向 4 车道。左右转匝道均为单车道，右转匝道均宽 6 m，左转匝道宽 6~9 m。匝道线形均为直线与圆曲线的组合线形，右转匝道最大半径为 150 m，最小半径为 49 m；左转匝道最大半径为 39 m，最小半径为 18 m。

　　欧洲最早的苜蓿叶立交专利属于瑞士，该专利注册于 1928 年 10 月 15 日。最早开始建设的苜蓿叶立交则是 1931—1933 年德国法兰克福在 A3 与 A5 交叉点开建的苜蓿叶立交（后因"二战"暂停），但真正建成投入使用的首个苜蓿叶立交是 1935 年

图 1.1　北美洲第一个立交（新泽西州伍德布里奇市）

图片来源：http://mediad.publicbroadcasting.net/p/kalw/files/201311/RoutesRt4WoodbridgeCloverleaf1961.jpg

在瑞典斯德哥尔摩市中心的斯鲁森立交 (Wikipedia, 2016)，该苜蓿叶立交由当时为解决交通问题而专门设立的一个委员会主持筹备修建。

20 世纪 30 年代后期至 40 年代早期，随着美国地方高速公路和快速路的发展，在一些地方相继修建了一些分离式立交和互通式立交，如芝加哥市滨湖路苜蓿叶立交、宾夕法尼亚州收费道路上的喇叭立交等。其他一些发达国家，如加拿大、德国、英国、日本、瑞典等也纷纷修建了一些立交桥。加拿大在 1932 年开始在多伦多至尼亚加拉大瀑布的高速路上修建立交桥，1937 年第一个全苜蓿叶立交正式开放交通，随后几年又有几座立交相继建成。德国在此期间，随着国内高速路项目的修建，也相继修建了一些立交，如 1939 年建成的 A3 与 A72 立交等（Wikipedia，2016）。

一直到 1956 年，在美国跨区域公路委员会（Interregional Highway Commission）长达 12 年的不懈努力推动下，艾森豪威尔总统签署了长达 80 000 km 的美国州际高速公路项目，美国州际高速公路和立交桥的建设从此拉开了序幕。经过近十年的建设，美国完成总长约 72 000 km 的州际高速公路及上千座立交桥（图 1.2）。加拿大也在此期间修建了几千千米的高速公路及上百座立交桥（Leisch，2014）。截至 20 世纪 60 年代初，世界各国修建的立交桥基本上都采用几种简单的立交形式，最典型的是定向式、全苜蓿叶式、部分苜蓿叶式、喇叭形式、简易菱形、单点菱形、扁平菱形等简单形式。

到 20 世纪 60 年代末期，在美国，随着设计建造技术的提高，一些效率更高、更安全的立交开始兴建，部分早期修建的简易菱形立交也日渐不能适应交通需求。这些立交逐渐进入改造阶段，到 20 世纪 80 年代中期，利用新理念、新技术的改造基本告一段落。这一时期立交桥基本是在总结过去 40 年间立交设计、建造、运营及研究经验的基础上修建的，立交形式相对丰富，也更为复杂。

从 20 世纪 80 年代后期到目前，除少量的新建立交外，大量的立交工程为改造类

图 1.2　1961 年建成的纽约 Bruckner 立交桥

（a）A4&A72 立交（1939 年修建，2006 年改建）　（b）A13&A10 立交（1938 年修建，1997 年改建）

图 1.3　德国在 20 世纪 90 年代后改建的立交示意图

立交（图 1.3）。随着城市向外蔓延扩张，原来的农村变成了城市，州际高速或城际高速不仅是州与州之间或城与城之间的快速联系通道，也成为城市内部区域与区域之间的快速联系通道。一些规模相对较大的城市也不断升级道路等级，将原来的主干道变成城市快速路，立交改造或扩建成为这一时期的主旋律，立交建设地点也由早些年

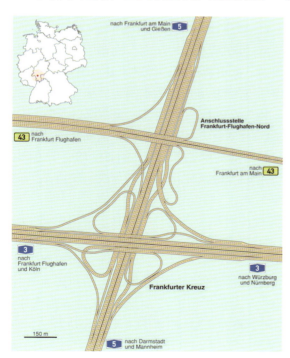

图 1.4　法兰克福科鲁兹立交

的高速路沿线（农村地区）转移到城市内。特别是随着城市化率的提高，城市郊区化越来越明显，导致高速路或快速路出入口越来越多，出入口之间的距离越来越不能满足交通运营的需要，立交形式由单一的个体立交逐渐演变成立交群。

图 1.4 所示为 20 世纪 90 年代改建后的德国法兰克福科鲁兹立交示意图。该立交位于法兰克福机场东北的 A3 高速路与 A5 高速路相交处，始建于 1931 年。后因第二次世界大战，该立交建设暂停，直至 1957 年方建成。A3 与 A5 原为双向 4 车道，后因交通需求越来越大，在 20 世纪 90 年代，经过几次不断地改扩建，目前两条高速均为双向 10 车道。该立交原为标准全苜蓿叶式立交，北面 43 号

道路的建设，加剧了该点转向交通的需求，使该节点的交通组织更为复杂。又由于43 号道路与 A3 高速路相距较近，无法按照两个独立立交设计，故设计成立交群模式。目前，该立交日交通负荷达 320 000 辆，成为欧洲最繁忙的立交之一（节选自Wikipedia）。

1.2 国内发展简述

关于我国立交的发展，根据目前可查阅的资料显示，绝大部分文章（包晓雯，1999）或论文（丁印成， 2007；贾海燕， 2009；谢阳阳，2012）认为，中国最早的立交是建于 20 世纪 50 年代的乌鲁木齐火车站前道路，然后是 1955 年江汉一桥汉阳侧的滨江路半苜蓿叶立交，接着是 1956 年在北京京密引水工程滨河路上修建的 3 处半苜蓿叶互通立交。利用百度百科等互联网资讯，笔者查阅核实这 3 个工程的历史记录，3 个工程的始建时间与上述论断均有偏差：乌鲁木齐火车站始建于 1960 年；江汉一桥于 1956 年建成，建成时为公路桥梁；北京京密引水工程始建于 1960 年，完工于 1966 年。鉴于上述工程在时间先后顺序上与其他可考证资料的冲突，因此本书未按照上述资料罗列中国立交的发展过程。本书按目前可考证的立交修建时间详述中国立交的发展过程。

中国最早的立体交叉思想可追溯到公元前 200 年左右（江南，2010）。最早的概念立交桥被称为"复道"，主要用于宫廷建筑。据史料记载，最早的复道出现在秦朝，秦始皇统一中国后，大规模修筑宫殿，从阿房宫经复道到达渭水河边，横穿渭水直抵咸阳，并利用复道将咸阳都城方圆 200 km 内的 270 座宫室相连。至西汉，长安城内的桂宫有复道西连神明台。到东汉时期，随着建筑工艺的不断发展，楼阁层数的不断增加，复道技术也更加兴盛，复道在宫廷建筑中演变成上有屋顶、侧有壁的空中连廊。东汉时期的洛阳从北宫到南宫，有长达 7 km 的 3 条复道，且宫中专设"复道丞"负责管理复道。

中国较早时期出现的概念立交，其主要使用对象是人或马车。真正用于机动车通行的概念立交，根据相关资料，则是起源于我国西南山区为克服自然高差而形成的分离式立体交叉。根据百度百科资料，我国第一个立体交叉桥当属 1935 年在贵州湘黔公路上修建的螺蛳桥（图 1.5）。螺蛳桥位于贵州省黔东南苗族侗族自治州施秉县甘溪乡刘家庄，由国民政府修建，设计者为毕业于京都早稻田大学的贵州大方人陈樵荪。该桥为单孔青石料石拱桥，高 9.2 m，拱顶距下路面 7.32 m，桥长 19.2 m，桥宽 7.1 m。湘黔公路从东向西穿越拱桥，螺旋式上升从桥面通过。

中国第一座互通立交桥应属 1956 年 1 月 1 日建成通车的武汉江汉桥（现在的江

图 1.5　改建后的螺蛳桥及原桥

汉一桥，图 1.6）南桥头的半苜蓿叶立交（刘子剑，2015；石颖，2011）。根据有关资料，该桥作为武汉长江大桥工程系列之二的工程，于 1954 年 10 月 30 日开工兴建。该桥为 8 墩 7 孔的钢桁架拱桥，北起汉口武胜路，南接汉阳鹦鹉大道，长 322.37 m，宽 25.5 m。其利用桥头边孔上跨汉南路，再通过匝道连接桥面，形成半苜蓿叶立交。

图 1.6　1966 年版武汉市街道地图

关于该立交是否为中国第一座互通立交，根据百度百科有关武汉长江大桥建设历史及江汉一桥的介绍，笔者对比了武汉市 1951 年《新武汉市街道详图》与 1966 年《武汉市街道图》，可以明确 1954 年开始建设江汉一桥时就修建了该半首蓿叶立交。

中国真正意义上的第一座全互通现代立体交叉桥当属始建于 1960 年的乌鲁木齐火车站站前立交（王素芬，2012），该立交也是为克服自然地面高差而建。根据当年参与建设的乌鲁木齐市城建局副局长、总工程师江润芳介绍，1954 年 10 月，我国与苏联发表了《关于修建兰州—乌鲁木齐—阿拉木图铁路并组织联运的联合公报》，兰新铁路被列为我国通往苏联的三条国际通道之一。乌鲁木齐火车站的选址，经中苏专家激烈的争辩推敲，最终选定在市区西南侧雅玛里克山的山坡上。火车站广场与站前的长江路有 30 多米的高差，且还需两次跨越过境公路 312 国道。为处理高差，从长江路绕行，跨越 312 国道后，迂回至站前广场。同时，为方便 312 国道上下行车辆能进出火车站，分别从 312 国道两个方向修建上下匝道连接绕行路段。通过上盘道和下盘道，形成一个扁平全互通首蓿叶立交。该立交工程始建于 1960 年 2 月 13 日，1961年 10 月整体工程竣工，1963 年 1 月 15 日正式通车运营。

由于缺少宣传，再加上乌鲁木齐地处祖国边陲，其他地区很少有人知道这座立交桥的存在。直到 20 世纪 80 年代末，哈尔滨建筑工程学院对全国城市立交进行调研，到乌鲁木齐参观考察火车站椭圆形互通式立交，乌鲁木齐火车站站前立交方才被业界认定为中国第一座立交桥。

在未调研乌鲁木齐火车站站前立交前，广州大北立交一直以来被许多学者认为是中华人民共和国成立后第一个真正意义上的立交（图 1.7）。根据有关资料，该立交

图 1.7 1964 年建成的大北立交

建成于 1964 年 4 月 1 日，当时是为打破国家的孤立地位，开通中巴国际航线，配合旧白云机场新建的，连接白云机场与广州火车站。大北立交也是当时接待外宾的主要通道。大北立交采用下穿道与环形平交相结合的立交布置方式，东西向的环市路以环形平面交叉组织交通，内设一直径为 40 m 的中空环形花岛；南北走向的道路解放北路下穿该环道，道路宽 14 m，桥下净空 4.5 m，两侧各有一引道连接环市中、西路。1986 年，大北立交改扩建，在原立交基础上新兴建一条东西走向的双向四车道大北高架路。1997 年，修建内环路时，又将大北高架西边引桥拆除后与内环路相连，将火车站南侧的上桥匝道拆除，北侧匝道保留作为内环路出口，南侧引桥则保留原状。

现代立交桥的出现总是伴随汽车工业的发展。我国汽车工业始于 1957 年建成的长春第一汽车制造厂，起步较晚，在此之前汽车保有量很低。据国家统计局资料显示，截至 1949 年底，全国拥有民用汽车仅 5 万余辆。经过 20 年的发展，到 1978 年底，全国民用汽车达 135.84 万辆，其中，载客汽车 25.90 万辆，载货汽车 100.17 万辆，分别为 1949 年的 26 倍、15 倍和 30 倍（国家统计局，2013）。这一时期由于中国尚未有高速公路及快速路的建设，普通公路运输车流量尚小，因而未像西方国家那样在公路上率先出现立交需求。而同时期的城市交通问题，特别是机动车与非机动车的冲突，日渐无法通过平面交通解决，全互通或半互通的现代立交桥在我国主要大城市迅速萌芽。

北京复兴门立交是北京市第一个立交桥，建成于 1974 年 10 月（百度百科），也是第一个因为交通需求而修建的城市立交（图 1.8）。该桥位于北京东西长安街与西二环路的交汇点，为扁平全苜蓿叶立交。1978 年，北京市第二座扁平苜蓿叶全互通阜成门立交建成交付使用；1979 年 9 月 28 日，三层苜蓿叶式建国门立交桥竣工通车；1980 年 8 月 20 日，东直门立交桥竣工通车；9 月 20 日，东四北十条立交桥竣工通车；

图 1.8　北京市第一个立交——复兴门立交

翌日，德胜门立交桥建成；9 月 30 日，安定门立交桥建成；12 月 22 日，当时全国最大的城市立交桥——西直门立交桥建成。北京市在 1980 年这一年相继建成多个立交。

进入 20 世纪 80 年代，随着中国改革开放的推进，城市经济逐步复苏，机动车保有量快速增长，城市交通流量越来越大。除北京外，中国其他部分大城市，如上海、天津、广州、重庆、成都等，也逐渐开始修建城市立交，如 1980 年重庆修建的石板坡长江大桥桥头立交、1983 年广州修建的区庄双环四层立交、1986 年天津修建的中山门"蝶形立交"。进入 20 世纪 80 年代末，中国公路进入高速公路时代。1988 年，中国第一条高速公路——沪嘉高速公路竣工通车，全长 15.9 km，设 3 座全互通立交。

20 世纪 90 年代以后是中国城市立交飞速发展的年代。随着特大城市快速环路的建设，城市立交建设铺天盖地。1992 年 9 月，北京二环路建成通车，全长 32.7 km，设 29 座立交；北京三环路于 1994 年全线贯通，全长 48.3 km，设 44 座立交；北京四环路于 2001 年全线建成贯通，全长 65.3 km，设 64 座立交；北京五环路于 2003 年建成贯通，全长 98.6 km，设 70 余座立交；北京六环路于 2009 年建成贯通，全长 187.6 km，设 84 座立交。上海快速环线工程（图 1.9）从 1993 年拉开序幕，到 2015 年竣工贯通的中环线工程，共建成 400 多千米快速环线。广州也在此期间修建 300 多千米

图 1.9　上海环线立交夜景

图片来源：http://www.360doc.com/content/15/0312/20/11735161454650927.shtml

高架快速路，成都、重庆、深圳等大城市也纷纷修建自己的城市快速环线系统。在这些城市快速路上，全国修建了上万座立交桥。

自从 1988 年沪嘉高速公路建成通车，中国高速公路从此进入发展时期。1990 年建设完工的中国内地"神州第一路"——沈大高速，全长 375 km，共设 25 座立交。1992 年，为加快我国高速公路的发展，交通部制定了"五纵七横"国道主干线规划并付诸实施，从而为我国高速公路快速、持续、健康发展奠定了基础。1998 年，为应对亚洲金融危机，国家实施积极的财政政策，加快基础设施建设步伐。高速公路建设进入快速发展时期，年均通车里程超过 4 000 km。截至 2016 年底，根据国家统计局数据，全国高速公路里程突破 13 万 km。按平均 20 km 间距计算，高速公路立交达 6 000 多座。

从中外立交发展过程来看，中国立交起源于城市，也主要建在城市；而国外立交起源于快速路或高速路，主要建在郊区及农村。中国立交从简单的两层立交，逐渐发展成规模超大的多层立交；国外立交从简单立交逐渐演变成立交群，立交占地规模大但立交层数相对较少。在对立交研究方面，中国学者倾向于对立交形式及立交评价方法进行研究；而国外学者更倾向于对立交通行能力、立交安全等方面进行研究。在设计方面，中国工程师通常利用经验判断，简单快速地决定立交方案；国外咨询公司则主要采用交通规划与交通运营分析手段来推导方案。在决策方面，中国通常通过专家评审制由主管单位或业主决定，而国外一般先采用大众参与制，然后由业主决策。

1.3 技术发展简述

Leisch 和 Morrall（Leisch et al.，2014）总结了北美立交技术发展简史。按照他们的划分，立交技术发展按照年代分为 4 个阶段：
①起始阶段：1916—1956 年。
②发展阶段：1956—1984 年。
③应用提高阶段：1984—2014 年。
④未来阶段：2014 年以后。

1.3.1 起始阶段：1916—1956 年

1916—1956 年是立交起始阶段，各种基本形式的立交相继出现。1928 年，全苜蓿叶立交在新泽西州诞生；1937 年，第一座喇叭立交在宾夕法尼亚州的收费道路建成。

从 20 世纪 40 年代到 20 世纪 50 年代中期，底特律第一次修建了下沉式高速公路，并在两侧平行修建了集散道路；洛杉矶在帕萨迪那高速上修建了第一个联系高速公路之间的定向式立交；芝加哥在此期间修建了高速公路系统，并修建了大量的部分苜蓿叶立交。这一阶段的立交设计基本上毫无经验可言，立交形式的确定完全凭借工程师的直觉。

1.3.2　发展阶段：1956—1984 年

从 1956 年起，随着北美大量州际高速公路的建设，立交设计技术进入发展阶段。一些失败的立交案例渐渐引起工程师的反思，其中之一就是在枢纽立交设计时采用一个方向提供左右两个出口，且左出口在左边的设计方法。这种设计后来被研究和交通事故数据证明是很失败的设计。研究证明，一个方向同时提供左右出口，不仅增加了指示牌设置难度，同时也给司机增加了累赘信息，使司机的驾驶负荷增加，从而增大交通事故风险。交通事故数据也显示了左出口有较高的交通事故率，弯道的事故率比直线段高。不幸的是，当时美国 AASHTO（1954、1957、1965 版）的设计手册中提供了这样的设计方法，工程师们理所当然地认为参照国家设计手册应该没有什么问题。另一个经验是有关苜蓿叶立交的适用地点，由于苜蓿叶立交一个方向有两个出口，相应地有 4 个交织段，因此不适宜作枢纽立交。

到 20 世纪 60 年代末期，美国 72 000 km 州际高速公路基本建成，加拿大上万千米的高速公路建设也宣告结束。近 10 年的高速公路及立交桥的亲身驾乘体验与感受，使工程师们也不断地提高设计标准以满足司机驾驶期望，AASHTO 也更新了《公路通行能力手册》。为提高立交通行能力、匝道交通安全以及交通运营效率，根据这些经验及研究，从 20 世纪 60 年代末直到 20 世纪 80 年代中期，早期修建的一些一般服务性立交不断被改扩建，全苜蓿叶或环形枢纽立交也渐渐改造成定向式或半定向式枢纽立交。

这一阶段最显著的技术进步表现在设计和运营指南的编著。根据近几十年的经验及对人的行为因素的研究，1973 年 AASHO 组织编著了《城市道路及城市街道设计指南》，而后在 1984 年，AASHTO 组织编写了著名的绿皮书《公路及城市道路线形设计手册》。在这些设计及运营指南中，主要编著者 Jack Leisch 先生创造性地提出了沿用至今的对立交设计影响至深的几个概念：
①立交适应性；
②车道连续性；
③基本车道数；
④单右出口简化交通标志；
⑤进出口车道平衡；

⑥匝道间距；

⑦立交决策视距。

Jack Leisch 先生也提出了决定立交形式的 4 大因素：

①立交地点分类；

②相交道路等级分类；

③立交交通流量；

④占地和造价。

在发展阶段，对人行为的研究特别是对司机特性和司机期望的研究，是这一阶段立交技术最显著的进步。其他相关立交技术研究，如交通安全研究、交通通行能力研究、交通流研究、交通运营研究等基础性研究，也在这一阶段同步进行。这些研究为后来确定立交设计的各种设计标准，以及改造立交形式提供了坚实的理论及经验基础。

1.3.3　应用提高阶段：1984—2014 年

从 1984 年后的 30 年间（即应用提高阶段），立交技术的提高着重于降低交通事故，立交研究主要聚焦在人的因素、运营分析、通行能力分析、立交几何线形设计标准、交通标志标线等方面。这一时期技术集成主要在于 4 本技术导则的发布，即 2011 版 AASHTO《公路与街道几何线形设计》、2011 版《公路通行能力手册》、2010 版《交通控制统一设施手册》、2010 版《公路安全手册》。

应用提高阶段在立交技术提高方面主要体现在以下方面：

①匝道进出主线加减速段长度增加；

②两车道进出匝道设计；

③建立用于控制匝道曲线线形的设计速度体系，明确主线与匝道设计速度关系；

④明确了与设计车型和匝道曲线宽度关联的匝道宽度；

⑤交叉口视距；

⑥决策视距应用拓展；

⑦确定了与停车视距和决策视距相关联的障碍物高度；

⑧立交间距；

⑨两车道环形匝道设计。

在这 30 年间，两种新的立交形式出现：一种是双环岛菱形立交（图 1.10），另一种是双交叉菱形立交（图 1.11）（Diverging Diamond Interchange，DDI），两种立交都是菱形立交的变形。双环岛菱形立交是在常规菱形立交的基础上，将常规的信号灯控路口改变成小的环岛。这种立交适用于郊区或农村交通流量小的地方。这种立交形式可以大大降低交通事故率，提高交通运营效率，但通行能力较低。

图 1.10　双环岛菱形立交

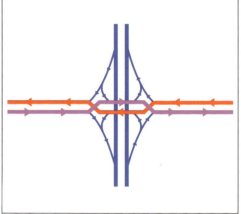

图 1.11　双交叉菱形立交及交通流线

　　双交叉菱形立交由马里兰大学土木工程系研究生 Gilbert Chlewicki 在 2003 年最先提出。这种菱形立交的思想在于通过改变交叉口的几何形式，让左右转向交通自由通过，而直行交通需要两次变向回到同侧。这种立交的好处在于减少冲突点（由常规的 26 个减少到 14 个）、分散冲突点、减少信号灯相位（只有 2 个相位）、提高左转通行能力、缩短行人过街距离等（Chlewicki，2003）。根据 DDI 网站介绍，目前这种立交已在美国修建了 81 座。

1.3.4　未来阶段：2014 年以后

　　未来在立交技术提高方面也应继续重点研究如何提高立交交通安全、交通运营效率、交通通行能力等方面。特别是随着智能交通、物联网、无人驾驶等技术的推广应用，如何利用智能交通提高立交运营效率、增大通行能力？如何设计新型立交以适应无人驾驶？这些问题都亟须进行深入的研究。

第 2 章　城市立交群

从 1916 年美国马里兰州土木工程师 Arthur Hale 申请专利以来，立交的概念已经非常清楚，学术界和工程界对单个立交的研究应用已经非常全面系统，但对于立交与立交的关系，乃至由多个立交组成的立交群的研究尚处于起步阶段。本章将提出立交群的基本概念，并论述立交群的分类特征。

2.1　立交群概念

检索中英文资料，到目前为止，学术界和工程界尚未给出明确的立交群定义。目前在一些资料中，如新闻、工程资料、学术论文等，常把多路相交立交、复合式立交、组合式立交或几个距离相近的独立立交称为立交群。

图 2.1　英国伯明翰市 Gravelly Hill 立交

多路相交立交，根据潘兵宏等（潘兵宏，2002；谢阳阳，2012；义启贵，2007）在论文中的表述，一般指 5 路或 5 路以上道路相交形成的立体交叉，有的资料中也称多岔路立交。这些相交道路既可以相交于一点，也可以错位相交。当这些道路相交于一点时，多路相交立交是一个立交；当错位相交但又不很远时，就构成一个复合式立交。修建于 1965 年的位于英国伯明翰市 M6 路的 Gravelly Hill 立交就是典型的案例（图 2.1）。

复合式立交，按《公路路线设计规范》（JTG D20—2006）中的表述，它是指"因路网结构和其他特殊情况限制，当相邻互通式立体交叉净距小于 1 000 m 时，经论证两互通式立体交叉均须设置时，形成复合式互通式立体交叉"。在许多文献资料中也称为组合立交。

另一种立交称为群布型立交。杜立平通过对立交吸引范围及立交之间干扰系数的研究，提出了群布型立交概念（杜立平，2009）：在立交相互吸引范围内并且相互干扰系数为 0~0.5 的两个或两个以上互通式立交（图 2.2）。

图 2.2　加州 I-5 和 22、57 号公路相交处群布型立交

以上 3 种立交分类中，群布型立交涵盖的范围更广，但立交之间的关系又有很明确的界定。当复合式立交的相互干扰系数小于或等于 0.5 时，复合式立交就是群布型立交；当干扰系数大于 0.5 且小于或等于 1 时，则不属于群布型立交。

群布型立交概念中，干扰系数与交通量相关联，导致同样两个互通立交，当交通量小时，这两座立交属于群布型立交；当交通量大时，则不属于群布型立交。该概念中的相互吸引范围及干扰系数随意性较大，在实际设计中较难明确是否属于群布型立交。

在北美立交分类名称中，没有与上述名称相对应的专用英文术语。英文中除了有常规的 Service Interchange（一般服务性立交）和 System Interchange（枢纽立交）外，常见之于指南、导则的是 Complex Interchange（复杂立交）。从复杂立交所表述的文字来看，复杂立交则是包含了多路相交立交、复合式立交及群布型立交（图 2.3）。

本书根据作者在国内外的项目经验，尝试性地提出立交群定义。立交群是指两个及两个以上立交节点（包括连接立交节点之间的路段），为实现一定区域交通组织，互相之间协同互补，系统性地解决该区域交通组织的立交集合。该立交群定义与常规字面意义上立交群有根本性区别，组成立交群的各部分一定是为系统性地解决该区域的交通，通过互相之间的协同来组织交通。

图 2.3　新泽西州 Newark 机场立交群

2.2　立交群分类特征

根据立交群的定义，立交群可分为两大类：一类为线性立交群，另一类为面域立交群。线性立交群是指组成立交群的所有立交节点呈线性布置，如单条高速路或快速路上的立交群。面域立交群是指构成立交群中的立交节点不在一条线上，而是在某一特定区域。

2.2.1　线性立交群

线性立交群包括多路立交桥及复合式立交桥。目前，国内最常见的是由两个立交节点组成的复合式立交桥，多路立交桥有但不多见。国外特别是美国，常见的复合式立交桥一般是由 3 个或 3 个以上的立交节点组成，这种情况在美国几大超级大城市的穿城高速路上比较常见，如芝加哥的州际公路 I-94、波士顿的 I-93、旧金山的 I-880 等。多路立交在美国也比较常见。由于早期修建的州际高速公路一般在郊区及农村，随着城市的扩张，州际公路成为城市的一部分，城市主干道常常穿越州际高速或平行于高速公路修建，因而往往是几条道路相交或汇聚在一个地方从而形成多路立交，如犹他州盐湖城的 I-80/I-15/S201 立交（图 2.4）；另外一种情况是在一些高速公路网非常发达的地方，多条高速路汇聚形成多路立交，如美国东部城市纽约 Bruckner 立交，该立交由 I-95、I-278、I-295、I-678 四条高速公路相汇而成。

根据立交技术发展史，线性立交群最早由相交点有一定距离的多路立交组成，后来随着立交匝道口交通事故的攀升，匝道间距引起了学术界的重视，匝道间距研究成果在工程项目中的应用催生了线性立交群的出现。而后对立交间交织段交通运营效率及交通事故的研究，进一步明确了立交间距，使线性立交群设计更加规范化。

线性立交群的特点如下：

①立交节点往往在一条高速路、快速路或主干道上；

②立交节点间距一般较短，交织段长度一般低于规范要求值；

图 2.4　犹他州盐湖城 I-80/I-15/S201 立交群

③多路交叉时，交通流转向较复杂，一个方向往往有多个进口或出口；

④转向交通流量一般较大；

⑤立交结构物如桥梁、地通道较多；

⑥立交层数较多，一般为 3 层或 4 层，多的可达 5 层；

⑦立交群占地一般较大，呈线性廊道；

⑧立交造价相对较高。

2.2.2　面域立交群

面域立交群较少出现在郊区或农村地区，一般多在城市重要节点周围。郊区面域立交群一般在多路高速公路或快速路交汇转换的地带，而城市面域立交群一般在机场、火车站、体育馆、物流中心、商业区或商务区等。

面域立交群通常分为半面域与全面域。半面域立交群的立交节点一般不形成闭合的区域，通常如机场、火车站周边的立交群。这类立交群由于受机场或火车站天然的阻隔，进出交通均发生在机场或火车站的一侧或最多三侧，但一般不形成闭合区域，如新泽西州 Newark 机场立交群（图 2.5）。

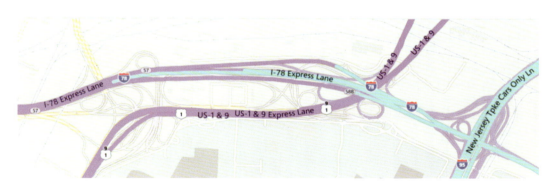

图 2.5　新泽西州 Newark 机场立交群位置

全面域立交群则多出现在机场、体育馆、物流中心、商业区或商务区等。这类立交群中各立交节点分散于交通源四周，交通流环绕构筑场所运行，构成交通流的种类较多，进出匝道多且密集，最典型的是纽约肯尼迪国际机场航站楼周边立交群（图 2.6）与北京火车南站立交群（图 2.7）。

纽约 Kennedy 国际机场航站楼启用于 1948 年，后因纪念被刺杀的肯尼迪总统而被命名为 Kennedy 国际机场。该机场为美国第一大国际进出港机场（BTS，2009）、美国第五大最繁忙的国际机场（ACI，2011）。该机场设有 6 个航站楼，这些航站楼分布于 I-678 两侧，航站楼与航站楼通过外侧围绕这些航站楼的立交群连接。外围除可通行汽车外，还有环绕所有航站楼的轻轨系统，乘客可乘坐环线轻轨换乘。

图 2.6　纽约肯尼迪国际机场航站楼周边立交群

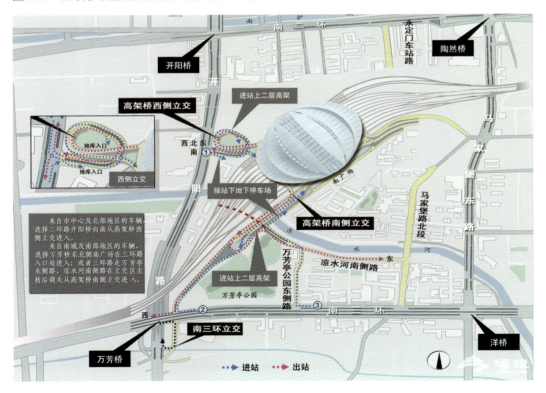

图 2.7　北京火车南站立交群

北京火车南站于 2008 年 8 月投入运营，设计建筑面积为 42 万 m²，当时为亚洲第一大火车站。作为京津城际轨道交通、京沪客运专线的起点，它是集普通铁路、高速铁路、市郊铁路、地铁、公交等交通设施于一体的大型综合枢纽站。北京火车南站位于丰台区马家堡，其外周被南站幸福路、开阳路、南站路及马家堡东路围合，进出火车南站的交通需通过这 4 条道路转换。这 4 条道路及南三环立交、高架桥西侧立交、陶然桥组成面域立交群。

面域立交群的特征如下：

①立交节点分布于构筑场所周围，呈非线性布置；

②立交节点不一定全为互通式立交，有可能为平面路口或分离式立交；

③立交节点之间的间距也有可能满足立交间距要求；

④立交节点层数一般较少；

⑤绕行距离较长；

⑥立交群功能较线性立交群复杂；

⑦交通源较分散，呈面状分布；

⑧交通流构成复杂。

2.3　立交群适用范围

根据前述立交群的定义及分类，立交群分为线性立交群和面域立交群。从两者的特征来看，二者所适用的范围是完全不一样的。本节重点在于讨论线性立交群和面域立交群所适用的范围。

2.3.1　线性立交群

线性立交群无论是多路立交还是复合式立交，在很多情况下都位于一条高速路或快速路上，在山地城市（如重庆）也常见于城市主干道上，匝道呈线性布设。线性立交群一般适用于如下 4 种情况：

①当 5 路或 5 路以上的道路相交于一点形成多路立交时。

②当 5 路或 5 路以上的道路不完全相交于一点，但其中任何两路相交点距离不大于 220 m 时。根据《公路立体交叉设计细则》（JTG/T D21—2014）立交主线侧连续分、合流鼻端最小间距要求，当主线最小设计时速为 60 km/h，连续分、合流鼻端最小间距极限值为 220 m。当任意两个连续立交，其相邻的最近匝道在主线侧连续分、合流鼻端最小间距大于 220 m 时，即可认为这两个立交是独立立交，不应看成立交群。当

其相邻的最近匝道在主线侧连续分、合流鼻端最小间距小于 220 m 时，即可认为各路近似于相交于一点。对于任何两路相交点距离是否必须以 220 m 为界限，设计实践中宜根据具体情况而定，但需满足《公路立体交叉设计细则》（JTG/T D21—2014）立交主线侧连续分、合流鼻端最小间距的要求。

③当任意两个或多个立交，其相邻的最近匝道在主线侧连续分、合流鼻端最小间距小于表 2.1 中的最小间距时，这些立交组合成复合式立交。

④当任意两个或多个立交需共享匝道时。

表 2.1　主线侧连续分、合流鼻端最小间距

主线设计速度（km/h）		120	100	80	60
连续分、合流鼻端最小间距（m）	一般值	400	350	310	270
	极限值	350	300	260	220

注：摘自《公路立体交叉设计细则》（JTG/T D21—2014）表 10.5.3。

2.3.2　面域立交群

随着社会经济的发展和新型城镇化进程的推进，一些区域地块由于高强度开发，逐渐形成超强交通吸引或发生点，同时随着机动车保有量的迅猛增长，机动化出行比例越来越高。在城市一些区域，传统的地面平交或几条分散的道路很难担负起交通的疏解功能。在一些山地城市，虽然社会经济发展相对滞后，交通的聚集程度没有发达地区高，但由于受自身地形地势的限制，也很难用"线"的思维方式去解决交通问题，区域协同将是解决城市交通的另一种思路。面域立交群即是区域协同解决一定区域交通疏解的具体实践。面域立交群一般常用于以下区域：

①机场周边；

②高铁站周边；

③火车站周边；

④港口周边；

⑤CBD 周边；

⑥体育场馆周边；

⑦会展中心周边；

⑧5 路或 5 路以上道路相交围合成一定面积的区域；

⑨由于地形地势的限制而需通过连接段绕行连接成整体的区域。

第 3 章　山地城市立交群特点

我国疆域辽阔，总面积约 960 万平方千米，仅次于俄罗斯、加拿大，居世界第 3 位。在辽阔的国土中，山地、丘陵和高原约占陆地面积的 69%，盆地和平原仅约占陆地面积的 31%。山地城市由于其特殊的地形地貌，导致城市立交群也具有与其在平原城市的不同特点。为方便广大工程实践者对山地城市立交群有更深入的了解，本章重点介绍山地城市立交群的特点。

3.1　山地城市界定

我国近 2/3 的国土为山地、丘陵和高原，仅 1/3 的国土为盆地和平原，有超过一半的城市建设在非平原地区。然而，到目前为止，尚未有针对"山地"及"山地城市"相对应的定义及划分标准，因而在规划设计建设标准方面，长期以来也没有明确针对山地城市的行业标准及规范，无法明确界定哪些工程属于山地城市建设工程。

目前，在地理学、区域经济以及城市规划等行业，部分学者及相关从业人员从各自行业角度对"山地"及"山地城市"的概念进行了一定的探索研究。《地理学词典》从海拔高度及相对高差两个层面对"山地"进行了界定。从广义上讲，"山地"包括山地、丘陵和高原，且相对高差大于 200 m 的地貌均属于山地。区域经济学则从相对高差方面定义，即从山脊或山顶顺着坡度到达最近河谷或平地，相对高差在 200 m 以上属于山地（陈玮，2001）。地理学和区域经济都从高度这个维度对山地进行界定。在城市建设行业，台湾《山坡地保育利用条例》第三条从海拔和坡度两个维度对"山地"作了界定，明确海拔 100 m 以上或海拔 100 m 以下但坡度在 5% 以上地区为山坡地。在城乡规划行业，重庆地区规划师根据城市地形对城市开发的影响，从相对高差和坡度两个维度对"山地"进行了界定，即相对高差200 m以上，或相对高差200 m以下但坡度大于5%的地区，即可称为"山地"（王芳等，2012）。

对于"山地城市"的界定，各行各业根据自己的需要，从不同的维度进行了定义。城市形态学从城市体现出来的主体景观和形态特征相对于平原城市的区别来定义。城乡规划学者及从业人员则认为山地城市除指修建在山地上的城市外，在城市拓展过程中受到周围山地地形影响的城市也应纳入山地城市范畴（黄光宇，2006；王芳等，2012）。工程学则在地理学地貌概念的基础上，以城市用地的地貌为特征，以工程用地的地形地势对城市环境、工程方案以及工程经济等方面的影响来确定。

广义上讲，山地城市即建设在山地上的城市。结合城市建设行业对"山地"定义的研究和探讨，本书从相对高差与坡度两个维度来定义"山地城市"，即"山地城市"是指：

①修建在相对高差200 m以上的城市；

②修建在相对高差200 m以下，但平均坡度大于5%的城市。

3.2 山地城市立交群特点

根据山地城市的定义，山地城市地形相对高差较平原城市有明显的不同，适合城市的建设用地也相对较少。一些特大山地城市（如重庆），主干道上修建了不少的立交桥，因而城市立交群无论在设计标准、建设用地以及立交形式上都表现出明显的山地城市特点。本节将从以下6个方面探讨山地城市立交群的特点。

3.2.1 用地空间

山地城市地理条件复杂多变，山峦起伏，河谷纵横。山地城市常常被山系、河流、沟壑分割，地块零碎。在丘陵及重丘地区，地形地貌常常表现为台地，台地与台地之间比较狭窄，自然坡度较大。城市规划也经常利用这些槽谷作为主要道路用地，城市立交群也常常布设在槽谷地带。

山地城市的发展一般是从单中心开始，刚开始以较慢的速度渐进式向外扩张（张雪原等，2013）；当经济条件发展到一定程度，在产业结构调整、人口外移或城市化进程等正作用力下，山地城市跳跃式向外生长，这样逐渐形成多中心、组团式城市空间（成受明，2003）。当这种多中心或组团式城市空间形成后，城市快速路或主干道成为联系城市中心之间或组团之间的交通纽带。当联系多个中心或组团的城市快速路或主干道相交或错位相交于一点时，就形成线性立交群，如重庆市内环路黄桷湾立交群。该立交群为 5 路相交，5 层共 15 条匝道，主要联系弹子石组团、五里店组团、江北区、盘龙组团、迎龙组团、茶园片区以及南岸区。当多条快速路或主干道相交于一个小的区域时，就形成面域立交群。

因此，从山地城市立交群在山地城市空间中的空间位置及地形地势来看，山地城市立交群用地空间常位于城市中心之间或组团间的槽谷地带。道路用地狭窄，地形变化急促，用地空间富有立体感，组成立交群的各部分也常常被山脊、河流、沟壑分割。

3.2.2　高差

山地城市最显著的城市空间特点就是高差。组成立交群的单个立交或匝道，常采用以下 3 种方式以解决高差过大的问题。

（1）延长匝道长度

当连接匝道两端的高差较大，但又有足够的场地空间以延展匝道时，一般将匝道作适当的拉长，以满足匝道纵坡的要求。

（2）螺旋式上升或下降

当连接匝道两端的高差较大，没有足够的场地空间可利用，且延长匝道长度都无法克服高差时，山地城市立交群一般采用就地螺旋上升或下降的办法来解决高差。这种立交一般在滨江滨水立交群中比较常见，如重庆菜园坝长江大桥南桥头立交。

（3）绕行

绕行是山地城市立交群较常采用的一种展线方式。当连接匝道两端的高差很大，没有足够的场地空间以延长匝道时，一般常采用绕行方式。绕行在线性立交群中不多见，但在面域立交群中较常见。

3.2.3　交通流特征

山地城市快速路或主干道的交通流有别于平原城市，主要表现在两个方面：

（1）交通流组成

山地城市由于地形高差较大，自然坡度基本都超过 3%，非机动交通（除步行外）出行较困难。一些研究表明，在山地城市居民出行行为方式中，步行和机动车出行比例比较高，非机动车出行比例非常低，因此自行车在主干道上的比重较少（蓝岚等，2015；秦雷，2012）。以重庆地区为例，主城区及其他几个较远的区（万州区、涪陵区等），自行车出行比例极低。

但在山地城市交通流构成中，货车比重较平原城市大。山地城市路网中，路网连接度低，可达性差，断头路较多，低等级道路（如城市支路）密度普遍偏低。而主干道的密度相对偏高，导致主干道既承担交通功能，又承担服务分散功能。因此，本应分散到次干道或支路的货车也集中到主干道上，导致货车混行比例较高。

在山地城市居民出行方式中，机动车出行比例仅次于步行。中小城市机动车出行中一般摩托车比重较高，如四川省泸州市的摩托车出行占比 66.14%（蓝岚 等，2015）。对大城市或超大城市，虽然近几年私家车增长迅猛，但居民出行主要还是以公交出行为主（秦雷，2012；崔叙 等，2010；刘榆燕，2015）。公交出行中，由于轨道交通目前仅在极少数大都市开通，对大部分山地大城市，公交出行仍然以地面公交为主。因此，在一些山地城市立交群中，公交车的比例相对平原城市较高。

（2）交通流量

山地城市路网受地形的限制，通常为自由式路网，路网中的城市主干道或快速路，其服务半径相较于平原城市一般要大。按照城市道路规划设计相关规范，主干道的间距一般为 500 ~ 800 m，但在山地城市特别是浅丘或重丘城市，主干道的间距常常超过 1 500 m 甚至更高。快速路的服务半径也远超常规的 5 km，一般为 10 km 左右。因此，山地城市交通走廊的交通相对来说比较集中，主干道或快速路的交通流量相对平原城市要大。

3.2.4　设计车速

山地城市立交群设计车速分为 3 类，一是主线设计车速，二是匝道设计车速，三是连接段设计车速。相对于平原城市来说，3 种设计车速都相对低一些。

一般情况下，山地城市立交群主线设计车速，高速路上常采用 100 km/h 或 80 km/h，极少数路段由于特殊情况采用 60 km/h；快速路上常采用 80 km/h 或 60 km/h；一些重丘山地城市，如重庆主城区、万州区、江津区等，常在主干道上修建立交桥。这类立交群主线设计车速一般与主干道设计车速一致，常采用 40~60 km/h 的设计车速。

对于主线设计车速的选择，设计时主要的考虑因素是工程投资。理论上，设计车速越高，道路线形标准越高。对山地城市来说，势必导致更高的土石方量，从而使工程投资增加不少。然而，根据美国大量的工程统计数据来看，对设计车速 80 km/h 及以上的城市快速路，设计车速的提高并不会导致工程投资的大量增加。为应对未来的不确定性，如车辆性能提高、能源危机、生活节奏变快等，山地城市道路特别是高速路或快速路，主线设计车速宜适当提高。

山地城市立交群匝道设计车速普遍采用 20~40 km/h 的设计车速，一方面是用地、地形地势以及工程投资的原因，另一方面是满足规范要求。事实上，20 km/h 的时速在实际路段驾驶中很少采用。从实际观测到的运行速度来看，对设计车速超过 60 km/h 的路段，车辆运行速度从统计学来说与设计速度一致；对低于 60 km/h 的路段来说，车辆运行速度都高于限速与设计车速（Stamatiadis，2006）。因此，为保障车辆运营安全，降低司机从高速主线变到低速匝道的不适应感及线形突兀，建议在设计匝道时，最小车速宜控制在 30 km/h；对主线设计车速较高的匝道，建议匝道车速宜控制在主线车速的 80% 左右。

对于面域立交群，连接段是构成立交群必不可少的部分。对连接段的设计车速，相关设计规范、导则等都没有明确规定，设计中常根据连接段的地形地势单独确定。作为立交群的一部分，连接段的设计车速宜从立交群设计的一致性来考虑，宜根据被连接段的设计车速、线形、预测运行速度来确定。因此，连接段的设计车速受连接端匝道或主线设计车速的影响较大。

3.2.5　匝道长度

山地城市立交群中立交匝道的长度普遍较长，一方面是因为连接匝道两端的高差较大，很多时候需要通过展线来满足匝道坡度要求；另一方面是因为山地城市本身的地形地貌特征决定匝道的非直线系数较高，从而使匝道设计需要采用多曲线组合来适应地形地势，以减少土石方量或减少道路构筑物，如挡土墙或桥梁；再一方面是因为山地城市道路和建筑用地常常呈狭长的带状，建筑沿着道路走向布设，当修建立交时，如因拆迁问题，建筑物不能拆迁，匝道有时需要绕开建筑布设，从而使匝道长度增加。

3.2.6　噪声污染

道路交通噪声与道路的线形和车型相关。山地城市立交群中，交通流的构成中公交车和货车的比重相对于平原城市来说要高，道路线形也较平原城市复杂多变，因而道路交通噪声较平原城市大。

根据近些年对道路交通噪声的研究，道路交通噪声主要分为高、中、低频噪声。高频噪声主要来自汽车鸣笛，中频噪声主要来自汽车发动机的振动及排气，低频噪声主要来自汽车行驶过程中的胎噪和气噪。与平原地区城市相比，山地城市道路交通噪声差别主要在中低频噪声方面，即由道路坡度、弯道影响所致的汽车发动机振动、排气噪声、胎噪以及气噪。当道路纵坡小于 2% 时，噪音主要为胎噪；当纵坡为 3% ~ 4% 时，噪声增加 2 dB(A)，5% ~ 6% 时增加 3 dB(A)，7% 时增加 5 dB(A)。道路转弯半径小于 400 m 时，汽车的制动与加减速也会导致汽车发动机噪声与路面噪声的增加（李泽新 等，2014）。

山地城市立交群中，道路纵坡一般比平原城市大，道路最小纵坡一般为 0.5%，主线最大纵坡可达 8%，匝道最大纵坡可达 9% 甚至 11%。在这些道路上，为提醒司机减速，一般在纵坡大于 5% 的路段设置减速带。减速带的设置造成汽车行驶振动加剧，路面噪声增加 5 ～ 10 dB(A)（李泽新 等，2014）。

　　小轿车（包括两厢、三厢、面包车、SUV）的噪声要远小于公交车和大货车，平均噪声低 10 dB(A)（徐进 等，2016）。对载重汽车来说，山地城市噪声比平原城市高，上坡比平坡高出 10~15 dB(A)，下坡比平坡高出 3 ～ 5 dB（A），下坡的噪声主要来自汽车制动和摩擦声（顾尚华，2003）。

第 4 章　立交群设计考虑因素

目前，我国道路分为 5 类，即公路、城市道路、林场路、厂区道路及农村道路。立交桥基本建在公路及城市道路上，因此，立交桥基本按公路和城市道路分类。立交桥设计的控制因素在公路相关设计规范、导则中已有明确的规定。公路立交桥主要以公路行业推荐性标准《公路立体交叉设计细则》（JTG/T D21—2014）及公路行业国家标准《公路路线设计规范》(JTG D20—2006) 为主。而城市道路方面，目前尚无类似于公路行业的专门标准规范，仅有《城市道路路线设计规范》（CJJ 193—2012）第 9.3 节作了简单介绍，实际工作中主要参考公路行业设计规范及导则。本章将结合当前国内外对立交桥及立交群的最新研究，探讨解析在立交群设计构思中需要重点考虑的因素。其他未包括在内的设计控制因素，请参考《公路立体交叉设计细则》（JTG/T D21—2014）。

4.1　司机的心理期望

相对于行驶在连续的单条道路上，行驶于错综复杂的立交群中时，司机所承受的精神负担显然不同。当司机驾驶于不熟悉的立交群中时，司机必须阅读不同的交通指示指路标志，观测路面标线，同时注意周边的其他车辆，决定是否需要换道、加减速、驶离主线等。这些驾驶行为都是在极其短暂的时间内完成的，而且一旦决定错误，在立交群范围内很难有机会纠正过来。因此，在构思城市立交群时，首先需要理解立交使用者——广大司机对复杂立交的心理期望。

关于司机对复杂立交的心理期望，到目前为止，还没有一个完整成型的定义（Richard and Lichty，2013），不同的学者给出了不同的描述（Chrysler et al.，2007；Ellis，2007；Russell，1998）。在这些描述中，比较有代表意义的描述是由 Lunenfeld 和 Alexander 共同给出的。在他们的描述中，司机期望被定义为司机对不同情况、事件以及信息的一种可预见和可控的心理准备（Lunenfeld and Alexander，1984）。根据 Lunenfeld 和 Alexander 的定义，司机期望有如下特性：

①司机期望影响反应速度和准确性；

②司机驾驶时倾向于预估道路上通常将发生的情况和事情；

③道路越与预期一致，司机驾驶错误就越少发生；

④当现状道路出乎司机预期时，司机越容易出问题；

⑤司机对下游道路及环境的期望来自上游道路及其环境，司机通常会在设计缺乏一致性的过渡段出现问题。

在复杂立交环境中，到底什么样的立交线形是司机所期望的？ Richard 和 Lichty 总结了过去的研究成果，但由于缺乏对一些研究结果的合理解释，他们并没有直接将司机期望和立交线形联系起来，而是通过司机在复杂立交中的驾驶行为与立交线形建立联系。Richard 和 Lichty 将司机期望作了如下分类（Richard and Lichty，2013）：

①立交设计中，需提供足够长的视距；

②立交设计中，需提供足够长的渐变过渡段；

③立交环境中，尽量减少不必要的分散司机注意力的因素；

④立交设计中需提供完整的立交信息；

⑤保持立交与视觉感受的一致性；

⑥设计需满足不同司机的期望与驾驶能力；

⑦在一些可能与司机预期不一致的地方，提前警告司机；

⑧提供宽容性设计，允许司机犯错但能及时纠正回来；

⑨设计简洁化；

⑩设计一致性和可预测性。

以上 10 点是司机期望概括性的分类。在立交群设计中，无论是立交群交通组织或线形设计，还是立交群区间的交通标志、标线设计，都宜从司机的角度出发，按司机的期望进行设计，使设计出来的立交与司机期望一致，尽量降低司机在复杂立交环境中的驾驶负荷，减少司机驾驶错误，从而提高立交群的交通安全性。

4.2 立交与交通事故

交通运营安全是道路交通设计行业必须关注的基本问题。近年来，随着我国交通业的高速发展及机动车保有量的迅猛增加，我国交通事故发生量呈不断上升的趋势。根据世界卫生组织《2015 年全球道路交通安全报告》，2015 年我国因交通事故死亡的人数达 261 367 人，每 10 万人死亡率高达 18.8（WHO，2015）。相对于发达国家，我国每 10 万人死亡率及每万车死亡率更是居高不下（图 4.1）。

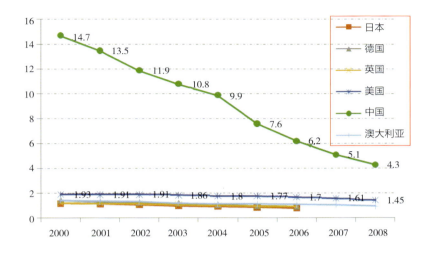

图 4.1　中外每万车交通事故死亡率（人 / 万车）

　　发生在立交范围内的交通事故，无论是事故数量还是严重程度，都比一般路段多和严重。根据美国 FARS（Fatality Analysis Reporting System）和 GES（General Estimates System）统计，在 2001 年共有 82 609 起交通事故发生于立交区间，其中 24 996 起致伤事故，544 起死亡事故。在占高速总里程不到 5% 的立交区间，发生的交通事故数占高速路事故总数的 18%，致伤事故的 17%，死亡事故的 11%（Firestine et al.，1989）。杭甬高速公路萧山红垦至绍兴沽渚段全长 42 km 范围内（区间共 6 个立交），发生在 6 个立交出入口 2 km 范围内的死亡交通事故，2004 年共 9 起占全段死亡交通事故的 37.5%，死亡人数 18 人占全段交通死亡人数的 52.9%；2005 年共 8 起占全段死亡交通事故的 34.5%，死亡人数 13 人占全段交通死亡人数的 40.6%（陈显余，2006）。根据京沪高速公路（淮安至江都段）2001—2008 年交通事故统计资料，淮安至江都段 153 km 范围内，13 个立交中有 7 个立交段属于事故多发路段（江苏省交通规划研究院，2011）。

　　立交设计最基本、最重要的原则之一是交通安全。在构思立交群设计时，交通运营安全是立交群几何线形设计必须考量的因素。本节将从立交交通事故类型、立交区域交通事故分布、匝道类型与安全等方面介绍立交与交通安全。

4.2.1　立交区间交通事故类型

根据美国弗吉尼亚州警察局 1993—1998 年州际高速公路交通事故统计报告，在总共 1 150 起发生在立交区域的交通事故中，主要的交通事故类型分别为驶离道路、追尾、剐蹭，三者的事故数量分别为 483 起、403 起、207 起（图 4.2）（McCartt et al.，2004）。

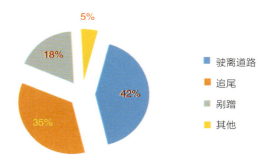

图 4.2 美国弗吉尼亚州立交区间交通事故类型比例

在这 1 150 起交通事故中，772 起发生在匝道上。匝道上交通事故类型前 3 位分别为驶离道路、追尾、剐蹭，与立交区间整体交通事故类型一致。而发生在匝道与主线结合部的交通事故（229 起），其事故类型与匝道上完全不同。结合部处的交通事故类型前 3 位分别是剐蹭、驶离道路及追尾，事故数量分别为 119 起、75 起、21 起。

图 4.3 所示为匝道不同部位交通事故类型比例。在匝道段，司机对速度的变化感知敏感度不高，容易超速，所以易发生车辆失控驶离道路或者追尾事故。而在匝道的结合部（即变速段），车辆需要换道变线进出匝道，这时就容易发生剐蹭事故，且司机为避免剐蹭，容易转向过度从而导致驶离道路。

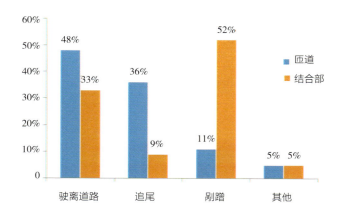

图 4.3 美国弗吉尼亚州立交匝道上不同部位交通事故类型比例

对于交通事故的严重性，根据加利福尼亚州 1992—1994 年立交匝道交通事故统计分析（表 4.1），在总共 13 293 个匝道上（城市立交匝道 105 64 个，农村立交匝道

2 729 个），入口匝道的伤残致死率为 1.16/ 百万车，出口匝道的伤残致死率为 2.14/ 百万车（Khorashadi，1998）。出口匝道的伤残致死率几乎是入口匝道伤残致死率的两倍。

表 4.1　加利福尼亚州 1992—1994 年匝道交通事故严重性比例

事故严重性	入口匝道		出口匝道	
	农村地区	城市地区	农村地区	城市地区
死亡	1.4%	0.4%	0.5%	0.4%
伤残	33.6%	38.8%	34%	36.2%
财产损失	65%	60.8%	65.5%	63.4%

4.2.2　立交区域交通事故分布

立交范围内，按线形功能划分，大致可以分为变速段、出入口端部、出口匝道、入口匝道等。由于我国和国外对交通事故的统计口径不一致，以下按照不同的统计口径介绍立交区域交通事故的分布情况。

美国的高速公路立交修建较早，对立交交通事故的研究也比较早。早在 1965 年，Lundy（1967）就对美国互通式立体交叉交通事故进行了调查研究。根据 Cirillo（1967，1968）对美国州际高速公路系统交通事故的研究，美国高速公路立交区间交通事故分布在城市地区和农村地区呈现出不同的分布规律。总体来说，城市地区立交交通事故率比农村地区高，城市地区交通事故率为 2.14/MVM（MVM 为 Million Vehicle-Mile 的缩写，即百万车 - 迈），农村地区为 1.09/MVM。在农村地区，出入口匝道事故率较其他立交部位高，其中出口匝道事故率最高，较入口匝道事故率高 1.85/MVM。相反，在城市地区，入口匝道事故率最高，达 7.19/MVM，是出口匝道事故率的 1.94 倍（图 4.4）。

对立交出口匝道和入口匝道上游或下游，Cirillo 也给出了事故率随距离的分布（图

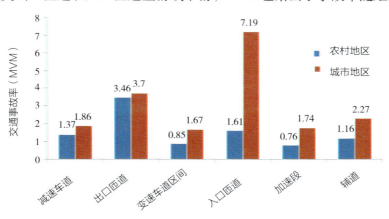

图 4.4　美国州际高速公路立交事故率分布

4.5、图 4.6）。对立交出口侧和入口侧，从事故率趋势线可以看出，立交上下游交通事故率随距立交距离的增大而减小，离进出口鼻端越远，主线交通事故率越小。但在不同的地区，主线交通事故率降低的速度却有较大的差异。在立交上游，城市地区交通事故率随距离的增大而快速减小，但在农村地区，交通事故率随距离的增大而缓慢减小；在立交下游，城市地区交通事故率随距离的增大极速减小，在农村地区，交通事故率随距离的增大也快速减小，但减速比城市地区小。

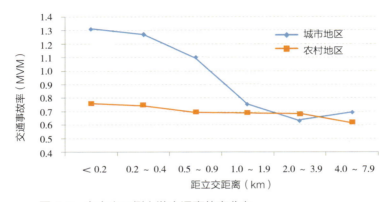

图 4.5　立交出口侧上游交通事故率分布

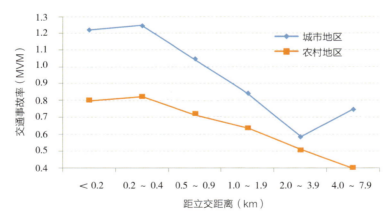

图 4.6　立交入口侧下游交通事故率分布

　　济青高速公路全线约 297 km，设 21 座互通式立交，立交分布比较均匀，平均间距约为 14 km。发生在立交区域的交通事故约占济青高速公路全线的 12.8%。在记录的 139 起交通事故中，发生在出口匝道处的占 31.6%，入口匝道处的占 5.7%，变速车道处的占 30.9%，出口匝道端部处的占 28.1%（表 4.2、图 4.7）（秦利燕，2002）。

　　沈大高速公路全长 375 km，是我国最早建成的高等级汽车专用公路，全线设互通式立交 26 座。从 1990—1995 年，沈大高速公路共发生 3 191 起交通事故，发生在立交范围内的共 131 起。其中，发生在出口匝道处的占 32.8%，入口匝道处的占 4.6%，变速车道处的占 32.1%，出口匝道端部处的占 28.2%（表 4.2、图 4.7）（沈大，1997）。

比较济青高速和沈大高速两条高速路的交通事故数据可以看出，在立交范围内，

表 4.2　济青、沈大高速公路互通式立交交通事故分布

	道路	出口匝道			入口匝道			变速车道	出口匝道端部	其他
		左转	右转	合计	左转	右转	合计			
事故次数	济青高速	24	20	44	6	2	8	43	39	5
百分比（%）		17.3	14.3	31.6	4.3	1.4	5.7	30.9	28.1	3.4
事故次数	沈大高速	23	20	43	4	2	6	42	37	3
百分比（%）		17.6	15.2	32.8	3.1	1.5	4.6	32.1	28.2	2.3
事故次数	合计	47	40	87	10	4	14	85	76	8
百分比（%）		17.4	14.8	32.2	3.7	1.5	5.2	31.5	28.1	3.0

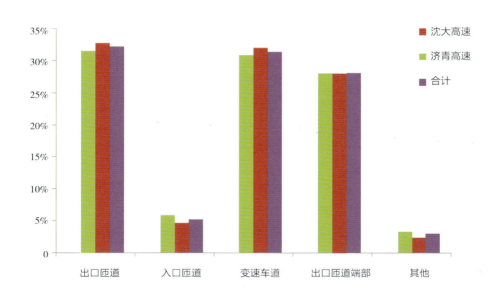

图 4.7　济青、沈大高速公路互通式立交交通事故地点对比

易发生交通事故的地点具有高度的一致性。发生交通事故最多的地点是在出口匝道，其次是在变速车道段，再其次是在出口匝道端部，而入口匝道处相对较低。因此，在设计立交群时，需对以上部位特别注意。

对城市快速路上的互通式立体交叉，根据交通部公路科学研究院吴玲涛等人（2008）对北京市城区一快速路交通事故特性的分析，在立交区域，发生在辅道的交通事故最多，占该快速路交通事故的 27.3%；其次是立交快速道主线跨线桥部分，其交通事故数量占该快速路交通事故的 24.2%；在匝道部分，出口匝道交通数量是入口匝道交通数量的 4.14 倍，占该快速路交通事故的 11.6%（图 4.8）。

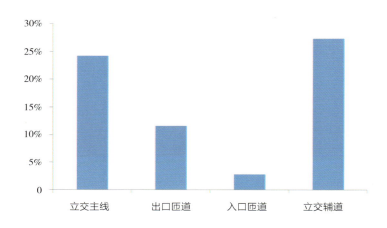

图 4.8 北京城区一快速路上立交区域交通事故地点分布

由于该快速路设有辅道，且辅道上设有进出主线的出入口，且该研究的基础数据只有一周的交通事故统计，对交通事故的现场记录以桥的位置为参照点，因此其结果较 Cirillo 的研究成果有一定的差异。

谢永彰等人根据 2003 年 4 月至 2004 年 4 月上海市高架道路指挥中心的事故数据，分析上海高架快速路系统中的交通事故特性：发生在匝道或匝道影响区域内的 1 035 起事故中，652 起发生在出口匝道上游，373 起发生在入口匝道下游，出口匝道交通事故多于入口匝道（谢永彰 等，2005）。

比较中美互通式立交交通事故在立交区域地点的分布情况，济青、沈大高速公路的分布规律与 Cirillo 总结的美国州际高速公路农村地区互通式立交一致，即出口匝道交通事故数量和严重程度比入口匝道大。但对于城市地区，由于我国目前可获取的一手交通事故数据较少，事故地点统计口径不一，其基本规律尚待深入研究。

4.2.3　匝道类型与安全

Lundy（1967）在研究美国加利福尼亚州 722 条匝道上的交通事故后，根据匝道形式及匝道与高速路主线的关系，分类分析了匝道形式与交通事故之间的关系。根据 Lundy 的分析，出入口匝道事故率与匝道的坡向有关，且不同匝道类型的事故率不同。

对于入口匝道，无论与高速路主线相交道路是上跨还是下穿，事故率较高的分别是喇叭形匝道、左侧匝道、无集散道的苜蓿叶匝道和苜蓿叶环形匝道（图 4.9）。

对于出口匝道，无论与高速路主线相交道路是上跨还是下穿，事故率较高的都是左侧匝道、无集散道的苜蓿叶匝道、直接匝道和无集散道的苜蓿叶环形匝道（图 4.10）。

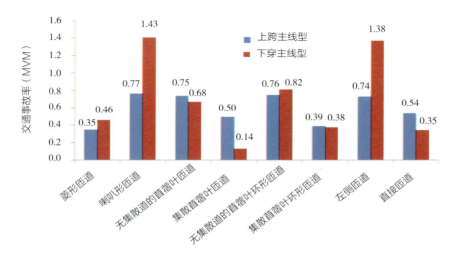

图 4.9　加利福尼亚州高速公路立交入口匝道类型与交通事故率

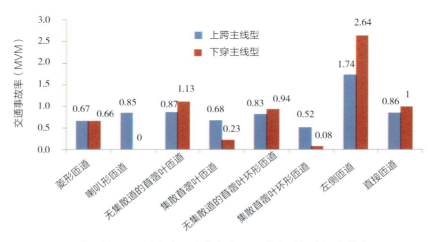

图 4.10　加利福尼亚州高速公路立交出口匝道类型与交通事故率

综合上跨和下穿的两种情况，根据 Lundy 的研究数据，对入口匝道来说，最危险的是左侧匝道、剪刀叉匝道、喇叭形匝道，相对安全的是带集散道的苜蓿叶匝道及苜蓿叶环形匝道和菱形匝道。左侧匝道在司机期望调查中也是司机所不愿见到的设计（Richard and Lichty，2013）。因为在司机的驾驶经验中，最左侧道常常为快速超车道，超车时一般注意右侧车辆，如果左侧有车辆进入，主线上车辆难以避让，容易造成交通事故。

对于出入口匝道，左侧匝道及剪刀叉匝道仍然是交通事故率最高的匝道类型（图4.11、图4.12）。左侧匝道一方面与司机期望相反，加重司机驾驶负担，同时驶离时车速较高，较易发生交通事故。剪刀叉匝道，由于有车辆交叉，且刚驶离主线对速度变化的敏感度较低，也容易导致交通事故的发生。

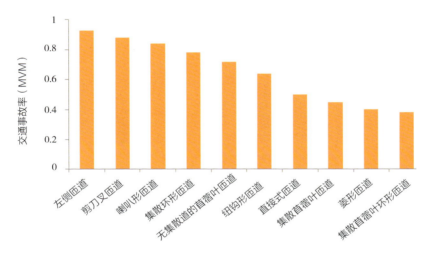

图 4.11　加州高速公路立交入口匝道交通事故率排序

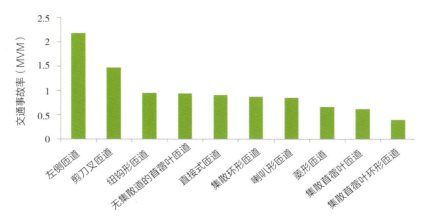

图 4.12　加州高速公路立交出口匝道交通事故率排序

城市立交群范围内，匝道众多。不同的进出口匝道形式，交通事故率有很大的差别。在构思立交群设计过程中，对事故率很高的匝道类型，如左侧进出匝道、剪刀叉匝道等要尽量避免。对事故率较高的匝道类型，应在线形设计、视距、交通组织、标志标线、立交环境等方面予以充分的考虑，尽量符合司机的驾驶期望，降低驾驶负荷，减少驾驶错误，从而提高立交的运营安全性。

4.3 设计车辆

设计车辆是立交群设计时所采用的具有代表性的车型，其机械性能和物理属性（如外廓尺寸、质量等）是立交几何线形设计的主要依据。因此，在构思立交群的设计时，应首先明确立交几何线形应针对的车辆类型。

设计过程中，设计车辆分为设计控制车辆和设计验算车辆。设计控制车辆是在整个设计过程中，用以控制立交几何线形设计参数的某一代表性车辆。设计验算车辆是针对一些特殊位置如平交口、弯道等，需要进行平交口转弯半径验算、弯道加宽验算、视距验算等时，所选用的参照车辆。如一般的立交桥设计中，设计控制车辆一般是标准小客车，但验算车辆则可能是载货汽车。

《城市道路工程设计规范（2016 年版）》（CJJ 37—2012）中 3.3.1 条规定了机动车设计车辆包括小客车、大型车、铰接车 3 种车辆，这 3 种车辆均为载客汽车。事实上，随着城市化进程的推进，城市除包含传统的商业、住宅、文教等用地外，也包含工业园区、物流园区、保税区、自贸区以及一些特殊加工园区。这些区域的道路，从道路分类说，也应属于城市道路。因此，仅用《城市道路工程设计规范（2016 年版）》（CJJ 37—2012）中 3.3.1 条规定的机动车设计车辆标准，难以涵盖城市道路设计时应采用的设计车型。城市立交群设计实践中，建议参照《公路工程技术标准》（JTG B01—2014）选用设计车辆。

《公路工程技术标准》（JTG B01—2014）中 3.2.1 条将设计车辆分为 5 类，具体外廓尺寸如表 4.3 所示。

表 4.3 设计车辆外廓尺寸

单位：m

车辆类型	总 长	总 宽	总 高	前 悬	轴 距	后 悬
小客车	6.0	1.8	2.0	0.8	3.8	1.4
大型客车	13.7	2.55	4.0	2.6	6.5+1.5	3.1
铰接客车	18.0	2.5	4.0	1.7	5.8+6.7	3.8
载货汽车	12.0	2.5	4.0	1.5	6.5	4.0
铰接列车	18.1	2.55	4.0	1.5	3.3+11	2.3

《公路工程技术标准》（JTG B01—2014）中设计车辆外廓尺寸参照的是国家强制标准《道路车辆外廓尺寸、轴荷及质量限值》（GB 1589—2004）。目前，该国家标准已经修编颁布实施。新的国家强制性标准《汽车、挂车及汽车列车外廓尺寸、轴荷及质量限值》（GB 1589—2016）对上述 5 类车辆的部分外廓尺寸作了一定修改，城市立交群设计时宜参照修改后的外廓尺寸（表4.4）。

表 4.4　修改后设计车辆外廓尺寸

单位：m

车辆类型	总　长	总　宽	总　高	前　悬	轴　距	后　悬
小客车	6.0	1.8	2.0	0.8	3.8	1.4
大型客车	13.7	2.55	4.0	2.6	6.5+1.5	3.1
铰接客车	18.0	2.55	4.0	1.7	5.8+6.7	3.8
载货汽车	12.0	2.55	4.0	1.5	6.5	4.0
铰接列车	17.1	2.55	4.0	1.5	3.3+11	2.3

注：表中红色字体为新国家强制标准《汽车、挂车及汽车列车外廓尺寸、轴荷及质量限值》（GB 1589—2016）修改部分。

在道路几何线形设计中，原则上应采用使用频率最高的设计车辆作为控制车辆，采用使用频繁的最大设计车辆或有特殊运输需求的设计车辆作为验算车辆。但我国无论是《城市道路工程设计规范（2016 年版）》（CJJ 37—2012），还是《公路立体交叉设计细则》（JTG/T D21—2014），均未明确细分哪种情况下使用何种设计车辆。《公路立体交叉设计细则》（JTG/T D21—2014）作了如下规定："对有大量集装箱、重大装备和国防等运输需求的，宜采用最大车型车辆作为验算车辆，对最小圆曲线半径、加宽和视距等设计指标进行验算，当不满足最大型车辆的通行要求时，应对相关技术指标进行调整。"

在立交群设计中，由于立交群通常包含主线、匝道、连接段等不同的线形，因此首先需要确定整个立交设计的控制车辆和验算车辆。

对线性立交群来说，线性立交群在公路中通常位于高速公路上，在城市道路中通常位于快速路或少数主干道上，其交通构成主要为小汽车，因此设计时宜以标准小客车为控制车辆，以载货汽车为验算车辆。特殊情况下，宜根据立交群上的客车线路安排及城市公共汽车外廓尺寸，选用大型客车或铰接客车作为验算车辆。

对面域立交群来说，由于其适用的地点差异较大，其设计车辆的选择也因地方而异，表 4.5 所示为面域立交群设计时的常用设计车辆。

表 4.5　面域立交群常用设计车辆

适用地点	控制车辆	验算车辆	备　注
机场	小客车	大型客车	民用机场
高铁站点	小客车	大型客车	—
火车站	小客车	大型客车	客运为主
火车站	载货汽车	铰接列车	货运为主
港口	载货汽车	铰接列车	散货为主
港口	集装箱	铰接列车	集装箱为主
CBD	小客车	大型客车	—
体育馆	小客车	大型客车	—
会展馆	小客车	大型客车	—
多路交叉	小客车	大型客车	与线性立交群相同
地形限制	小客车	大型客车	与线性立交群相同

4.4　交通组织

目前国内立交桥的设计，在有交通预测模型的情况下，一般是先做交通预测，然后根据交通预测的结果确定交通流向及车道；在没有交通预测模型的情况下，一般凭经验判断立交的形式和匝道的布设。这一做法常常导致多数立交都成了全互通式立交，立交之间的差别仅在于定向与半定向、单车道匝道与多车道匝道。目前国内的交通预测方式是默认任何一个方向都有交通需求。事实上，任何一个方向的交通需求，如果没有给定直接的通行路径，交通会转移到其他方向，通过绕行到达目的地。

在欧美交通工程技术发达的国家，立交方案设计是经验与技术完美结合的过程。这些国家从区域宏观尺度到城市中微观层面，都有比较系统的交通预测模型，且模型预测结果都有一定的精度要求方可在项目中应用。因此，在做立交方案设计时，通常是先根据经验预判，确定立交点的交通组织方案，然后将这些交通组织方案导入模型中分析，通过交通量化分析，确定最终方案。

对立交群来说，无论是线性立交群还是面域立交群，如果采用默认所有方向都有交通需求的方式，立交将变得异常复杂和庞大。如果采用交通组织先行的方式，一些转向匝道就可能因为地形地势、拆迁、工程施工或造价等客观原因被取消，然后通过立交群的其他匝道或连接道来实现区域交通组织协调，从而平衡交通需求、投资、施工困难、环境影响等方方面面。

4.5 设计车速

立交群范围内的设计车速分为主线车速、匝道车速以及连接段车速。

一般情况下，无论是快速路上的主线车速，还是主干道上的主线车速，都应保持与基本路段设计车速一致。但对于在象限内转弯的交叉公路，《公路立体交叉设计细则》（JTG/T D21—2014）中 4.3.1 条规定："当交叉公路在象限内转弯时，在互通式立体交叉范围内的设计速度可适当降低，但与相邻路段设计速度差不应大于 20 km/h"。其条文说明中解释为"为保证基本车道的连续性，这些交通流线按交叉公路的延续路段设计，但其线形指标往往难以达到基本路段的标准，故本条规定其设计速度在互通式立体交叉范围内可适当降低"。在立交群设计实践中，虽然相关规范规定可以在一定范围内降低设计车速，但应尽量避免降低设计车速，宜尽可能地保持与基本路段一致。这是因为在立交群范围内，各种匝道错综复杂，匝道进出口相距较近，各种墩柱影响视线，交通指示牌指路牌信息量大，对不熟悉环境的司机来说，在高速行进中常伴有焦虑和紧张感，此时司机对速度变化的感知不明显。如果弯道段设计车速降低、司机又感知不到时，常易引发交通事故。如因特殊原因必须降低设计车速时，可采用在一定范围内同时降低相邻基本路段设计车速的方法，同时通过交通指示牌设置限速渐变段。

关于匝道设计速度的确定，美国一般根据主线设计速度取值，其取值为主线设计速度的 50%~85%（AASHTO，2011）。我国匝道设计车速基本参照日本的理论和数据，一般根据互通式立体交叉类型和匝道的形式取值（施轶峰 等，2001）。根据《公路立体交叉设计细则》（JTG/T D21—2014）中 4.3.3 条规定，匝道设计速度取值范围如表 4.6 所示。

表 4.6 匝道基本路段设计速度的取值范围

取值范围		直连式		半直连式		环形匝道	
		标准型	变化型	内转弯式	外转弯式	标准型	变化型
一般互通式立体交叉	设计速度（km/h）	40 ~ 60	30 ~ 40	—	40 ~ 60	30 ~ 40	30 ~ 40
	匝道线形			—			
枢纽互通式立体交叉	设计速度（km/h）	60~80	50~60	60~80	40~60	40	40
	匝道线形						

　　城市快速路主线设计速度一般为 60~100 km/h, 少数平原城市为 120 km/h。匝道设计车速可先按照主线设计车速的 50%~85% 和互通式立交类别确定取值范围，然后根据地形地势及用地条件确定取值。在城市立交群匝道设计车速选取时，枢纽立交匝道设计车速宜取高值，连接速度较低的街道或平交口的匝道设计车速宜取低值。

　　连接段设计车速宜根据前后相连路段的设计车速确定，一般连接入口匝道时宜取高值，连接出口匝道时宜取低值。

4.6　视　距

　　视距分为识别视距、停车视距以及会车视距。在城市立交群设计中，极少出现双向单车道匝道，因此极少用到会车视距，一般常用的是识别视距与停车视距。

4.6.1　识别视距

　　识别视距也称为决策视距，是指司机在驾驶过程中，从发现并识别前方路面障碍物或方向改变到避让障碍物或调整操作所需要的距离。在城市立交群中，具体指司机在主线高速行驶时，在前方有分流、合流、交叉等复杂驾驶环境下，司机在发现、识别、判断、决策、响应、操作等过程中车辆所行驶的距离。在城市立交群设计中，由于立交范围内主线交通一般是连续通过，因此无论主线是快速路还是主干道，一般采用识别视距。识别视距取值可参考《公路立体交叉设计细则》（JTG/T D21—2014）（表 4.7）。

表 4.7　识别视距

设计速度（km/h）	120	100	80	60
识别视距（m）	350~460	290~380	230~300	170~240

　　我国的识别视距大体上与美国 AASHTO 推荐的取值相近，但略偏低。随着我国老龄化社会的到来，司机老龄化也越来越明显，建议在城市立交群设计中识别视距宜取大值。

4.6.2　停车视距

　　停车视距一般用在匝道和连接段上。停车视距是指司机从发现并识别前方路面上障碍物到完全将车刹住所需要的距离。《公路立体交叉设计细则》（JTG/T D21—2014）规定停车视距不低于表 4.8 所示距离。

表 4.8　停车视距

匝道设计速度（km/h）		80	70	60	50	40	35	30
停车视距 /m	一般地区	110	95	75	65	40	35	30
	积雪冰冻地区	135	120	100	70	45	35	30

表 4.8 中，停车视距均是在平坦地区（−3%~+3% 的道路纵坡度）路段上的取值。对山地城市如重庆，主线、匝道以及连接段纵坡较大，停车视距应根据道路纵坡度的大小作一定的调整。调整系数可参照美国 AASHTO 推荐系数，如表 4.9 所示。

表 4.9　停车视距道路纵坡调整系数

道路纵坡（%）	道路设计速度（km/h）						
	20	30	40	50	60	70	80
−6	1.1	1.1	1.1	1.1	1.1	1.1	1.2
−5	1.0	1.0	1.1	1.1	1.1	1.1	1.1
−4	1.0	1.0	1.0	1.1	1.1	1.1	1.1
−3 ~ +3	1.0	1.0	1.0	1.0	1.0	1.0	1.0
+4	1.0	1.0	1.0	1.0	0.9	0.9	0.9
+5	1.0	1.0	1.0	0.9	0.9	0.9	0.9
+6	1.0	1.0	0.9	0.9	0.9	0.9	0.9

前述识别视距和停车视距均以小汽车为标准，视高均按 1.2 m 考虑。规范中，货车的视高按 2.0 m 计算，比小汽车的高。《公路立体交叉设计细则》（JTG/T D21—

表 4.10　货车停车视距

单位：m

设计速度（km/h）			80	70	60	50	40	35	30
纵坡坡度	下坡	0	125	100	85	65	50	42	35
		3%	130	105	89	66	50	42	35
		4%	132	106	91	67	50	42	35
		5%	136	108	93	68	50	42	35
		6%	139	110	95	69	50	42	35
		7%	—	—	—	70	50	42	35
	上坡	0	125	100	85	65	50	42	35
		3%	116	94	82	61	44	37	30
		4%	114	93	80	60	44	37	30
		5%	112	91	79	60	44	37	30
		6%	111	90	79	59	43	36	30
		7%	—	—	—	59	43	36	30

2014）规定：在交通组成以大型车为主或对载重汽车视距有影响的路段，交叉公路和匝道的视距不应小于按货车视高计算的视距（表 4.10）。

大型客车的视高与货车一致。在以大型客车为验算车辆的路段，停车视距可参考货车停车视距。

在城市立交群中，立体交叉道路较多，匝道较多，跨线桥或地通道就多。在有限的用地空间内，墩台等构筑物、交通设施附属物、道路绿化等易影响司机的视线。在城市立交群设计过程中，需对一些特殊位置进行视距验算：

（1）主线

①道路纵坡度变化较大的凹曲线处；

②弯道半径小且内侧有桥墩、桥台、挡土墙、高边坡或高于 1.2 m 的路边绿化时；

③弯道半径小且中央分隔带设有防眩板、高于 1.2 m 的绿化、护栏等影响视线的障碍物时；

④分岔口前有桥台、桥墩、挡土墙、高边坡或高于 1.2 m 的路边绿化时；

⑤入口前有桥台、桥墩、挡土墙、高边坡或高于 1.2 m 的路边绿化时；

⑥曲线半径较小的隧道。

（2）匝道、连接段

①跨线桥下道路纵坡度变化较大的凹曲线处；

②弯道半径小且内侧有桥墩、桥台、挡土墙、高边坡或高于 1.2 m 的路边绿化时；

③弯道半径小且内侧或分隔带上设有防眩板、高于 1.2 m 的绿化、护栏等影响视线的障碍物时；

④曲线半径较小的隧道或地通道；

⑤连接段上有交叉口时，宜根据交叉口的纵坡及路口周围灯杆、交通标志、信号灯杆、广告牌、行道树、围墙等构筑物位置，按照交叉口视距进行视距检验。

4.7　匝道间距

匝道间距是城市立交群，特别是线性立交群设计时非常重要的一个控制因素。在设计实践中，当匝道间距不满足规范或导则要求时，一般可通过增加辅道的方式来解决。这种方式在《公路路线设计规范》（JTG D20—2006）及美国 AASHTO 的绿皮书（2010 年版）中都有相应的规定。由于当前对这种解决方式的研究尚属探索阶段，特别是对交织段交通流的研究仍在不断研究中，因此在设计中需谨慎。

对于匝道最小间距，目前公路和城市道路规范中均有规定，但二者却迥然不同。公路规范《公路立体交叉设计细则》（JTG/T D21—2014）中将互通式立体交叉按主线单向车道及主线设计车速分类，在明确互通式立体交叉最小间距的基础上，提出了互通式立体交叉之间的最小净距（表4.11）。

表4.11 互通式立体交叉最小净距

主线设计速度（km/h）		120	100	80	60
互通式立体交叉之间的最小净距（m）	主线单向两车道	800	700	650	600
	主线单向三车道	1 000	900	800	700
	主线单向四车道	1 200	1 100	1 000	900

而《公路路线设计规范》（JTG D20—2006）中表11.5.5根据相邻出入口形式及主线设计车速，提出高速公路相邻出入口最小间距。在该表中，最小间距的最大值为350 m，最小值为100 m。这些数值与《公路立体交叉设计细则》（JTG/T D21—2014）中表5.4.4中规定的最小间距有较大差别。

对城市道路来说，目前可参考的《城市快速路设计规程》（CJJ 129—2009）也按出入口形式及主线设计车速分类给出了相邻出入口最小间距（表4.12）。表4.12给出的间距与公路上的两本参考规范中的任一规范给出的间距都不相同，且数据之间的差别较大。

表4.12 主线出入口最小间距

主线设计车速（km/h）	主线出入口形式（m）			
	出 - 出	出 - 入	入 - 入	入 - 出
100	760	260	760	1 270
80	610	210	610	1 020
60	460	160	460	760

这3本设计规范之间的差别，在设计时常常给设计者带来困惑，一方面对立交间距的定义不明确，且三者之间不统一；另一方面三者数据差别较大，这些差距对城市立交群来说是非常敏感的。例如，在一些城市立交群项目中，如采用《公路路线设计规范》（JTG D20—2006）中的最小间距值，则可能满足规范要求；如采用《城市快速路设计规程》（CJJ 129—2009）中的间距数值，则根本就不满足要求。

对于城市立交群设计项目，虽然目前尚无完整的设计规范可供参考，实践中仍在参照公路行业和市政行业规范，但从项目评审及审批环节来看，对立交桥间距取值仍然倾向于采用《城市快速路设计规程》（CJJ 129—2009）中的建议值。

比较《城市快速路设计规程》（CJJ 129—2009）与日本（日本道路公团，1991）及美国（AASHTO，2011）相应规范中有关匝道出入口间距值，《城市快速路设计规程》（CJJ 129—2009)中的值相对偏大。在实际工程中，可参考欧美和日本规范取值(表4.13、表4.14)。

表 4.13　日本主线最小匝道间距推荐值

主线设计车速（km/h）	行驶速度（km/h）	最小值/标准值	主线上出入口形式（m）			
			出-出	出-入	入-入	入-出
129	103	最小值	275	138	275	344
		标准值	365	183	365	457
96 ~ 113	84 ~ 93	最小值	150	75	150	188
		标准值	275	138	275	344
64 ~ 80	60 ~ 70	最小值	120	60	120	150
		标准值	215	108	215	269

表 4.14　美国主线最小匝道间距推荐值

立交类型	道路性质	主线上出入口形式（m）			
		出-出	出-入	入-入	入-出
枢纽立交	高速路	300	150	300	600
	集散路	240	120	240	480
服务立交	高速路	300	150	300	480
	集散路	240	120	240	300

4.8　其他因素

前述几节介绍的设计考虑因素，是在立交群几何线形设计构思时需提前考虑的重点。对其他一些需考量的因素，本节将简要讨论。

4.8.1　服务水平

立交群服务水平是指构成立交群的各道路设施能够给司机和乘客提供的服务质量优劣的定性指标，也是在设计立交群时，设计师对在立交群范围内各道路设施能够达到的服务质量的预期期望。在现行的道路交通规范中，路段及交叉口服务水平通常用行车速度、车辆密度、时间延误等综合表示，但对立交群来说，目前还没有一个统一的服务水平指标体系，仅《公路路线设计规范》（JTG D20—2006）对高速路主线路段服务水平作了明确要求。

对立交群来说，根据组成立交群的路段或交叉口，服务水平包括主线基本路段服务水平、匝道基本路段服务水平、交织段服务水平、交叉口服务水平 4 种。由于服务水平属于定性评价指标，且每个路段断面的服务交通流量不一，难以量化统一成一个指标，因此在立交群方案构思时，应将立交群范围内各道路设施的服务水平根据需要分别定义。

对主线路段，服务水平可参考《公路路线设计规范》（JTG D20—2006）中的规定取值；对出入口前后的交织段，其服务水平宜与主线相同，其目的在于提高交织段交通运营安全，减少因服务水平下降而使司机在高速驾驶过程中突感不适带来的交通安全隐患；对匝道路段，其服务水平宜等于或略低于交织段服务水平，但不宜比交织段服务水平低两档；对交叉口，其服务水平可参考城市道路设计相应规范。

4.8.2 通行能力

在立交群构思阶段，通行能力通常是设计师在确定立交形式及匝道车道数时必须关注的一个重要因素。由于组成立交群的各部分，其服务交通量、线形组成以及设计服务水平均不同，因此在构思时，需逐一考虑各组成部位的粗略交通通行能力。

立交群通行能力一般分为主线路段通行能力、匝道路段通行能力、交织段通行能力、匝道出入口通行能力以及交叉口通行能力（如果立交群包含交叉口时）。在立交群设计构思时，对路段通行能力（包括主线路段通行能力及匝道路段通行能力），可根据相应的设计车速粗略确定通行能力；对匝道出入口，亦可根据相应设计规范提供的单车道或双车道出入口粗略确定其通行能力；对交叉口或交织段，其通行能力必须经过计算方可确定。

4.8.3 交织段

本章 4.7 节讨论了有关立交匝道间距的问题。一般来说，设计立交群时，立交匝道与匝道之间需要满足最小立交匝道间距要求，在这种情况下，就不需要考虑交织长度的问题。但在一些特殊情况下，匝道与匝道之间往往不能满足规范规定的立交匝道间距需求，此时需要考虑交织段的长度问题。

在需要考虑交织段长度问题时，常规的处理方法有两种：一种是加宽道路增加一条车道形成辅助车道（Auxilary Lane），另一种是通过在主线外距主线边缘一定距离的地方增加一条连接前后匝道的辅道（Front Road）。

对前述两种处理方式，到底采用哪种方式，需要通过计算服务水平比较确定。一般情况下，如果交织段的设计服务水平较高，交织段内交织车流量较大时，宜采用辅道的方式处理；如果交织段内的交织车流量不大时，则可以考虑采用辅道的方式。但并不是所有不满足匝道间距要求的交织段都可以通过前述两种方法来处理。当交织段过短时，一般情况下需重新考虑立交形式。

第5章 城市立交群设计流程

5.1 设计流程概述

从立交群的定义及其适用的特殊地点和场合来看，立交群的目的是实现一定区域交通组织，组成立交群的单个立交之间必须协同互补，从而系统性地解决区域交通组织问题，因而立交群的设计流程也更强调交通组织与立交协同。城市立交群的设计流程如图5.1所示。

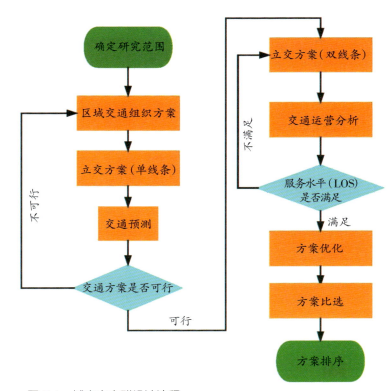

图5.1 城市立交群设计流程

相对于常规的立交设计流程来说，城市立交群设计流程有其自身特点，其显著的区别在于以下3点：

（1）确定研究范围

立交群设计之初，需要明确设计范围。对面域立交群而言，确定设计范围尤为重要。设计范围过小，虽然需要解决的交通问题相对较少，但协同解决交通问题的空间就有限；设计范围过大，一方面需要解决的交通问题相对复杂，另一方面会带来占地过大的问题。而且在立交群设计中，研究范围通常会随着设计的推进发生改变。

（2）区域交通组织

单个立交常常仅需考虑某一点的交通组织，而立交群设计构思时需先构思区域交通组织方案。不同的区域交通组织方案会产生不同的立交群布线形式，但对立交群中的某一个体立交而言，其立交布线很可能是一样的。因此，在立交群构思区域交通组织时，无论是线性立交群还是面域立交群，更注重于"面"，即区域交通。

（3）交通方案判断

立交群设计过程中，在根据区域交通组织方案进行交通预测后，需根据交通预测数据反过来评判区域交通组织方案是否合适。好的区域交通组织方案，常常能很好地协同解决交通问题，使交通需求分布比较合适，交通需求与交通设施供给之间比较协调。如果交通需求与交通设施供给之间出现矛盾，则需调整区域交通组织。

本章将以林同棪国际工程咨询（中国）有限公司在美国硅谷US101城市快速路上的一个线性立交群项目为案例，分享国外立交群设计流程。

5.2 确定研究范围

本节将以US101圣何塞市段立交群改造项目为例，介绍立交群设计过程中研究范围的确定。

US101是美国沿太平洋岸线的南北走向国家公路。该公路从北到南贯穿华盛顿州、俄勒冈州及加利福尼亚州，全长2 478 km。US101因常在国际知名电影、流行文化与歌曲中出现而享誉全球，它也常与其他传奇历史文化旅行路线（如US66）一道，被当作美国文化和生活方式的象征。

在加利福尼亚州北部，US101是主要进出旧金山及旧金山湾区的通勤路线，是连接旧金山和南湾的两条主要城市快速路之一。从旧金山到南湾，公路全长约80 km，沿线经过旧金山、San Bruno、Millbrae、Burlingame、San Mateo、Belmont、San Carlos、Redwood City、East Palo Alto、Palo Alto、Sunnyvale、Santa Clara、圣何塞（San Jose）等县市，为"硅谷"最繁忙的城际快速通道之一。

　　该项目研究对象为 US101 圣何塞市段，起于 Zanker Rd.，止于 Mabury Rd.。该项目的目的在于研究该段可行的立交改善方案，以提高 US101 在圣何塞段的道路供给能力，从而提高沿线土地使用价值。近期立交改造节点如图 5.2 中黄色圆点所示，红色圆点位置考虑远期改造，近期仍使用现状苜蓿叶立交。

图 5.2　项目位置图

　　该段现状情况为：First St. 与 US101 交叉点处为部分互通立交，Zanker Rd. 与 US101 交叉点处仅有一出口，Zanker Rd. 不能穿越 US101 至对面第四街。I-880 与 US101 交叉点处现状为一全苜蓿叶立交，Old Oakland Rd. 与 US101 交叉点处为简单菱形立交，Mabury Rd. 与 US101 交叉点处为一跨线桥。

　　由于该段立交密布，立交之间距离较近，且现状中部分立交已经按线性立交群布设，因此一旦需要调整现状立交或线性立交群中任一出入口匝道位置，现状立交或立交群需全面调整。在 Zanker Rd. 与 US101 交叉点，如果需调整现状 First St. 与 US101 点处出口匝道，很可能会影响到向西的连续 3 座立交。因此，为使 4 个节点的改造有足够的空间，确保对相邻节点的影响在可控范围内，且有相应的处理措施，在确定本项目研究范围时，将最西侧的研究范围沿着 US101 延至 De La Cruz BLVD 与 US101 的立交桥处，将最东侧的研究范围确定在 McKee Rd 与 US101 立交桥处。具体范围如图 5.3 中的蓝色虚线所示。

　　对沿线南北两侧的影响范围，一般是在两侧各一个交叉口范围内。对需要改造的几个节点，可适当扩大范围，以便有足够的空间布设新增匝道或跨线桥。对不同的方案，南北两侧划定的范围亦可能不同。本项目中共有 43 个交叉口被划入影响范围。

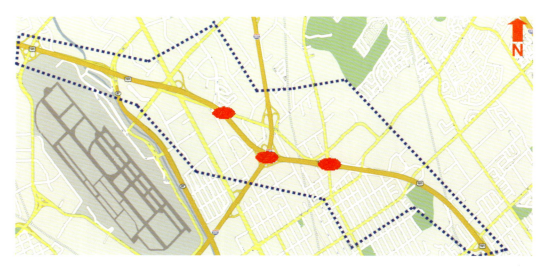

图 5.3　研究范围图

5.3　区域交通组织与方案拟订

　　区域交通组织通常是立交群方案拟订的初步构思，而立交群方案拟订又是在区域交通组织的基础上进行的工程细化。在立交群设计流程中，虽然二者是不同的步骤，但却互为因果关系，不同的区域交通组织导致不同的立交群方案，因此本节将立交群设计流程中的两个步骤放在一起讨论。

5.3.1　区域交通组织

　　区域交通组织是在划定的研究范围内，粗略地勾画出解决区域内交通问题的初步方案，有时也称方案构思。区域交通组织方案构思的步骤如下：
　　①确定区域内交通问题（逐个节点提出交通问题）。
　　②标定区域内交通问题的优先顺序（一般逐个节点列出优先顺序，然后总体比较排序）。
　　③根据优先顺序，依次提出解决区域内交通问题的路径。
　　④确定各路径相交节点的交通处理方式（平交或立体交叉）。
　　⑤检查是否有交通问题未能提出实现路径。
　　⑥如有，是否需要通过协同解决？提出协同解决路径。
　　⑦勾画出草图。
　　⑧粗略估计交通组织方案是否可行，是否需要调整，然后确定区域交通组织方案。
　　区域交通组织方案构思前，一般需要经验丰富的高级工程师在早晚高峰时段，连续一周进行现场交通观察。根据其对该区域交通现状的了解以及工程实践经验判断，提出不同的区域交通组织方案。图 5.4 所示为 US101 节点改造项目 1 区域交通组织图。

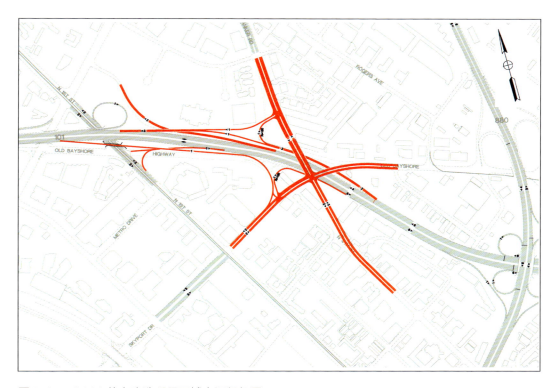

图 5.4　US101 节点改造项目区域交通组织图

　　对同一个项目，区域交通组织方案可以有多个，方案个数一般取决于项目本身及方案拟订者对项目的判断。立交群方案拟订时，对同一个区域交通组织方案，可以有不同的立交群方案，但这些立交群方案大同小异，主要不同点在于局部的变化。

5.3.2　立交群方案拟订

　　立交群方案拟订是在区域交通组织的基础上，运用交通及工程知识，结合路线周边的用地情况，以及区域内的限制因素，确定立交群的线形及车道数。具体步骤如下：
　　①根据区域交通组织草图，确定主线线形及车道数；
　　②确定匝道出入口位置及车道数；
　　③确定匝道平面线形；
　　④确定相交点交叉关系；
　　⑤检查匝道间距；
　　⑥检查进出口匝道车道匹配度；

53

⑦检查与周边路网的连接；

⑧明确平交口的交通控制方式。

本节选取 Zanker Rd 与 US101 节点、 I-880 与 US101 节点以及 Old Oakland Rd. 与 US101 节点在 3 种不同交通组织情况下的立交群方案拟订，详见附录 1。

上述 3 种立交方案拟订中，Zanker Rd. 与 US101 节点的交通组织几乎一样，不同的是 I-880 与 US101 以及 Old Oakland Rd. 与 US101 节点的交通组织。事实上，在本项目中，Zanker Rd. 与 US101 节点的交通组织也有 4 种不同情况，详见附录 2。

5.4 交通量预测

交通量预测是在一定路网条件下，通过分析一定区域的用地、人口、就业等社会经济发展状况，量化出因社会经济活动而产生的交通需求总量，然后根据人们的出行方式进行选择，在一定分配原则下，再将这些交通需求分配到各条道路。

交通预测是一个复杂的系统工程，通常都是通过交通预测模型来完成的。目前，全世界采用的交通预测模型有两种，一种称为"四阶段模型"，另一种称为"行为模型"。四阶段模型是现今全球通用的一种方法，行为模型是近年在美国少数几个大都市如纽约、旧金山等采用的交通预测模型。

四阶段模型是以居民出行调查为基础，按交通发生、交通分布、交通方式划分和交通分配 4 个步骤来建模预测。交通发生预测模型通常有回归模型、交叉分类法、离散选择法、家庭类别模型等；交通分布预测模型一般有重力模型、增长系数模型、机会模型、熵模型等；交通方式划分模型主要有回归分析法、交叉分类法；交通分配模型主要有递增分配法、容量限制分配法、用户平衡法、随机用户平衡法以及全有全无分配法等。

四阶段模型是在交通调查的基础上建模预测，其本身有一定的局限性：

①交通的发生与人们日常的出行需求没有对应关系；

②交通分布预测模型假定 OD 间的交通流量都是稳定不变的，而现实生活中 OD 之间的交通流量都是随时间变化的，网络是达不到模型假定的平衡状态的；

③出行者对交通方式的选择，假定在城市任何区域的任何群体都是一样的选择；

④在交通分配模型中，假定路网中的出行者都知道路网中的拥挤状况与所需时间，且都会选择最短路径；

⑤无法适应因交通需求管理而带来的更复杂问题。

鉴于四阶段模型本身的一些局限性，近些年在一些海外城市，出现了模拟人们生活行为的交通预测模型，即行为模型（Activity-based Approach）。这种模型基于人们对出行的需求源于对行为活动的需求，而这些行为活动在时间和空间上又是相互关联的。这种模型的建立比四阶段模型更为复杂，它是基于对行为研究的积累、数理统计方法的进步以及计算机技术的大力发展。目前这种模型还处于探索阶段，只有少数几个城市如纽约、旧金山等在开展研究应用。

在交通改造项目中，交通量预测分为两类，一类是不改造情况下的交通量预测，另一种是基于改造情况下的（即路网发生了变化）交通量预测。后一种交通量预测又根据改造方案的不同，有不同的交通量分配到各路段上。下面以 US101 改造项目为例探讨交通量预测。

5.4.1　交通预测模型

在 US101 项目中，采用了硅谷 VTA（Valley Transportation Authority）交通预测模型。VTA 模型由硅谷 Santa Clara 县 VTA 开发。它在硅谷区域交通规划模型（MTC 模型）的基础上，提供更多的参数，修改更准确细微的参数体系，增强更精确的公交模型和大通道模型。VTA 模型是能覆盖旧金山湾区 9 个县的中宏观交通预测模型，其预测精度达到 VTA 的要求。

VTA 模型是传统的四阶段预测模型。它能将汽车出行按照车内坐乘人数分类统计，如 1 人驾乘、2 人驾乘或 3 人及以上驾乘。该模型采用 2005 年的社会经济及出行基础数据建模，用 2000 年的实测数据校验，其结果表明该模型稳定可靠，精度要求达标。

5.4.2　交通预测结果

US101 改造项目中，交通预测最基本的人口、就业、家庭预测数据由旧金山湾区政府提供（图 5.5—图 5.8）。该项目拟建成使用时间为 2015 年，预测年限为 20 年，即远期为 2035 年。该项目所在区域早晚高峰时段为：早高峰 5:00—9:00，晚高峰 15:00—19:00。交叉口高峰时段为：早高峰 8:00—9:00，晚高峰 18:00—19:00。

利用 VTA 模型及预测年限内的人口、就业、家庭等社会经济数据，得到在不改造几个节点的情况下，区域内 US101 道路及周边交叉口的交通流量。

在远期 2035 年不改造的情况下，根据 VTA 模型，预测出 US101 主线及周边影响区域道路和交叉口交通流量（图 5.9、图 5.10）。根据这些预测流量，需做进一步的交通运营分析，分析出哪些路段和交叉口需要改造提升，然后再针对性地提出改造措施。如图 5.11 所示为在 2035 年不改造节点的情况下，北上方向早高峰交通运营分析情况。

在定量分析远期不改造的条件下 US101 及各路口交通运营情况后，结合拟订的区域交通方案和立交群方案，预测远期交通流量（图 5.12）。本节仅把 Zanker Rd. 节点处的 5 个不同立交组合方案下其中一个立交组合方案的交通预测情况列出供读者参考（图 5.13、图 5.14）。通常情况下，每个立交组合方案下的交通预测量是不完全相同的。

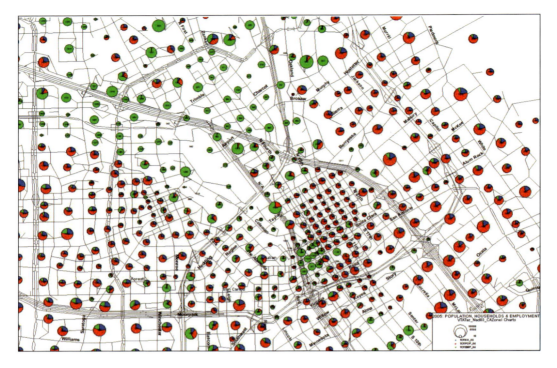

图 5.5　2005 年基本年人口、就业、家庭分布图

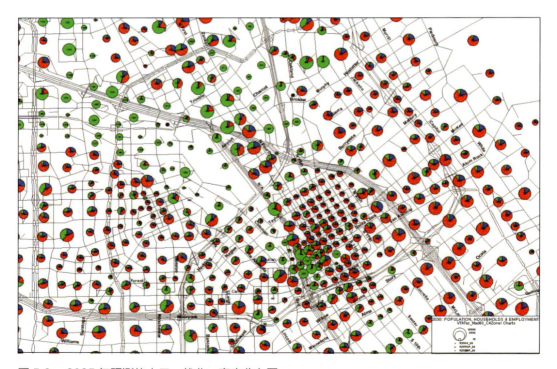

图 5.6　2035 年预测的人口、就业、家庭分布图

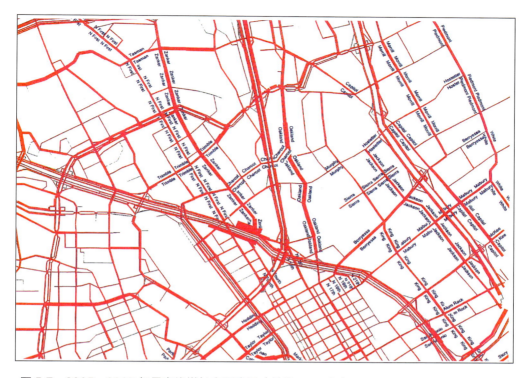

图 5.7　2005—2035 年早高峰增长交通流量（单位：pcu/h）

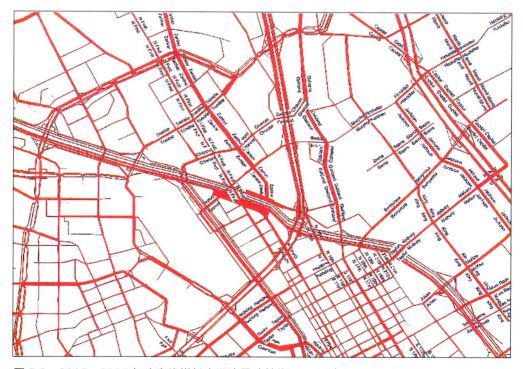

图 5.8　2005—2035 年晚高峰增长交通流量（单位：pcu/h）

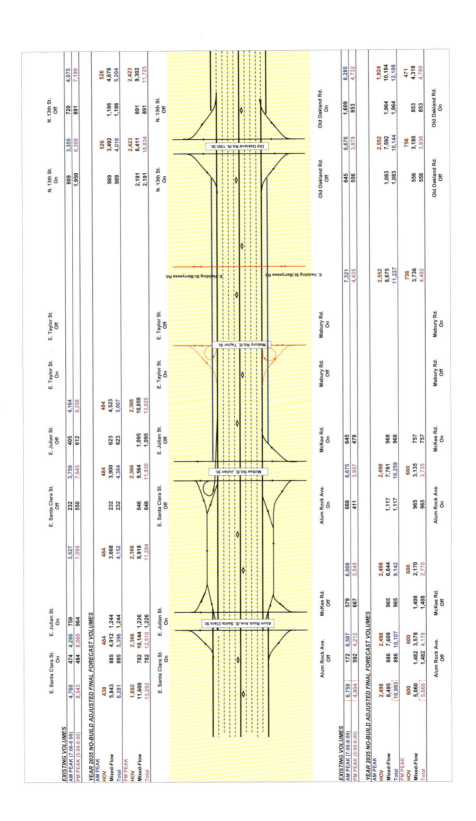

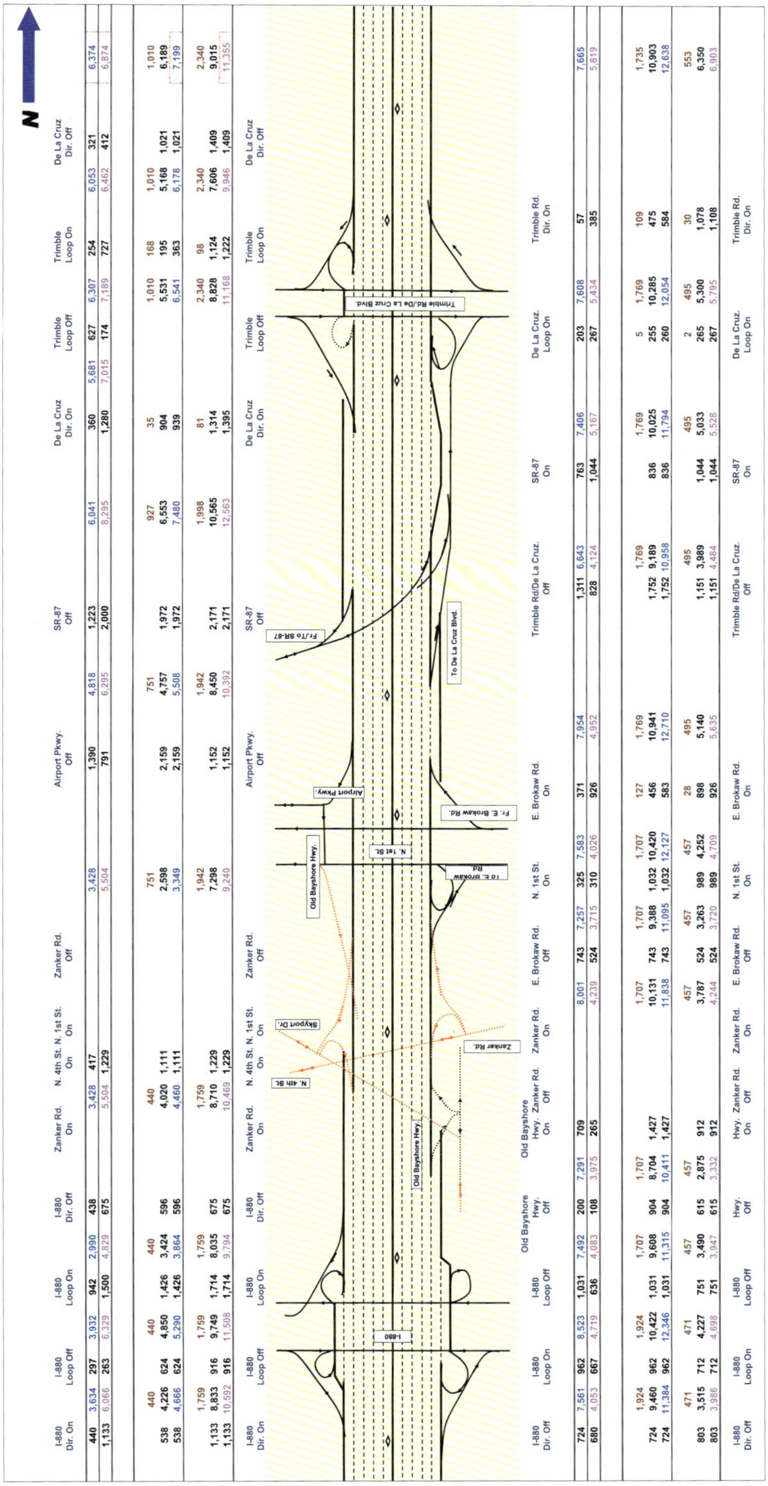

图 5.9　不改造情况下，2035 年 US101 沿线双向高峰小时交通流量（单位：pcu/h）

1 — Fr 101 NB / De La Cruz Blvd. / To 101 NB / To 101 NB
- 558 (323), 2006 (1523)
- 1765 (716), 783 (741)
- 1504 (2897), 1219 (1226)

2 — To 101 SB / To 101 SB / Fr 101 SB / De La Cruz Blvd.
- 691 (1476), 1678 (1421)
- 604 (691), 886 (425)
- 2689 (2200), 580 (1413)

3 — Charcot Ave. / N. First St.
- 492 (414), 661 (1244), 138 (182)
- 121 (78), 788 (1293), 114 (301)
- 706 (536), 1015 (889), 203 (74)
- 206 (98), 841 (515), 464 (90)

4 — Airport Pkwy. / Technology Dr.
- 60 (182), 42 (218), 87 (268)
- 215 (40), 1137 (1038), 635 (322)
- 144 (84), 841 (1004), 133 (150)
- 151 (263), 250 (93), 298 (257)

5 — Fr 101 SB / Bayshore Hwy. / Airport Pkwy.
- 903 (688), 188 (166)
- 48 (136), 537 (555)
- 865 (558), 747 (437), 547 (157)
- 622 (1016), 604 (513)

6 — Brokaw Rd. / Brokaw Rd. / First St.
- 511 (759), 621 (1459), 322 (806)
- 794 (217), 1107 (969), 1053 (1031)
- 839 (599), 668 (886), 28 (225)
- 56 (52), 1507 (548), 666 (564)

7 — Brokaw Rd. / Fr 101 NB
- 37 (95), 42 (84)
- 23 (29), 2890 (1840)
- 2 (14), 1654 (2242)
- 27 (282), 392 (24), 324 (218)

8 — Brokaw Rd. / Bering St.
- 119 (207), 14 (66), 142 (489)
- 405 (232), 2068 (1447), 299 (476)
- 262 (226), 1427 (1739), 331 (579)
- 726 (215), 33 (13), 335 (356)

9 — Brokaw Rd. / Zanker Rd.
- 452 (492), 321 (1814), 483 (1038)
- 773 (640), 1880 (1565), 401 (428)
- 769 (894), 973 (1393), 162 (297)
- 440 (98), 1428 (839), 367 (257)

10 — Bering St. / Zanker Rd.
- 36 (13), 843 (2781), 29 (20)
- 6 (6), 0 (0), 0 (2)
- 75 (135), 3 (0), 436 (278)
- 265 (410), 1828 (949), 2 (5)

11 — On-ramp to 101 NB / Off-ramp fr 101 NB / Bayhore Hwy.
- 110 (273), 1183 (2725)
- 904 (615)
- 1317 (639), 1610 (541)

12 — I-880 SB off/on / Bayshore Hwy. / Gish Rd.
- 482 (447), 9 (3), 765 (242)
- 252 (572), 1968 (909), 33 (19)
- 565 (428), 464 (2094), 4 (6)
- 5 (5), 15 (31), 10 (67)

13 — I-880 NB off/on / Gish Rd. / Bayshore Hwy. / 10th St.
- 469 (337), 356 (760), 528 (296)
- 101 (132), 583 (614), 240 (257)
- 76 (188), 317 (1100), 846 (1115)
- 1201 (549), 570 (887), 142 (79)

14 — Bayshore Hwy. / First St.
- 260 (177), 1092 (1448), 350 (1090)
- 1019 (470), 41 (266), 265 (15)
- 448 (149), 567 (608), 524 (359)
- 284 (248), 1794 (1534), 196 (417)

15 — To 101 SB / Bayshore Hwy. / Fourth St.
- 663 (839), 443 (1569)
- 1198 (717), 448 (390)

16 — Metro Dr. / First St.
- 473 (191), 1381 (1561), 27 (70)
- 34 (176)
- 293 (501), 1 (1), 35 (161)
- 152 (68), 1947 (1522), 5 (1)

17 — Skyport Dr. / SR-87 ramps
- 738 (710), 547 (268)
- 229 (460), 161 (66), 428 (1262)
- 572 (860), 327 (415), 650 (795)
- 1050 (667), 1728 (802)

18 — Skyport Dr. / Technology Dr.
- 94 (737), 31 (35), 35 (140)
- 213 (133), 667 (853), 55 (80)
- 1256 (60), 1208 (1166), 138 (259)
- 57 (198), 41 (108), 40 (48)

19 — Skyport Dr. / First St.
- 259 (120), 954 (1639), 74 (42)
- 0 (12), 1 (38), 5 (78)
- 287 (636), 78 (3), 548 (606)
- 721 (787), 1663 (853), 89 (5)

21 — Archer St. / Fourth St.
- 16 (291), 441 (1339)
- 539 (387), 344 (200)
- 308 (515), 963 (732)

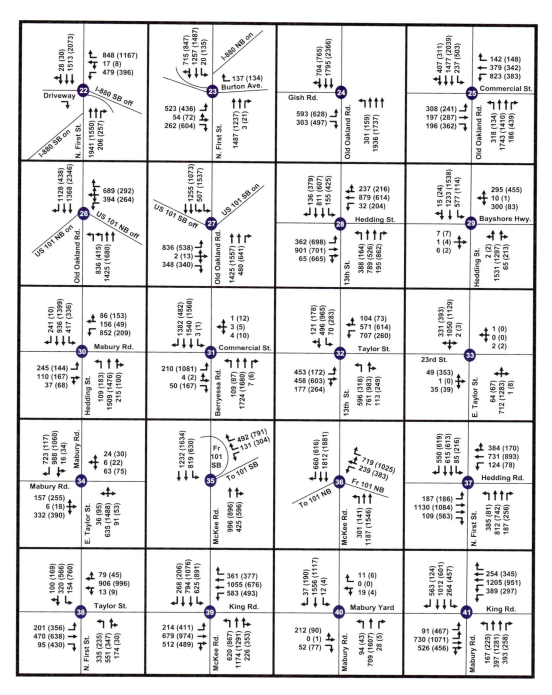

图 5.10　不改造情况下，2035 年 US101 周边路口高峰小时交通流量（单位：pcu/h）

（a）HOV 车道

No.	Sub. Sec No.	Location	Length (Feet)	Design Speed (mph)	No. of Lanes (HOV)	Capacity (vehicles)	5:00 - 6:00								6:00 - 7:00							
							Demand Volumes	Output Volumes	Volume to Capacity	Congest length (feet)	Storage Rate	Output Speed (mph)	Density (vpmpl)	LOS	Demand Volumes	Output Volumes	Volume to Capacity	Congest length (feet)	Storage Rate	Output Speed (mph)	Density (vpmpl)	LOS
1	3	I-280 On to Alum Rock Off	1,056	65	1	1,650	1,284	1,284	0.78	0	0	65	19.8	C	1,356	1,356	0.82	0	0	65	20.9	C
2	4	Alum Rock Off to McKee Off	1,161	65	1	1,650	1,284	1,284	0.78	0	0	65	19.8	C	1,356	1,356	0.82	0	0	65	20.9	C
3	5	McKee Off to Alum Rock On	2,165	65	1	1,650	1,284	1,284	0.78	0	0	65	19.8	C	1,356	1,356	0.82	0	0	65	20.9	C
4	6	Alum Rock On to McKee On	633	65	1	1,650	1,362	1,362	0.83	0	0	65	21.0	C	1,485	1,485	0.90	0	0	59	25.1	D
5	7	McKee On to Oakland Off	6,020	65	1	1,650	1,448	1,448	0.88	0	0	65	22.3	C	1,593	1,593	0.97	0	0	55	29.0	D
6	8	Oakland Off to Oakland On	1,742	65	1	1,650	1,337	1,337	0.81	0	0	65	20.6	C	1,454	1,454	0.88	0	0	60	24.2	D
7	9	Oakland On to I-880 NB Off	1,374	65	1	1,650	1,415	1,415	0.86	0	0	65	21.8	C	1,602	1,602	0.97	0	0	55	29.3	D
8	10	I-880 NB Off to I-880 NB On	581	65	1	1,650	1,305	1,305	0.79	0	0	65	20.1	C	1,505	1,505	0.91	0	0	59	25.7	D
9	11	I-880 NB On to I-880 SB Off	528	65	1	1,650	1,338	1,338	0.81	0	0	65	20.6	C	1,572	1,572	0.95	0	0	56	28.1	D
10	12	I-880 SB Off to Bayshore Off	1,690	65	1	1,650	1,291	1,291	0.78	0	0	65	19.9	C	1,492	1,492	0.90	0	0	59	25.3	D
11	13	Bayshore Off to Bayshore On	845	65	1	1,650	1,180	1,180	0.72	0	0	65	18.2	C	1,391	1,391	0.84	0	0	65	21.4	C
12	14	Bayshore On to N. 1st St. Off	1,267	65	1	1,650	1,153	1,153	0.70	0	0	65	17.7	B	1,428	1,428	0.87	0	0	65	22.0	C
13	15	N. 1st St. Off to N. 1st St. Loop On	1,109	65	1	1,650	1,172	1,172	0.71	0	0	65	18.0	C	1,490	1,490	0.90	0	0	59	25.2	D
14	16	N. 1st St. Loop On to N. Brokaw On	1,373	65	1	1,650	1,222	1,222	0.74	0	0	65	18.8	C	1,558	1,558	0.94	0	0	57	27.6	D
15	17	N. Brokaw On to De La Cruz On	960	65	1	1,650	1,050	1,050	0.64	0	0	65	16.1	B	1,336	1,336	0.81	0	0	65	20.6	C
16	18	De La Cruz On to SR-87 On	2,112	65	1	1,650	1,163	1,163	0.70	0	0	65	17.9	B	1,482	1,482	0.90	0	0	59	25.0	C
17	19	SR-87 On to Lane Drop	2,590	65	1	1,650	1,163	1,163	0.70	0	0	65	17.9	B	1,482	1,482	0.90	0	0	59	25.0	C
18	20	Lane Drop to De La Cruz Off	912	65	1	1,650	1,163	1,163	0.70	0	0	65	17.9	B	1,482	1,482	0.90	0	0	59	25.0	C
19	21	De La Cruz Off to Loop On	3,490	65	1	1,650	1,163	1,163	0.70	0	0	65	17.9	B	1,482	1,482	0.90	0	0	59	25.0	C
20	22	De La Cruz Loop On to Dia On	964	65	1	1,650	1,163	1,163	0.70	0	0	65	17.9	B	1,482	1,482	0.90	0	0	59	25.0	C
21	23	De La Cruz Dia On to Montague Off	4,277	65	1	1,650	1,163	1,163	0.70	0	0	65	17.9	B	1,482	1,482	0.90	0	0	59	25.0	C

注：7:00—9:00 时间段分析省略。

（b）合流车道（无信号灯）

No.	Sub. Sec No.	Location	Length (Feet)	Design Speed (mph)	No. of Lanes (Mixed-Flow)	Capacity (vehicles)	5:00 - 6:00								6:00 - 7:00							
							Demand Volumes	Output Volumes	Volume to Capacity	Congest length (feet)	Storage Rate	Output Speed (mph)	Density (vpmpl)	LOS	Demand Volumes	Output Volumes	Volume to Capacity	Congest length (feet)	Storage Rate	Output Speed (mph)	Density (vpmpl)	LOS
1	3	I-280 On to Alum Rock Off	1,056	65	4	8,100	7,793	5,719	0.72	1,056	784	17	83.0	F	8,785	6,171	0.78	1,056	943	16	96.6	F
2	4	Alum Rock Off to McKee Off	1,161	65	4	8,100	7,601	5,559	0.69	1,161	784	14	97.5	F	8,310	5,786	0.71	1,161	943	13	111.9	F
3	5	McKee Off to Alum Rock On	2,165	65	3	6,675	7,276	5,288	0.79	2,165	784	18	100.0	F	7,685	4,211	0.63	2,165	2,012	16	86.1	F
4	6	Alum Rock On to McKee On	633	65	3	6,675	7,830	5,841	0.89	633	755	23	85.7	F	8,594	4,534	0.69	633	2,012	20	75.9	F
5	7	McKee On to Oakland Off	6,020	65	3	6,675	8,466	6,477	1.00	0	0	52	41.3	E	9,419	5,359	0.83	6,020	1,069	44	41.0	F
6	8	Oakland Off to Oakland On	1,742	65	3	6,675	7,715	5,901	0.88	0	0	60	32.8	D	9,933	4,678	0.70	1,742	1,069	33	48.0	F
7	9	Oakland On to I-880 NB Off	1,374	65	4	7,400	8,493	6,678	0.93	0	0	58	28.9	D	9,113	6,178	0.86	1,374	978	39	40.0	F
8	10	I-880 NB Off to I-880 NB On	581	65	3	7,400	7,673	6,030	0.81	0	0	63	24.0	C	9,113	5,580	0.75	581	978	33	42.4	F
9	11	I-880 NB On to I-880 SB Off	528	65	5	9,250	7,963	6,320	0.69	0	0	65	19.4	C	9,735	6,202	0.68	528	978	27	45.5	F
10	12	I-880 SB Off to Bayshore Off	1,690	65	4	7,400	7,631	6,054	0.83	0	0	62	24.3	D	9,092	5,722	0.78	845	978	30	47.7	F
11	13	Bayshore Off to Bayshore On	845	65	3	6,675	6,904	5,476	0.82	0	0	60	29.2	D	8,352	5,173	0.78	1,690	978	27	62.8	F
12	14	Bayshore On to N. 1st St. Off	1,267	65	3	6,675	7,215	5,786	0.88	0	0	63	32.1	D	9,195	5,897	0.91	1,267	601	45	44.2	F
13	15	N. 1st St. Off to N. 1st St. Loop On	1,109	65	3	6,675	6,745	5,408	0.81	0	0	63	28.7	D	8,631	5,493	0.82	1,109	601	40	45.5	F
14	16	N. 1st St. Loop On to N. Brokaw On	1,373	65	3	6,675	6,882	5,544	0.83	0	0	62	29.8	D	9,082	5,945	0.90	1,373	601	38	49.7	F
15	17	N. Brokaw On to De La Cruz On	960	65	4	7,600	7,231	5,894	0.80	0	0	63	23.3	C	9,580	6,443	0.88	960	601	40	42.9	F
16	18	De La Cruz On to SR-87 On	2,112	65	4	7,500	5,948	4,841	0.73	0	0	65	25.0	D	7,572	4,945	0.74	2,112	601	25	64.7	F
17	19	SR-87 On to Lane Drop	2,590	65	3	6,300	6,592	5,484	0.74	0	0	65	21.1	C	8,399	5,772	0.78	2,590	601	22	64.2	F
18	20	Lane Drop to De La Cruz Off	912	65	3	6,675	6,592	5,484	0.87	0	0	61	30.2	D	8,399	5,772	0.92	912	528	30	64.8	F
19	21	De La Cruz Off to Loop On	3,490	65	3	6,675	6,592	5,484	0.82	0	0	62	29.3	D	8,399	5,772	0.74	3,490	528	22	82.0	F
20	22	De La Cruz Loop On to Dia On	964	65	3	6,675	6,612	5,504	0.82	0	0	62	29.4	D	8,476	5,849	0.86	964	528	22	87.7	F
21	23	De La Cruz Dia On to Montague Off	4,277	65	3	6,300	6,755	5,647	0.91	0	0	58	32.2	D	8,746	6,119	1.00	0	0	52	39.1	E

注：7:00—9:00 时间段分析省略。

No.	Sub. Sec. No.	Location	Length (Feet)	Design Speed (mph)	No. of Lanes (Mixed-Flow)	Capacity (vehicles)	5:00 - 6:00 Demand Volumes	Output Volumes	Volume to Capacity	Congest length (feet)	Storage Rate	Output Speed (mph)	Density (vpmpl)	LOS	6:00 - 7:00 Demand Volumes	Output Volumes	Volume to Capacity	Congest length (feet)	Storage Rate	Output Speed (mph)	Density (vpmpl)	LOS
1	3	I-280 On to Alum Rock Off	1,056	65	4	8,100	7,794	5,779	0.72	1,056	724	18	80.8	F	8,783	6,015	0.76	1,056	667	15	100.3	F
2	4	Alum Rock Off to McKee Off	1,161	65	4	8,100	7,602	5,619	0.69	1,161	724	18	95.6	F	8,308	5,653	0.70	1,161	667	12	115.0	F
3	5	McKee Off to Alum Rock On	2,165	65	3	6,675	7,277	5,348	0.80	2,165	724	18	98.1	F	7,683	5,178	0.78	2,165	667	16	110.2	F
4	6	Alum Rock On to McKee On	633	65	3	6,675	7,831	5,902	0.89	633	695	23	83.9	F	8,592	5,853	0.89	633	667	23	83.9	F
5	7	McKee On to Oakland Off	6,020	65	3	6,675	8,467	6,477	1.00	0	0	52	41.3	E	9,416	6,428	1.00	0	0	52	41.0	E
6	8	Oakland Off to Oakland On	1,742	65	3	6,675	7,716	5,901	0.88	0	0	58	32.8	D	8,427	5,754	0.86	0	0	61	31.4	D
7	9	Oakland On to I-880 NB Off	1,374	65	4	7,400	8,494	6,679	0.93	0	0	58	28.9	D	9,930	6,654	0.93	0	0	57	29.0	D
8	10	I-880 NB Off to I-880 NB On	581	65	4	7,400	7,674	6,031	0.81	0	0	65	24.0	C	9,110	6,104	0.82	0	0	62	29.0	D
9	11	I-880 NB On to I-880 SB Off	528	65	5	9,250	7,965	6,322	0.69	0	0	65	19.5	C	9,732	6,073	0.67	260	653	63	19.3	C
10	12	I-880 SB Off to Bayshore Off	1,690	65	4	7,400	7,632	6,056	0.83	0	0	62	24.3	C	9,089	5,629	0.77	1,690	653	48	29.0	D
11	13	Bayshore Off to Bayshore On	845	65	3	6,675	6,905	5,477	0.82	0	0	63	29.2	D	8,351	5,118	0.77	845	653	40	42.6	F
12	14	Bayshore On to N. 1st St. Off	1,267	65	3	6,675	7,215	5,787	0.88	0	0	60	32.1	D	9,194	5,961	0.92	1,267	537	49	40.9	F
13	15	N. 1st St. Off to N. 1st St. Loop On	1,109	65	3	6,675	6,745	5,408	0.81	0	0	63	28.7	D	8,631	5,561	0.83	1,109	537	46	40.3	F
14	16	N. 1st St. Loop On to N. Brokaw On	1,373	65	3	6,675	6,882	5,545	0.83	0	0	62	29.8	D	9,083	6,011	0.91	1,373	537	43	46.2	F
15	17	N. Brokaw On to De La Cruz Off	960	65	4	7,600	7,231	4,842	0.80	0	0	63	23.3	C	9,581	6,509	0.89	960	537	41	39.7	F
16	18	De La Cruz Off to SR-87 On	2,112	65	3	6,675	5,949	5,486	0.73	0	0	65	25.0	C	7,573	5,022	0.75	2,112	537	29	58.6	F
17	19	SR-87 On to Lane Drop	2,590	65	4	7,500	6,593	5,486	0.74	0	0	65	21.1	C	8,400	5,772	0.78	2,590	537	24	61.4	F
18	20	Lane Drop to De La Cruz Off	912	65	3	6,300	6,593	5,486	0.87	0	0	61	30.2	D	8,400	5,772	0.92	912	528	30	64.8	F
19	21	De La Cruz Off to Loop On	3,490	65	3	6,300	6,593	5,486	0.82	0	0	62	29.3	D	8,400	5,772	0.86	3,490	528	23	82.0	F
20	22	De La Cruz Loop On to Dia On	964	65	3	6,675	6,613	5,506	0.82	0	0	62	29.4	D	8,477	5,849	0.88	964	528	22	87.7	F
21	23	De La Cruz Dia On to Montague Off	4,277	65	3	6,300	6,756	5,649	0.91	0	0	58	32.2	D	8,747	6,119	1.00	0	0	52	39.1	E

注：7:00—9:00 时间段分析省略。

（c）合流车道（有信号灯）

No.	Location	5:00 - 6:00 Demand Volumes	Demand Volumes (PE)	Served Volumes	Percent Served	6:00 - 7:00 Demand Volumes	Demand Volumes (PE)	Served Volumes	Percent Served	7:00 - 8:00 Demand Volumes	Demand Volumes (PE)	Served Volumes	Percent Served	8:00 - 9:00 Demand Volumes	Demand Volumes (PE)	Served Volumes	Percent Served
1	Alum Rock Off	201	192	160	80%	489	475	361	74%	886	868	776	88%	1,231	1,234	1,050	85%
2	McKee Off	340	325	271	80%	643	625	475	74%	965	946	848	88%	1,063	1,066	916	86%
3	Alum Rock On	634	554	554	87%	1,037	909	675	65%	1,117	982	675	60%	791	698	675	85%
4	McKee On	722	636	575	80%	933	824	575	62%	968	862	575	59%	769	688	575	75%
5	Oakland Off	901	751	576	64%	1,161	989	674	58%	1,083	942	821	76%	1,134	998	858	76%
6	Oakland On	856	778	778	91%	1,652	1,503	900	54%	1,964	1,798	900	46%	2,142	1,971	900	42%
7	I-880 NB Off	974	820	648	67%	943	820	549	58%	724	645	518	72%	758	690	524	69%
8	I-880 NB On	323	291	291	90%	689	622	622	90%	962	874	874	91%	888	811	811	91%
9	I-880 SB Off	396	333	266	67%	745	643	444	60%	1,031	914	724	70%	1,143	1,038	793	69%
10	Bayshore Off	875	727	579	66%	866	738	511	59%	904	792	640	71%	1,006	906	696	69%
11	Bayshore On	351	310	310	88%	950	843	843	89%	1,427	1,264	900	63%	1,576	1,397	900	57%
12	N. 1st St. Off	563	470	379	67%	652	563	400	61%	743	662	524	71%	845	775	573	68%
13	N. 1st St. Loop On	156	137	137	88%	513	452	450	88%	1,032	904	450	44%	991	866	450	45%
14	N. Brokaw On	399	349	349	87%	567	498	498	88%	583	510	510	87%	657	574	574	87%
15	De La Cruz Off	1,522	1,282	1,052	69%	2,294	2,008	1,278	56%	1,752	1,588	1,371	78%	1,496	1,396	1,085	73%
16	SR-87 On	757	644	644	85%	973	827	750	77%	836	710	750	90%	1,116	949	750	67%
17	De La Cruz Loop On	20	20	20	100%	77	77	77	100%	260	260	260	100%	531	531	450	85%
18	De La Cruz Dia On	143	143	143	100%	270	270	270	100%	584	584	450	77%	1,239	1,239	450	36%

（d）进出匝道交通通过率

注：7:00—9:00 时间段分析省略。

图 5.11　不改造情况下，2035 年 US101 主线北上方向早高峰交通运营分析

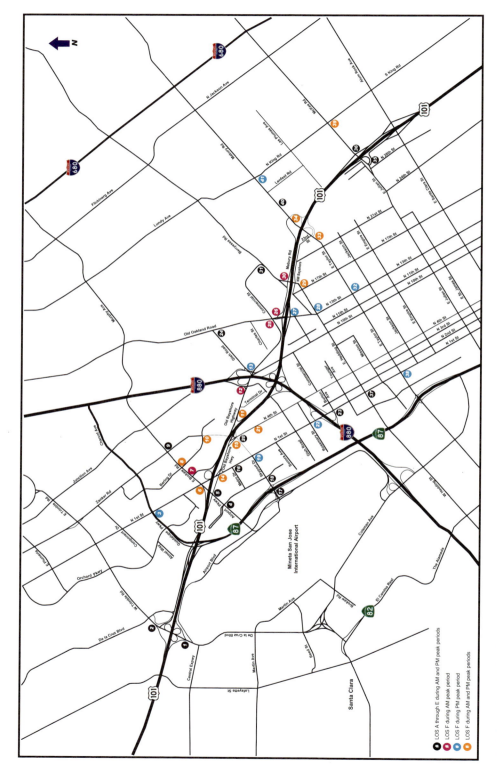

图 5.12 不改造情况下，2035 年服务水平达 F 的交叉口分布图

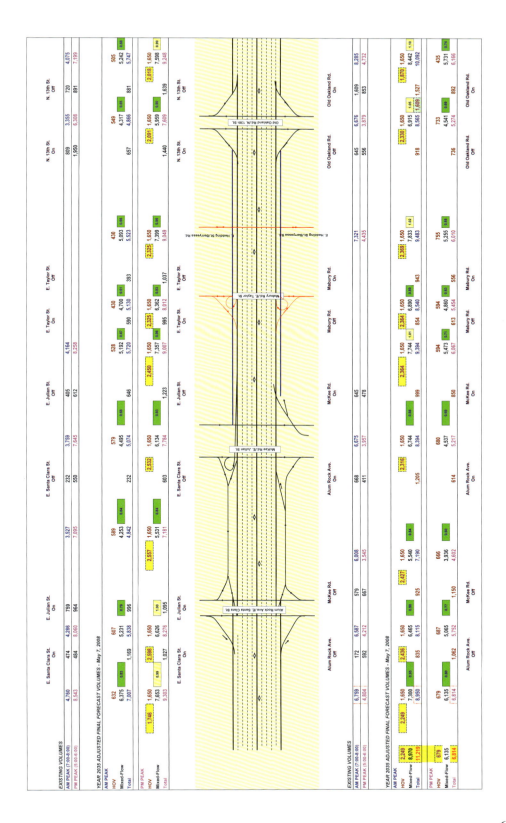

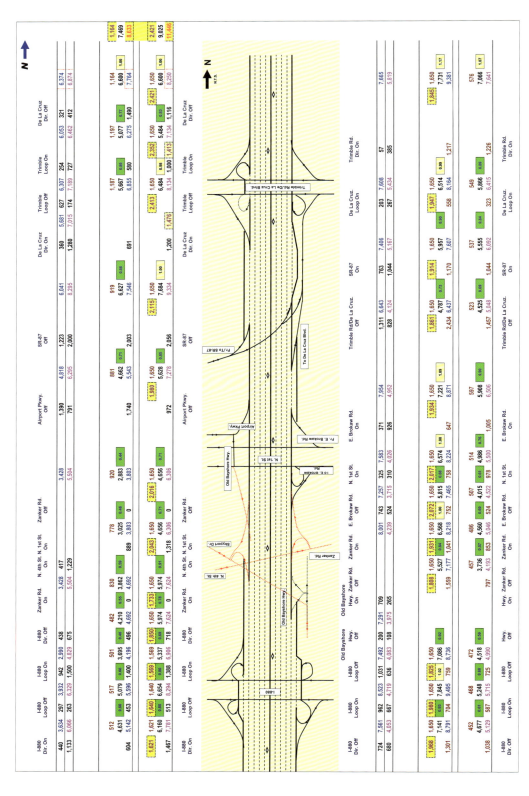

图 5.13 立交群方案 3 2035 年 US101 沿线双向高峰小时预测交通流量（单位：pcu/h）

1 — De La Cruz Blvd. / Fr 101 NB / To 101 NB
406 (323)
1661 (1523)
1154 (716)
536 (741)
1022 (2897)
298 (1226)

2 — De La Cruz Blvd. / Fr 101 SB / To 101 SB
691 (1476)
1678 (1421)
604 (691)
886 (425)
2689 (2200)
580 (1413)

3 — Charcot Ave. / N. First St.
359 (414)
792 (2563)
100 (371)
193 (127)
805 (1245)
230 (230)
806 (358)
797 (872)
157 (177)
303 (101)
884 (1129)
654 (69)

4 — Airport Pkwy. / Technology Dr.
364 (558)
832 (1669)
254 (681)
539 (217)
938 (1148)
662 (676)
696 (593)
968 (915)
28 (64)
71 (30)
754 (640)
663 (230)

5 — Fr 101 SB / Bayshore Hwy. / Airport Pkwy.
647 (672)
79 (59)
157 (126)
298 (415)
634 (618)
563 (237)
543 (117)
901 (1362)
430 (895)

6 — Brokaw Rd. / First St.
364 (558)
832 (1669)
254 (681)
539 (217)
938 (1148)
662 (676)
696 (593)
968 (915)
28 (64)
71 (30)
754 (540)
663 (230)

7 — Brokaw Rd. / Fr 101 NB
20 (85)
10 (84)
23 (29)
1840 (1661)
20 (12)
1865 (1814)
279 (295)
50 (23)
423 (206)

8 — Brokaw Rd. / Bering St.
53 (226)
14 (67)
130 (493)
388 (226)
1356 (1251)
288 (409)
283 (199)
1764 (1504)
251 (401)
454 (213)
34 (13)
430 (307)

9 — Brokaw Rd. / Zanker Rd.
443 (506)
448 (1726)
391 (498)
894 (539)
1116 (1203)
561 (599)
548 (612)
1600 (1458)
176 (234)
473 (177)
1671 (674)
389 (539)

10 — Bering St. / Zanker Rd.
38 (81)
1118 (2458)
29 (20)
6 (6)
0 (0)
0 (2)
40 (128)
3 (0)
304 (308)
302 (450)
2487 (1256)
8 (5)

11 — On-ramp to 101 NB / Off-ramp fr 101 NB / Zanker Rd.
827 (466)
595 (2302)
891 (749)
668 (48)
214 (387)
1906 (962)

12 — I-880 SB off/on / Bayshore Hwy. / Gish Rd.
657 (798)
9 (3)
787 (242)
458 (686)
1632 (719)
35 (17)
238 (285)
600 (1763)
4 (6)
5 (5)
15 (31)
10 (67)

13 — I-880 NB Off/On / Bayshore Hwy. / 10th St.
469 (447)
387 (753)
380 (175)
93 (98)
672 (572)
298 (429)
278 (159)
329 (863)
790 (1050)
984 (403)
740 (971)
320 (72)

14 — Bayshore Hwy. / To 101 SB / First St.
178 (87)
745 (1632)
599 (690)
576 (349)
183 (238)
360 (634)
408 (537)
1670 (1429)
107 (390)

16 — Metro Dr. / First St.
300 (241)
778 (1955)
27 (70)
34 (165)
432 (365)
1 (1)
48 (303)
471 (132)
1719 (1826)
5 (1)

17 — Skyport Dr. / SR-87 ramps
419 (607)
404 (432)
260 (331)
682 (492)
392 (1027)
419 (967)
468 (874)
652 (581)
711 (715)
1816 (538)

18 — Skyport Dr. / Technology Dr.
94 (616)
31 (35)
35 (240)
213 (133)
1017 (1010)
55 (80)
667 (421)
1761 (1332)
73 (91)
57 (224)
41 (108)
40 (48)

19 — Skyport Dr. / First St.
78 (111)
594 (1420)
154 (727)
956 (372)
521 (300)
300 (411)
277 (471)
303 (523)
424 (496)
643 (670)
962 (1116)
193 (56)

20 — Zanker Road / Bayshore Hwy. / Fourth St.
351 (350)
668 (1277)
244 (723)
950 (379)
753 (608)
531 (556)
316 (295)
284 (890)
50 (121)
673 (125)
854 (675)
378 (393)

21 — Archer St. / Fourth St.
658 (887)
654 (1090)
565 (423)
552 (653)
82 (600)
1282 (731)

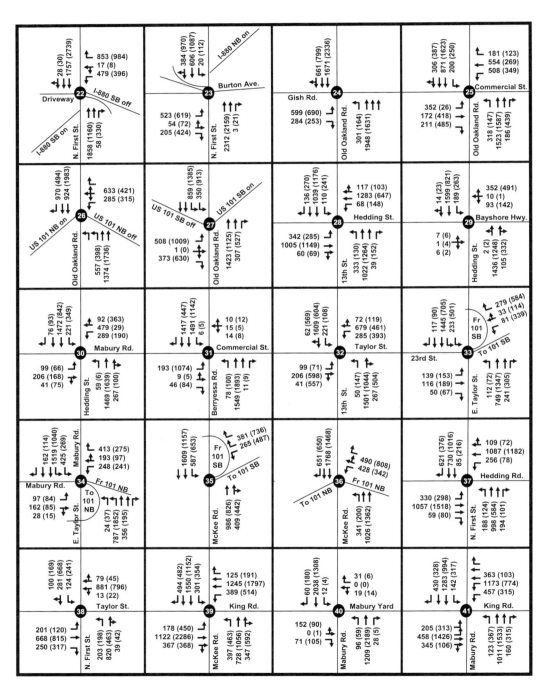

图 5.14　立交群方案 3　2035 年 US101 周边交叉口高峰小时预测交通流量（单位：pcu/h）

5.5　立交布线

有交通预测数据后，可初步判断立交群方案是否可行。如果方案不可行，则需调整，如可行，则可进入立交布线阶段。

立交布线是指根据前面步骤初步拟订的立交方案，根据工程经验判断，完善平面几何线形的立交线形设计过程。立交布线是下一步交通运营分析的基础，因此立交的所有线形必须准确无误。

立交方案拟订阶段一般称为单线设计（Single Line），相应地，立交布线阶段则称为双线设计（Double Line）。立交布线需要准确无误地表达出如下信息：

①所有车行道交通标线；

②所有交叉口交通标线；

③所有渐变段交通标线；

④所有车行道、人行道边线；

⑤所有匝道进出口交通标线；

⑥所有匝道交通控制方式下的边线；

⑦所有交叉点的交叉关系；

⑧与设计边界相衔接处的车道衔接关系；

⑨所有道路的断面布置；

⑩明确需要调整的现状立交匝道或进出口；

⑪明确平面交叉口的交通组织。

立交布线不同于立交平纵断面设计。立交布线阶段一般来说不需要设计出立交主线或匝道的纵断面设计图，但在布线时，需要粗略拟订出所有主线及匝道的纵向高程走向及衔接，以保证在工程设计时不会因高程问题而导致方案不能实现。同样地，立交布线虽然是平面设计，但与立交平面图设计也不完全一样。立交布线阶段不需要进行标注，仅对特殊部位作注释性标注，也不需要对用地情况进行标注和示意。

图 5.15—图 5.17 为 US101 改造项目中 Zanker Rd. 与 US101 节点处立交群方案的布线设计图，供读者参考。

5.6　交通运营分析

交通运营分析（Traffic Operation Analysis）是指在立交布线后，运用交通分析软件，对路段及交叉口进行系统的计算分析，以检验交通运行情况。

目前，常用的交通分析软件系统有 Synchro、TSIS、VisSim、Paramics、MITSim、

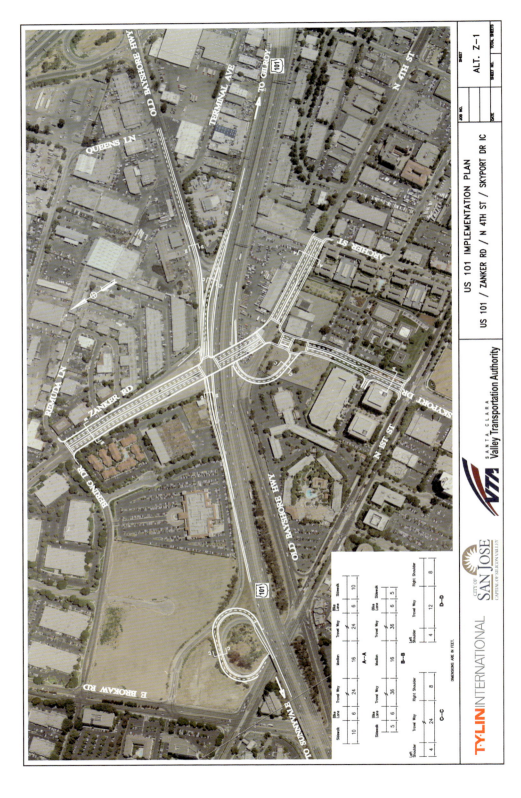

图5.15 Zanker Rd 节点立交方案 1 立交布线图

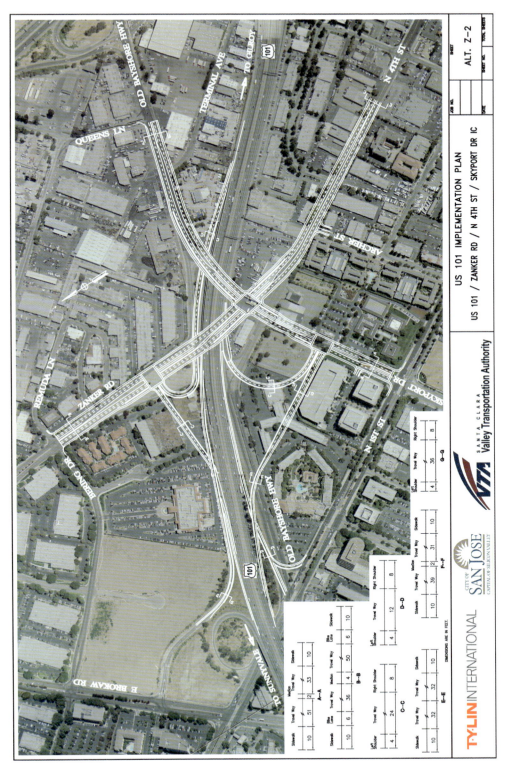

图 5.16　Zanker Rd 节点立交方案 2 立交布线图

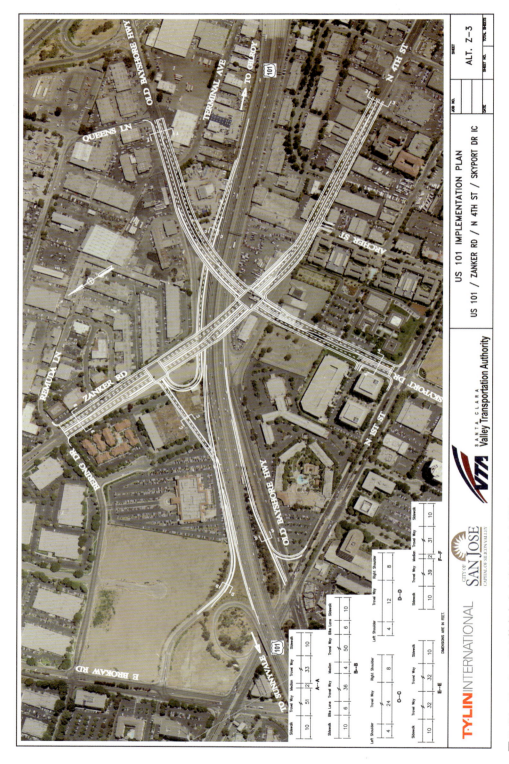

图 5.17　Zanker Rd 节点立交方案 3 立交布线图

TransModeler 等。Synchro 由交通建模和信号优化配时逐渐发展成为一个功能全面的微观交通仿真系统。TSIS 是最早的基于视窗操作系统的微观仿真系统，具有先进的跟车和车道变化模型，能模拟各种交通控制交叉口。VisSim 由德国 PTV 公司开发，它是离散随机的微观仿真模型。TransModeler 是将交通仿真模型和 GIS 有机结合起来的仿真软件，它实现了微观仿真、准微观仿真和宏观仿真的无缝集成，且可在 GIS-T 图形界面上微观显示车辆运行状况及详细交通状况。

从提供的案例 US101 项目来看，立交群方案 3 远期 2035 年北上早高峰在几个节点的交通运行比较令人满意，服务水平都在 D 以上，满足规范要求。影响区内交叉口的服务水平，相对于不启动改建时，部分交叉口有明显改善，但部分交叉口并没有太大变化。这些没太大改善的交叉口，为下一步方案优化指明了方向。

5.7　方案优化

经过交通运营分析，从路段和交叉口的运营分析数据来看，改造后，改造点附近的交通有明显的改善，亦即说明立交群方案可行且有效果。如果从交通运营分析数据来看，所提供的方案没有达到预期的效果，则需进行方案优化处理直至指标明显改善达标。

从 US101 案例交通运行分析数据来看，改造点处的几个方案无须进行方案优化处理。改造点外的几个路段及交叉口（见图 5.18 立交群方案 3 远期 2035 年北向早高峰交通运营分析表中黄色突显标记），无论有无改造项目进行，其远期交通运营水平都较低，需另外单独进行提升改造（表 5.1）。

（a）HOV车道

No.	Sub. Sec. No.	Location	Length (Feet)	Design Speed (mph)	No. of Lanes (HOV)	Capacity (vehicles)	5:00 - 6:00								6:00 - 7:00							
							Demand Volumes	Output Volumes	Volume to Capacity	Congest length (feet)	Storage Rate	Output Speed (mph)	Density (vpmpl)	LOS	Demand Volumes	Output Volumes	Volume to Capacity	Congest length (feet)	Storage Rate	Output Speed (mph)	Density (vpmpl)	LOS
1	3	I-280 On to Alum Rock Off	1,056	65	1	1,650	1,242	1,242	0.75	0	0	65	19.1	C	1,311	1,311	0.79	0	0	65	20.2	C
2	4	Alum Rock Off to McKee Off	1,161	65	1	1,650	1,242	1,242	0.75	0	0	65	19.1	C	1,311	1,311	0.79	0	0	65	20.2	C
3	5	McKee Off to Alum Rock On	2,165	65	1	1,650	1,242	1,242	0.75	0	0	65	19.1	C	1,311	1,311	0.79	0	0	65	20.2	C
4	6	Alum Rock On to McKee On	633	65	1	1,650	1,357	1,357	0.82	0	0	65	20.9	C	1,451	1,451	0.88	0	0	60	24.1	C
5	7	McKee On to Mabury On	1,650	65	1	1,650	1,459	1,459	0.88	0	0	60	24.3	C	1,556	1,556	0.94	0	0	57	27.5	D
6	8	Mabury Off to Mabury On	2,250	65	1	1,650	1,459	1,459	0.88	0	0	60	24.3	C	1,556	1,556	0.94	0	0	57	27.5	D
7	9	Mabury On to Oakland Off	2,120	65	1	1,650	1,494	1,494	0.91	0	0	59	25.4	C	1,626	1,626	0.99	0	0	53	30.4	D
8	10	Oakland Off to Oakland On	1,742	65	1	1,650	1,413	1,413	0.86	0	0	65	21.7	C	1,531	1,531	0.93	0	0	58	26.6	D
9	11	Oakland On to I-880 NB Off	1,374	65	1	1,650	1,465	1,465	0.89	0	0	60	24.5	C	1,636	1,636	0.99	0	0	53	30.9	D
10	12	I-880 NB Off to I-880 NB On	581	65	1	1,650	1,386	1,386	0.84	0	0	65	21.3	C	1,516	1,516	0.92	0	0	58	26.1	D
11	13	I-880 NB On to I-880 SB Off	528	65	1	1,650	1,323	1,323	0.80	0	0	65	20.4	C	1,595	1,595	0.97	0	0	55	29.0	D
12	14	I-880 SB Off to Zanker Off	1,650	65	1	1,650	1,335	1,335	0.81	0	0	65	20.5	C	1,510	1,510	0.91	0	0	58	25.9	C
13	15	Zanker Off to N. 1st St. Off	1,350	65	1	1,650	1,168	1,168	0.71	0	0	65	18.0	B	1,357	1,357	0.82	0	0	65	20.9	C
14	16	N. 1st St. Off to Zanker On	1,561	65	1	1,650	1,098	1,098	0.67	0	0	65	16.9	B	1,282	1,282	0.78	0	0	65	19.7	C
15	17	Zanker On to N. 1st St. Loop On	350	65	1	1,650	1,159	1,159	0.70	0	0	65	17.8	B	1,379	1,379	0.84	0	0	65	21.2	C
16	18	N. 1st St. Loop On to N. Brokaw On	1,373	65	1	1,650	1,173	1,173	0.71	0	0	65	18.1	C	1,428	1,428	0.87	0	0	65	22.0	C
17	19	N. Brokaw On to De La Cruz Off	960	65	1	1,650	1,223	1,223	0.74	0	0	65	18.8	C	1,501	1,501	0.91	0	0	59	25.6	C
18	20	De La Cruz Off to SR-87 On	2,112	65	1	1,650	1,069	1,069	0.65	0	0	65	16.4	B	1,359	1,359	0.82	0	0	65	20.9	C
19	21	SR-87 On to Lane Drop	2,590	65	1	1,650	1,188	1,188	0.72	0	0	65	18.3	C	1,491	1,491	0.90	0	0	59	25.3	C
20	22	Lane Drop to De La Cruz On	912	65	1	1,650	1,188	1,188	0.72	0	0	65	18.3	C	1,491	1,491	0.90	0	0	59	25.3	C
21	23	De La Cruz On to Loop On	3,490	65	1	1,650	1,188	1,188	0.72	0	0	65	18.3	C	1,491	1,491	0.90	0	0	59	25.3	C
22	24	De La Cruz Loop On to Dia On	964	65	1	1,650	1,188	1,188	0.72	0	0	65	18.3	C	1,491	1,491	0.90	0	0	59	25.3	C
23	25	De La Cruz Dia On to Montague Off	4,277	65	1	1,650	1,188	1,188	0.72	0	0	65	18.3	C	1,491	1,491	0.90	0	0	59	25.3	C

（b）混合流车道（无匝道信号灯）

No.	Sub. Sec. No.	Location	Length (Feet)	Design Speed (mph)	No. of Lanes (Mixed-Flow)	Capacity (vehicles)	5:00 - 6:00								6:00 - 7:00							
							Demand Volumes	Output Volumes	Volume to Capacity	Congest length (feet)	Storage Rate	Output Speed (mph)	Density (vpmpl)	LOS	Demand Volumes	Output Volumes	Volume to Capacity	Congest length (feet)	Storage Rate	Output Speed (mph)	Density (vpmpl)	LOS
1	3	I-280 On to Alum Rock Off	1,056	65	4	7,981	8,270	5,729	0.72	1,056	869	17	85.3	F	9,292	6,699	0.85	1,056	516	21	80.7	F
2	4	Alum Rock Off to McKee Off	1,161	65	4	8,100	8,138	5,623	0.69	1,161	869	14	97.9	F	8,971	6,450	0.80	1,161	516	17	92.3	F
3	5	McKee Off to Alum Rock On	2,165	65	3	6,675	7,563	5,165	0.77	2,165	869	17	104.1	F	8,052	5,737	0.86	2,165	516	22	88.0	F
4	6	Alum Rock On to McKee On	633	65	3	6,560	8,445	6,046	0.92	633	513	26	77.9	F	9,116	6,018	0.92	1,650	212	27	74.1	F
5	7	McKee On to Mabury Off	1,650	65	3	6,573	9,263	6,573	1.00	0	0	52	42.0	E	9,971	6,358	0.97	2,250	212	37	57.8	F
6	8	Mabury Off to Mabury On	2,250	65	3	6,558	8,624	6,121	0.92	0	0	58	35.0	D	9,200	5,851	0.88	0	0	24	79.7	F
7	9	Mabury On to Oakland Off	2,120	65	3	6,675	8,965	6,462	0.90	0	0	59	42.0	E	9,859	6,511	1.00	0	0	52	41.6	E
8	10	Oakland Off to Oakland On	1,742	65	3	6,615	8,358	6,021	0.91	0	0	58	35.0	E	9,124	6,019	0.90	1,060	811	59	34.0	F
9	11	Oakland On to I-880 NB Off	1,374	65	4	7,206	8,917	6,580	0.78	0	0	58	30.0	D	10,197	6,280	0.88	528	811	52	30.1	D
10	12	I-880 NB Off to I-880 NB On	581	65	4	7,400	7,790	5,740	0.69	0	0	65	22.1	C	9,145	5,538	0.75	1,650	811	53	26.4	D
11	13	I-880 NB On to I-880 SB Off	528	65	5	9,135	8,382	6,331	0.83	0	0	65	19.5	C	9,860	6,253	0.69	1,350	811	46	27.1	C
12	14	I-880 SB Off to Zanker Off	1,650	65	4	7,234	7,989	6,032	0.72	0	0	62	24.3	C	9,154	5,741	0.79	350	811	42	34.1	D
13	15	Zanker Off to N. 1st St. Off	1,350	65	3	6,605	6,847	5,164	0.79	0	0	64	27.1	D	8,008	4,505	0.74	1,561	811	35	47.3	F
14	16	N. 1st St. Off to Zanker On	1,561	65	3	6,675	6,367	4,800	0.72	0	0	65	24.8	C	7,445	4,912	0.67	1,373	811	26	57.9	F
15	17	Zanker On to N. 1st St. Loop On	350	65	3	6,615	6,782	5,215	0.79	0	0	63	27.4	D	8,096	5,155	0.78	960	811	29	59.1	F
16	18	N. 1st St. Loop On to N. Brokaw On	1,373	65	3	6,660	6,883	5,316	0.80	0	0	63	28.0	D	8,423	5,482	0.83	1,373	811	30	60.6	F
17	19	N. Brokaw On to De La Cruz Off	960	65	3	6,615	7,225	5,658	0.76	0	0	65	21.8	C	8,908	5,967	0.81	960	811	27	54.6	F
18	20	De La Cruz Off to SR-87 On	2,112	65	4	7,397	6,059	4,737	0.71	0	0	65	24.4	C	7,702	5,037	0.75	2,112	811	22	76.7	F
19	21	SR-87 On to Lane Drop	2,590	65	4	7,381	6,733	5,411	0.73	0	0	63	20.8	C	8,446	5,781	0.78	2,590	811	20	70.7	F
20	22	Lane Drop to De La Cruz On	912	65	3	6,300	6,733	5,411	0.86	0	0	61	29.5	D	8,446	5,781	0.92	912	519	30	64.5	F
21	23	De La Cruz On to Loop On	3,490	65	3	6,675	6,733	5,411	0.81	0	0	63	28.7	D	8,446	5,781	0.87	3,490	519	24	81.7	F
22	24	De La Cruz Loop On to Dia On	964	65	3	6,675	6,754	5,432	0.81	0	0	63	28.9	D	8,527	5,862	0.88	964	519	22	87.3	F
23	25	De La Cruz Dia On to Montague Off	4,277	65	3	6,187	6,895	5,573	0.90	0	0	59	31.4	D	8,792	6,127	1.00	0	0	52	39.1	E

（c）混合流车道（有匝道信号灯）

No.	Sub. Sec. No.	Location	Length (Feet)	Design Speed (mph)	No. of Lanes (Mixed-Flow)	Capacity (vehicles)	5:00 - 6:00 Demand Volumes	Output Volumes	Volume to Capacity	Congest length (feet)	Storage Rate	Output Speed (mph)	Density (vpmpl)	LOS	6:00 - 7:00 Demand Volumes	Output Volumes	Volume to Capacity	Congest length (feet)	Storage Rate	Output Speed (mph)	Density (vpmpl)	LOS
1	3	I-280 On to Alum Rock Off	1,056	65	4	7,981	8,270	5,887	0.74	1,056	709	18	79.6	F	9,293	6,009	0.76	1,056	741	16	96.4	F
2	4	Alum Rock Off to McKee Off	1,161	65	4	8,100	8,138	5,782	0.71	1,161	709	16	92.8	F	8,972	5,776	0.71	1,161	741	13	107.6	F
3	5	McKee Off to Alum Rock On	2,165	65	3	6,675	7,563	5,323	0.80	2,165	709	18	98.8	F	8,053	5,108	0.77	2,165	741	16	107.0	F
4	6	Alum Rock On to McKee On	633	65	3	6,560	8,446	5,998	0.91	633	562	25	79.4	F	9,115	5,783	0.89	633	741	24	81.2	F
5	7	McKee On to Mabury Off	1,650	65	3	6,573	9,265	6,573	1.00	0	0	52	42.0	E	9,970	6,358	0.97	1,650	212	37	57.8	F
6	8	Mabury Off to Mabury On	2,250	65	3	6,675	8,626	6,120	0.92	0	0	58	35.0	E	9,199	5,852	0.88	2,250	212	24	79.7	F
7	9	Mabury On to Oakland Off	2,120	65	3	6,558	8,966	6,460	0.99	0	0	58	40.3	E	9,858	6,511	1.00	0	0	52	41.6	E
8	10	Oakland Off to Oakland On	1,742	65	3	6,675	8,360	6,023	0.90	0	0	59	34.0	D	9,123	6,026	0.90	0	0	59	34.0	D
9	11	Oakland On to I-880 NB Off	1,374	65	4	7,206	8,919	6,582	0.91	0	0	58	28.2	D	10,196	6,926	0.97	0	0	55	31.5	D
10	12	I-880 NB Off to I-880 NB On	581	65	4	7,400	7,792	5,748	0.78	0	0	65	22.1	C	9,145	6,205	0.84	0	0	62	25.1	C
11	13	I-880 NB On to I-880 SB Off	528	65	5	9,135	8,384	6,340	0.69	0	0	65	19.5	C	9,860	6,198	0.68	67	722	65	19.1	C
12	14	I-880 SB Off to Zanker Off	1,650	65	4	7,234	7,991	6,041	0.84	0	0	62	24.3	C	9,154	5,703	0.79	1,650	722	52	27.3	F
13	15	Zanker Off to N. 1st St. Off	1,350	65	3	6,605	6,847	5,171	0.78	0	0	64	27.1	C	8,008	4,888	0.74	1,350	722	42	39.1	F
14	16	N. 1st St. Off to Zanker On	1,561	65	3	6,675	6,367	4,806	0.72	0	0	65	24.8	C	7,445	4,490	0.67	1,561	722	30	49.4	F
15	17	Zanker On to N. 1st St. Loop On	350	65	3	6,615	6,782	5,221	0.79	0	0	63	27.5	D	8,096	5,141	0.78	350	722	32	53.4	F
16	18	N. 1st St. Loop On to N. Brokaw On	1,373	65	3	6,660	6,883	5,322	0.80	0	0	63	28.1	D	8,423	5,468	0.83	1,373	722	33	55.9	F
17	19	N. Brokaw On to De La Cruz Off	960	65	4	7,397	7,225	5,664	0.77	0	0	65	21.8	C	8,909	5,954	0.81	960	722	29	50.9	F
18	20	De La Cruz Off to SR-87 On	2,112	65	3	6,675	6,060	4,743	0.71	0	0	65	24.4	C	7,703	5,036	0.75	2,112	722	23	72.3	F
19	21	SR-87 On to Lane Drop	2,590	65	4	7,381	6,734	5,417	0.73	0	0	65	20.8	C	8,448	5,781	0.78	2,590	722	21	68.5	F
20	22	Lane Drop to De La Cruz On	912	65	3	6,300	6,734	5,417	0.86	0	0	61	29.6	D	8,448	5,781	0.92	912	519	30	64.5	F
21	23	De La Cruz Off to Loop On	3,490	65	3	6,675	6,734	5,417	0.81	0	0	63	28.8	D	8,448	5,781	0.87	3,490	519	22	81.7	F
22	24	De La Cruz Loop On to Dia On	964	65	3	6,675	6,755	5,438	0.81	0	0	63	28.9	D	8,529	5,862	0.88	964	519	22	87.3	F
23	25	De La Cruz Dia On to Montague Off	4,277	65	3	6,187	6,896	5,579	0.90	0	0	59	31.5	D	8,794	6,127	1.00	0	0	52	39.1	E

（d）进出匝道交通

No.	Location	5:00 - 6:00 Demand Volumes	Demand Volumes (PE)	Served Volumes	Percent Served	6:00 - 7:00 Demand Volumes	Demand Volumes (PE)	Served Volumes	Percent Served	7:00 - 8:00 Demand Volumes	Demand Volumes (PE)	Served Volumes	Percent Served	8:00 - 9:00 Demand Volumes	Demand Volumes (PE)	Served Volumes	Percent Served
1	Alum Rock Off	136	132	105	77%	332	321	233	70%	835	778	688	82%	601	553	466	78%
2	McKee Off	596	575	459	77%	950	919	668	70%	925	861	774	84%	1,040	956	791	76%
3	Alum Rock On	997	883	675	68%	1,204	1,062	675	56%	1,205	1,072	675	56%	1,095	971	675	62%
4	McKee On	919	819	575	63%	959	855	575	60%	999	897	575	58%	973	872	575	59%
5	Mabury Off	663	639	453	68%	797	771	506	63%	854	794	647	76%	834	766	593	71%
6	Mabury On	377	340	340	90%	728	659	659	91%	943	864	864	92%	865	788	788	91%
7	Oakland Off	712	606	437	61%	857	735	485	57%	918	767	610	66%	897	735	561	63%
8	Oakland On	611	559	559	91%	1,178	1,073	900	76%	1,527	1,425	900	59%	1,401	1,289	900	64%
9	I-880 NB On	1,315	1,127	834	63%	1,212	1,051	721	59%	1,301	1,108	855	66%	1,491	1,241	916	61%
10	I-880 NB On	655	592	592	90%	794	715	715	90%	704	649	649	92%	839	761	761	91%
11	I-880 SB Off	460	393	299	65%	818	706	495	61%	759	640	510	67%	695	577	456	66%
12	Zanker Off	1,357	1,144	870	64%	1,343	1,146	814	60%	1,559	1,298	1,028	66%	1,399	1,146	906	65%
13	N. 1st St. Off	570	480	365	64%	660	563	398	64%	752	625	495	66%	854	700	536	63%
14	Zanker On	476	415	415	87%	748	651	651	87%	1,041	926	900	86%	1,124	982	900	80%
15	N. 1st St. Loop On	115	101	101	88%	376	327	327	87%	758	674	450	59%	728	636	450	62%
16	N. Brokaw On	393	342	342	87%	559	486	486	87%	647	576	576	89%	574	501	501	87%
17	De La Cruz Off	1,368	1,165	921	67%	1,393	1,206	918	66%	2,551	2,171	1,297	51%	1,619	1,356	1,367	84%
18	SR-87 On	793	674	674	85%	876	745	745	85%	1,170	995	750	64%	1,020	868	750	74%
19	De La Cruz Loop On	21	21	21	100%	81	81	81	100%	558	558	450	81%	274	274	382	139%
20	De La Cruz Dia On	141	141	141	100%	265	265	265	100%	1,217	1,217	450	37%	573	573	450	79%

图 5.18　立交群方案 3　远期 2035 年北向早高峰交通运营分析

表 5.1　立交群方案 3　远期 2035 年周边交叉口高峰交通运营分析

INT NO.	INTERSECTION LOCATION	YEAR 2035 BUILD ALTERNATIVE Z-3							
		AM PEAK				PM PEAK			
		LOS	AVG DELAY (sec/veh)	AVG CRIT DELAY (sec/veh)	CRIT V/C	LOS	AVG DELAY (sec/veh)	AVG CRIT DELAY (sec/veh)	CRIT V/C
1	US 101 NB off-/on-ramp/Trimble Road	C+	21.6	23.3	0.731	B −	20.0	20.9	0.836
2	US 101 SB off-/on-ramp/Trimble Road	B −	19.9	25.2	0.875	C+	21.9	42.0	1.144
3	North First Street/Charcot Avenue	F	84.5	109.8	1.110	F	204.2	275.0	1.468
4	Airport Parkway/Technology Drive	C	28.3	32.5	0.742	D+	36.9	41.2	0.875
5	US 101 SB off-ramp/Airport Parkway	C	29.8	34.9	0.776	D	44.4	62.2	0.952
6	North First Street/East Brokaw Road	D	39.1	53.2	0.936	F	92.1	130.8	1.179
7	US 101 NB off-ramp/East Brokaw Road	C	27.3	32.7	0.695	B −	18.8	21.2	0.546
8	Brokaw Road/Bering Road	F	164.1	183.9	1.291	F	204.3	268.4	1.475
9	Brokaw Road/Zanker Road	E	63.1	102.5	1.111	D	39.8	45.9	0.915
10	Zanker Road/Bering Road* (NB and SB stop)	F	—	—	—	F	—	—	—
11	US 101 NB off-/on-ramp/Zanker Road	C+	22.2	26.0	0.796	C	24.2	31.4	0.849
12	Old Bayshore Highway/I-880 SB off-/on-ramp	F	172.7	229.6	1.287	E+	56.7	64.6	0.931
13	Old Bayshore Highway/I-880 NB off-/on-ramp	D −	51.5	66.2	1.034	F	287.6	87.1	1.107
14	Old Bayshore Highway/North First Street	D	50.9	71.5	1.049	E	62.0	80.7	1.050
15	Old Bayshore Highway/Fourth Street (NB and SB stop)	—	—	—	—	—	—	—	—
16	North First Street/Metro Drive	C −	32.6	42.2	0.890	C −	34.8	45.6	1.030
17	SR 87/Skyport Drive	D	45.7	49.4	1.022	C	30.6	37.1	0.848
18	Skyport Drive/Technology Drive	C	25.2	33.7	0.700	C	29.8	38.5	0.827
19	Skyport Drive/North First Street	F	83.2	146.9	1.235	F	131.7	181.1	1.303
20	Skyport Drive/Fourth Street	C −	34.8	40.9	0.794	D	44.7	49.8	0.907
21	Fourth Street/Archer Street (EB stop)	F	—	—	—	F	—	—	—
22	North First Street/I-880 SB off-/on-ramp	D	50.5	76.2	1.085	F	84.2	110.6	1.174
23	North First Street/I-880 NB off-/on-ramp	C	24.9	30.3	0.869	C −	32.2	42.9	0.972
24	Old Oakland Road/East Gish Road	D	42.9	63.4	1.034	F	87.6	123.2	1.165
25	Old Oakland Road/Commercial Road	E −	79.8	118.8	1.145	E	65.6	106.0	1.114
26	Old Oakland Road/US 101 NB off-/on-ramp	D	40.2	74.6	1.044	C+	21.3	32.1	0.890
27	Old Oakland Road/US 101 SB off-/on-ramp	C	23.3	30.9	0.820	D −	54.4	70.7	1.048
28	Old Oakland Road/Hedding Street	F	90.0	132.2	1.179	D −	54.2	67.0	1.005
29	E. Hedding St/N. Old Bayshore Hwy (NB and SB stop)	F	—	—	—	F	—	—	—
30	East Hedding Street/Mabury Road	D	42.2	59.5	1.014	D	40.6	52.2	0.986
31	Commercial Road/Berryessa Road	D	45.6	97.7	1.011	F	82.6	118.8	0.945
32	13th Street/Taylor Street	F	196.6	251.5	1.499	F	193.5	303.1	1.609
33	US 101 SB off-ramp/Mabury Road	C	24.9	27.3	0.704	D	39.9	51.8	0.931
34	US 101 NB off-ramp/Mabury Road	C	28.7	32.2	0.755	C −	32.9	41.7	0.884
35	McKee Road/US SB off-/on-ramp	C	29.7	49.9	0.960	E+	58.0	96.7	1.105
36	McKee Road/US NB off-/on-ramp*	D	39.5	57.6	1.005	C	23.5	29.3	0.806
37	First Street/Hedding Street	D	46.1	56.9	0.950	D	45.4	58.6	0.978
38	First Street/Taylor Road	E	70.4	89.2	1.060	F	143.9	150.7	1.144
39	King Road/McKee Road	F	155.5	230.9	1.388	F	334.7	423.3	1.828
40	Mabury Road/Mabury Yard	F	111.6	171.4	1.310	F	135.9	221.0	1.313
41	King Road/Mabury Road	D+	36.6	41.1	0.902	F	109.8	162.9	1.268
42	U.S. 101 SB off−ramp/Skyport Drive	—	—	—	—	—	—	—	—

第6章 立交群评价指标与方法

有别于单个立交桥，在评价城市立交群时，其评价指标也不完全相同，本章将探讨城市立交群评价指标及评价方法。

6.1 立交群评价指标

对单个立交的评价，基本上都基于项目交通功能、运营安全、景观功能、环境影响、经济指标、占地面积、施工难易度以及征地拆迁等方面进行比较和评价。其中，交通功能因素，一般包括立交通行能力、交织区服务水平、出入口匹配度等主要指标；运营安全因素，一般包括立交线形、视距、运营速度等主要指标；景观功能因素，一般则包括立交造型、线形视觉、环境适应等主要指标；环境影响因素主要是噪声及尾气排放等主要指标。

表 6.1　常用立交群评价指标

分　类	指　标	指标类别	备　注
交通功能	通行能力	定量	
	服务水平	定性	
	出入口匹配度	定性	
经济指标	工程造价	定量	
	占地面积	定量	
施工难易度	施工难易	定性	
运营成本	时间成本	定量	
景观功能	立交造型	定性	
	线形视觉	定性	
	环境协调	定性	
环境影响	噪声污染	定性	
	环境破坏	定性	
征地拆迁	拆迁难易	定性	

上述评价因素不仅适用于单个立交选型的决策研究，同样也适用于立交群的研究评价。在工程实践中，在立交群方案设计阶段，通常参照表6.1所示对立交群进行定性定量评价。

由于立交群通常至少包含一个立体交叉，甚至在立交群范围内，有时还包括平面交叉口，因此指标的确定相对来说较复杂。

6.1.1 交通功能

交通功能主要是评价立交群在满足交通需求方面的能力。通行能力和服务水平是衡量交通基础设施最基本的评价指标。对立交群来说，通行能力包括主线基本路段通行能力、匝道基本路段通行能力、交织区通行能力以及交叉口通行能力；服务水平则包括主线基本路段服务水平、匝道基本路段服务水平、交织区服务水平以及交叉口服务水平。

对立交群来说，立交出入口匹配度也是衡量立交群交通功能的一个显著指标。立交群相对于单体立交来说，比较显著的区别是协同解决区域交通问题的能力。在协同解决区域交通问题上，出入口匹配度能很好地反映这种协同能力。

（1）通行能力

立交群通行能力属于定量指标，可以通过比较单位小时通过标准小汽车的数量来进行定量比较。当笼统比较立交群的通行能力时，可采用各个方向出口最小通行能力之和来表示。当需要比较具体出入口、路段、交叉口或交织段通行能力时，可再细分通行能力。这种情况在采用投影跟踪综合评价法等高维多目标评价方法时常常用到。

（2）服务水平

对立交群来说，服务水平包括主线基本路段服务水平、匝道基本路段服务水平、交织区服务水平、交叉口服务水平4种。由于服务水平属于定性评价指标，且每个路段断面的服务交通流量不一，难以量化比较，因此在方案评价决策实践中，可简单化处理。

在立交群范围内，当不包含任何交叉口时，其交通可视为不间断流。在评价时，可采用把3种服务水平按照与之对应的交通量按权重的方法计算整体服务水平，计算公式如下：

$$\overline{K} = \frac{\sum_{i=1}^{i=j} v_i \times K_i}{\sum_{i=1}^{i=j} v_i}$$

式中　$\overline{K}$——立交群内路段平均车流量密度，pcu/（h/ln）；

　　　v_i——第 i 路段的交通流量，pcu/h；

　　　K_i——第 i 路段的车流密度，pcu/（h/ln）；

　　　i，j——整数。

当立交群包含有交叉口时，可分别计算路段平均服务水平和交叉口服务水平。

（3）出入口匹配度

通常情况下，对环境不熟悉的司机，当从起点到一终点后，如需返回，最好的路径是从终点沿着去时路径返回起点。同理，对立交群来说，在立交群范围内，当提供从 A 主线到 B 区域的出口后，如果同时也提供从 B 区域到 A 主线的进口，其出入口的匹配度就很好，可以用数字 1 来表示；如果需绕行经过立交群范围内的其他区域 C，即返回路线实际为 B → C → A，其出入口匹配度较差，可以用数字 0.5 来表示；如果根本就不能从 B 区域返回 A 主线，或是需要从立交群范围外返回 A 主线，其出入口匹配度就不存在，可以用数字 0 表示。

在比较立交群出入口匹配度时，逐个统计每一出口（或入口）的入口（或出口）匹配度，然后将数字相加得总和，再用总和除以出口（或入口）的个数，其商为该方案的总体出入口匹配度。该数字越大，则匹配度越高；反之，则匹配度越差。

6.1.2　运营成本

在立交群方案设计阶段，对运营成本比较容易量化的指标是时间成本。对一个立交群，当不包含任何交叉口时，可采用如下公式粗略计算平均运营时间成本：

$$\overline{T} = \frac{\sum_{i=1}^{i=j} v_i \times \dfrac{l_i}{V_i}}{\sum_{i=1}^{i=j} v_i}$$

式中　$\overline{T}$——立交群内所有车辆平均耗时，h；

v_i——第 i 路段的交通流量，pcu/h；

l_i——第 i 路段的路线长度，km；

V_i——第 i 路段的设计车速，km/h；

i，j——整数。

当立交群内有交叉口时，可按如下公式计算：

$$\overline{T} = \frac{\sum_{i=1}^{i=j} v_i \times \dfrac{l_i}{V_i} + \sum_{n=1}^{n=m} s_n \times \overline{t_n}}{\sum_{i=1}^{i=j} v_i + \sum_{n=1}^{n=m} s_n}$$

式中　$\overline{T}$——立交群内所有车辆平均耗时，h；

v_i——第 i 路段的交通流量，pcu/h；

l_i——第 i 路段的路线长度，km；

V_i——第 i 路段的设计车速，km/h；

s_n——第 n 个路口的交通流量，pcu/h；

$\bar{t_n}$——第 n 个路口的平均延误，h；

i，j，n，m——整数。

一般情况下，对不同的设计方案，主线的长度、设计速度及交通流量没有明显区别，但匝道的多少、长度、设计速度以及交通流量则有比较大的差异，$\bar{T}$ 就能较好地反映方案的差异。$\bar{T}$ 越小，通过立交群的耗时越少，反之通过立交群的耗时就越多。

6.1.3 景观功能

立交群的景观功能，一般从 3 个维度评价：立交造型、线形视觉以及与周围环境的协调性。这 3 个指标均为定性指标，一般可通过打分或排序的方法赋值。

（1）立交造型

立交造型指标是对立交群整体直觉感受的反映，它是指对立交群平面轮廓、空间形态、构件层次、体量大小等宏观因素的模糊感觉。该指标常用专家打分或排序的方法评价，具有较高的人为随意性。

（2）线形视觉

线形视觉主要指构成立交的主线及匝道平纵线形在空间上的视觉美感。该指标反映平纵设计时，线形是否平滑、流畅，视线诱导是否自然无突兀，单条路线是否与周边地形衔接自然，有无大挖大填等。线形视觉指标相对前述立交造型指标，更反映微观尺度的视觉感受。

（3）环境协调

立交群与周边环境的协调性是一个相对比较模糊的概念，评价时因人而异。在评价时，一般主要考虑立交群对地形地貌的适应、对周围环境的影响以及对周边建筑风格的影响等因素。

6.1.4 环境影响

对立交群评价时，环境影响一般有噪声污染、尾气排放、光污染以及立交群对周边环境的破坏 4 个维度。但在工程实践中，鉴于尾气排放、光污染难以量化计算或定性评价，因此在评价时仅将噪声污染和环境破坏作为环境影响的具体指标。

（1）噪声污染

城市立交群一般都建在城市中，在一些老城区，由于用地空间非常有限，拆迁安置困难，立交群一般都紧邻楼栋，噪声污染在所难免。在评价立交群时，对有噪声污染的匝道，在有条件的情况下可以利用软件计算噪声分贝，但大多数情况下仅能定性地描述噪声污染程度。

（2）环境破坏

环境破坏在立交群评价中为定性指标，一般可采用有无或强弱来评价。具体评价时可从 3 个方面考虑，一是在修建立交群时，是否需要搬迁古墓、古树、古建筑或有地域历史文化价值的东西；二是对立交群周边生态环境，包括动物、植物群落、水环境等，是否有大的改变；三是立交群特别是绕行匝道是否将不能拆迁的建筑围合，从而使居住或工作在此的人的环境发生大改变。

以上这些评价指标，仅是一般常用的立交群评价指标。在工程实践中，可根据具体项目及所采用的评价方法增减或细化指标。

6.2　立交群评价方法

在如此众多考量指标中，如何进行立交形式的选择，学术界也进行了广泛的研究。近些年，研究的综合评价方法有多目标决策法(张飘 等,2001)、灰色关联综合评价法(谢海红 等，2002)、多级模糊综合评价法（杨林 等，2002）、投影寻踪综合评价法（林雨 等，2008）、三角模糊数综合评价法（曾祥纪 等，2008）、物元综合评价法（王晓宁 等，2009）、层次分析法（陈东波 等，2013）、赋权法（卢耀军 等，2010）等综合评价方法。这些评价方法都是基于统计学、运筹学、系统工程等学科的理论基础，借鉴在其他领域的实践经验，而在立交评价方面建立起来的综合评价体系。

6.2.1　多目标决策法

多目标决策法是对多个相互冲突的决策目标进行科学、合理的选优，然后作出决策的理论和方法。它是在 1896 年意大利经济学家 L. 帕雷托最早提出的多目标最优化问题基础上，经过不断地演变发展，在 20 世纪 70 年代才在国际上迅速发展起来的管理科学的一个新分支。

多目标决策与一般的单目标决策有所不同。在多目标决策中，要同时考虑多个目标，而这些目标往往是难以量化或排序比较的，有时甚至是彼此矛盾的。一般情况下，很难使每个目标都达到最优，从而作出各方面都很满意的决策。因此，多目标决策实质上是在各种目标之间和各种限制之间求得一种合理的妥协，这就是多目标最优化的过程（方国华 等，2011）。

立交方案评价属于多目标决策问题，评价一个立交方案要考虑许多因素，如主线与匝道通行能力、主线和匝道行车速度、匝道线形、立交占地面积、立交工程造价、征地拆迁费用等。若要选出最好的立交方案，让上述所有因素均达到最优，在实际工程中是不可能的。因此，可采用多目标决策中的主要目标法进行立交的选型及优化设计。

多目标决策法首先是建立评价指标体系，明确指标隶属度，然后确定指标权重，最后采用一种评价法，如模糊决策法、化多为少法、目标规划法、多属性效用法或层次法等，给出可比较的量化数值，从而作出决策。在立交分析评价中，多目标决策分析是比较常用的一种评价方法。

6.2.2 灰色关联综合评价法

灰色关联分析是对一个系统发展变化态势的定量描述和比较的一种方法，它源于灰色系统理论，该系统理论由华中科技大学著名学者邓聚龙教授首创（MBAlib）。灰色关联分析是通过灰色关联度来分析和确定系统因素间的影响程度或因素对系统主行为贡献测度的一种方法。它的基本思想是根据序列曲线几何形状的相似程度来判断其联系是否紧密。若曲线越接近，相应序列之间的关联度就越大，反之就越小，而灰色关联度越大，两因素变化态势越一致。

灰色关联分析法对样本量的多少和样本有无规律都同样适用，而且计算量小，非常方便，更不会出现量化结果与定性分析结果不符的情况。

灰色关联分析法研究的基本对象是数据列，分为母序列和子序列。通常称母序列为参考数据列，子序列为比较数据列。

立交或立交群的方案比选，是一个寻求最优解的过程。在这个过程中，许多因素或指标之间相互关系复杂，决策者在分析、决策时，难以得到全面、足够的信息，不容易形成明确的概念。灰色关联分析法是一种直接的量化综合评价方法，易于计算。

6.2.3 多级模糊综合评价法

在自然科学或社会科学研究中，存在着许多定义不严格或概念模糊的数据。为处理分析这些"模糊"概念的数据，美国学者 Zaden I A 创立了模糊集合理论。

多级模糊综合评价法是基于美国学者 Zaden I A 创立的模糊集合理论的一种广泛应用于社会经济等方面的评价方法，它是应用模糊关系合成的特性，从多个指标对被评价事物隶属等级状况进行综合评价的一种方法。

模糊综合评价法根据模糊数学的隶属度理论把定性评价转化为定量评价，即用模糊数学对受到多种因素制约的事物或对象作出一个总体的评价。它具有结果清晰、系统性强的特点，能较好地解决模糊的、难以量化的问题，适合各种非确定性问题的解决（MBAlib）。

多级模糊综合评价法把被评价事物的变化区间做出划分，同时对事物属于各个等级的程度作出分析，这样就使得对事物的描述更加深入客观，故模糊综合评价法既有别于常规的多指标评价方法，又有别于简单的打分方法。

多级模糊综合评价法对评价对象及评估方案的优劣程度用优、良、差等模糊概念来表达，可以处理其他方法无法处理的模糊信息。

6.2.4　投影寻踪综合评价法

在传统的多因素或多指标最优决策分析中，多元分析方法是解决多维数据问题的有力工具，但传统多元分析方法的假设基础是所有样本总体服从正态分布，而实际问题中有许多数据不满足正态分布假设，一般需要用非参数的方法来解决。但是，当数据的维数很高时，常规的非参数方法仍然面临计算量大且样本数必须大等问题。

投影寻踪是处理和分析高维数据的一类新兴的统计方法，其基本思想是将高维数据投影到低维（1～3维）子空间上，并通过极小化某个投影指标，寻找出反映原高维数据的结构或特征的投影，在低维空间上对数据结构进行分析，以达到研究和分析高维数据的目的（田铮 等，2008）。该统计方法由斯坦福大学 Friedman 和 Tukey 在1974 年创立。

投影寻踪综合评价法能够在很大程度上减少维数祸根的影响，因为它对数据的分析是在低维子空间上进行的。对 1～3 维的投影空间来说，高维空间中稀疏的数据点已经足够密集，足以发现数据在投影空间中的结构特征；同时，该评价法可以排除与数据结构和特征无关或关系很小的变量的干扰。投影寻踪综合评价法在由高维投影到低维时，会造成一些信息的丢失，对评价结果有一定的影响（林雨 等，2008）。

在立交方案评价中，投影寻踪综合评价法一般用于需要从很多个细分比较指标中评出方案排序时。该评价法属于客观评价法，可以避免其他评价方法中确定评价指标权重时存在的主观依赖性、评价结果受到人为赋权干扰等人为因素。该法一般需要编程计算分析。

6.2.5　层次分析法

层次分析法是运筹学理论中相对比较简单的一种实用决策分析方法，它是指将一个复杂的多目标决策问题作为一个系统，将目标分解为多个目标或准则，进而分解为多指标、准则或约束的若干层次，通过定性指标模糊量化方法算出层次单排序（权数）和总排序，以作为方案优化决策的系统方法。该方法是美国运筹学家匹兹堡大学教授Thomas L. Saaty 于 20 世纪 70 年代初，利用网络系统理论和多目标综合评价方法，提出的一种多准则、多层次权重决策分析方法（张炳江，2014）。

层次分析法的基本思路是：将决策问题按总目标、各层子目标、评价准则直至具体的备投方案的顺序分解为不同的层次结构，然后用求解判断矩阵特征向量的办法，求出每一层次的各元素对上一层次某元素的优先权重，最后再用加权和的方法递阶归并各评价方案对总目标的最终权重，此最终权重最大者即为最优方案。

层次分析法的优点在于系统性和运算简洁性。该方法把研究对象作为一个系统，按照分解、比较判断、再综合的思维方式进行决策。其系统性在于不割断各个因素对结果的影响，每一层的权重设置都会直接或间接影响结果。这种方法是把定性方法与定量方法有机地结合起来，将人们的思维过程数学化、系统化，且能把多目标、多准则难以全部量化处理的决策问题化为多层次单目标问题；通过两两比较确定同一层次元素相对上一层次元素的数量关系，最后进行简单的数学运算（赵静 等，2014）。层次分析法的基本原理、步骤、计算过程相对简便，容易为决策者了解和掌握。

层次分析法是一种带有模拟人脑的决策方式的方法，必然带有较多的定性色彩。当应用层次分析法来作决策时，由于定量数据少、定性成分重、数据量大时，权重比较难以确定，因此其结果有一定的主观性。

层次分析法比较适合于具有分层交错评价指标的目标系统，而且目标值又难以定量描述的决策问题。在立交方案评价实践中，由于评价指标有定量和定性指标，且一般分层较少，因此层次分析法较常用。

第 2 篇

实战案例篇

第 7 章　项目基本情况

　　本项目为重庆火车北站北站场配套的外围交通项目。该火车站与已建成的火车北站南站场背靠背，南侧交通需要绕行到东边或西边方可进出北站场，因而北站场主要交通均从火车北站的东、西、北 3 个方向进出。本项目的目的是解决火车站周边进出火车站的交通问题，属于典型的面域立交群项目。

7.1　项目简介

　　重庆火车北站北站场立交群项目位于重庆市北部新区人和组团天宫殿 N 区，其东、北面被内环路环抱，南依重庆火车北站南站场，西被太湖北路与天宫殿 M 区相隔，占地约 2 km² （图 7.1）。该项目区域用地性质为居住用地及公共交通设施用地，区内有重庆市三大铁路枢纽之一的重庆火车北站（图 7.2）。该火车站将以铁路客运为主，集城市轨道、公交、长途汽车、出租车及社会车辆等多种交通设施及交通运输方式的客运综合交通枢纽，其设计规模为高峰小时 13 000 人。目前，该区域尚无对外的快速转换交通通道。为适应重庆火车北站北站场的建设及建成后的运营，以及天宫殿 N 区对外交通联系的迫切需求，本项目对高新园天宫殿 N 区出入内环高速、机场高速、五童路等各个节点进行了工程方案研究。

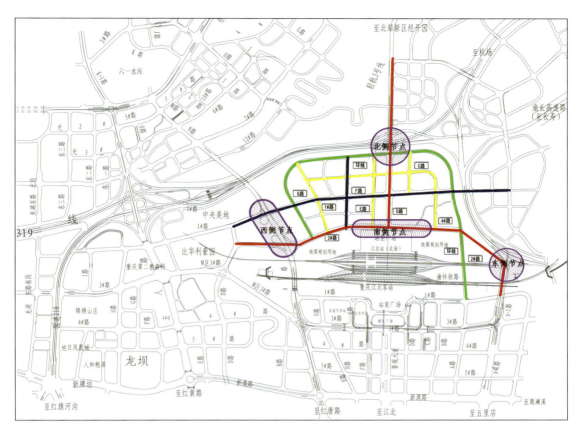

图 7.1　项目区位图

图 7.2　重庆火车
北站鸟瞰图

7.2　项目周边情况

本项目位于重庆市北部新区七大城市功能组团（人和组团、鸳鸯组团、大竹林组团、礼嘉组团、大云组团、黄茅坪组团和金山组团）之一的人和组团。人和组团西以渝合高速路为界，南以新溉路和新西路为界，东至人和镇界，北以渝长高速路和人和与鸳鸯边界为界，是北部新区的中央商务服务区，也是北部新区和重庆主城联系的重要通道，占地面积 19.33 km²，规划人口规模 13 万人。

人和组团根据区域内的城市主干道及对外交通设施、地形地貌特征划分为 8 个功能区，即新牌坊商贸区、龙湖外事区及康居住宅示范区、冉家坝行政商务区、人和区机电产业园及农民安置区、天宫殿居住片区、龙头寺商贸区、龙坝居住片区以及双碑产业区。根据新的重庆市城乡规划，人和组团将建设成为功能完善、环境优美、交通发达的城市新区。

本项目所处的天宫殿 N 区为人和组团 8 个功能区之一，位于人和组团东北侧，向东、向北至内环高速，向南至龙头寺火车站，向西至龙头寺 M 区 A 路，占地面积约 2 km²。片区内用地性质定义为居住用地，片区外与庐山大道一路之隔的区域为重庆火车北站用地。

重庆火车北站是重庆铁路枢纽内的三大客运站之一。它是遂渝、渝万、渝利、渝涪、渝怀等高速、城际、普通、市郊铁路线路的交汇点，以办理向华东、华南、华北等地重要城市铁路旅客运输业务为主。场站分为南场和北场，目前南场已经投入运营，设计规模为高峰小时 5 000 人。拟建的北场将以铁路客运为主，是集城市轨道、公交、长途汽车、出租车及社会车辆等多种交通设施及交通运输方式的客运综合交通枢纽。其设计规模为高峰小时 13 000 人。

天宫殿 N 区内有太湖中路、庐山大道及金童南路等主干道，区内环路将整个 N 区串联起来。区内所有道路已完成施工图设计，部分道路已开工建设。其周边已建的快速路与主干道主要有：内环高速（北侧）、机场高速（北侧）、渝长高速（东侧）、五童路（东侧）、新溉路（南侧）（图 7.3）。目前，N 区与周边快速路尚无任何直接联系，对外的联系仅能通过金童南路、太湖中路及庐山大道向南、西、北方向疏解，向东仍需通过其他方向转换。因此，N 区及其附近的作为重庆市三大铁路枢纽之一的重庆火车北站，尚无对外的快速转换交通通道。

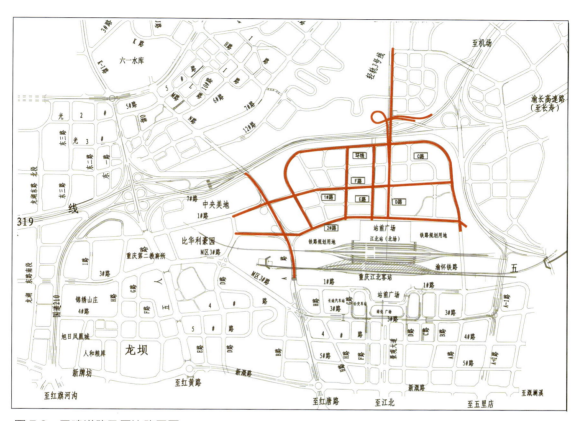

图 7.3　已建道路及周边路网图

第8章　交通问题

　　根据该片区的用地规划，本项目研究范围内用地性质为居住用地及交通设施用地，该交通设施为大型的综合交通枢纽。因此，本项目研究范围内有两个重要的交通产生和吸引源，即重庆火车北站北站场及天宫殿 N 区居住区。

　　规划的重庆火车北站北站场是重庆铁路枢纽内的高铁客运站之一（图 8.1）。拟建的北站场将以铁路客运为主，集城市轨道、公交、长途汽车、出租车及社会车辆等多种交通设施及交通运输方式的客运综合交通枢纽。其服务半径涵盖整个重庆市市域。铁路连接重庆与其他省市，城市轨道覆盖重庆主城区及附近城区，长途汽车可连接火车北站及各区县，公共交通惠及重庆主城区各个区域。

　　根据重庆火车北站建筑设计方案中对客流量的预测，近期（2020年）和远期（2030年）的旅客发送量分别为 18 万人次和 25 万人次，中期高峰小时 8 900 人，远期高峰小时 13 000 人。北站场由南往北依次衔接渝涪二线场、渝万场、渝利场。轨道 3 号线、4 号线及 6 号线从站场下穿过，远期设计高峰小时发送量为 4 007 人。

　　站场负一层为出租车及社会车辆的接送站场，设置 180 个出租车停车位，面积约为 5 400 m²，远期设计高峰小时发送量为 1 540 人；社会车辆远期停车位 2 500 个，面积约为 63 000 m²，远期设计高峰小时发送量为 1 760 人。地面层广场两侧分别为长途客运站及公共交通客运站，长途客运站等级划分为一级，场站面积约为 42 178 m²，停车位 169 个，远期设计高峰小时发送量为 770 人；公共交通客运站远期每小时发车 121 班，公交线路 21 条，共设置 84 个停车位，站场面积约为 26 000 m²（图 8.2）。

　　由此可见，进出重庆火车北站北站场的交通流量巨大，及时迅速地疏散该区域的交通流量是必要的。便捷、快速地疏散进出火车北站的交通将大大减轻交通拥挤，改善重庆市民的出行，减少环境污染，促进社会公平，对建立和维持城市可持续发展的绿色交通体系具有重要意义。

过渡时期（在对外的结点建成前），进出该区域的通道主要有：往北只能靠金童南路及西侧的 A 路转换；往东基本上没有直接快捷的通道，所有交通只能从南侧迂回到东面；往南除 A 路外，只有一条双向四车道的环路，所有从北站场到南侧的交通都必须跟南站场到南侧的交通汇合，对南去的道路造成的交通压力很大；往西去的交通仅能通过太湖中路和庐山大道转换后才可以上快速路，绕行的距离非常远，这给重庆市西边地区到重庆北站的交通出行带来极大的不便（图 8.3）。因此，解决重庆火车北站北站场连接快速路的交通出路很有必要。

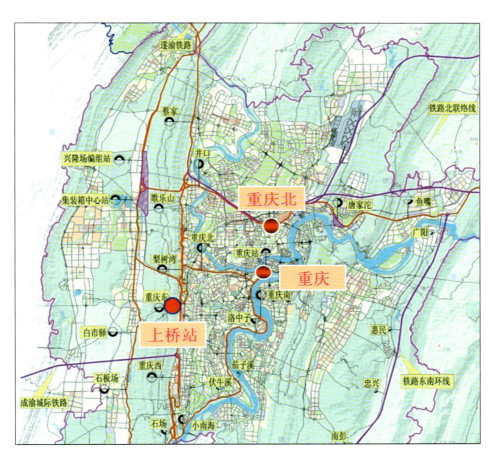

图 8.1　三大铁路枢纽分布图

图 8.2　站场布置平面图

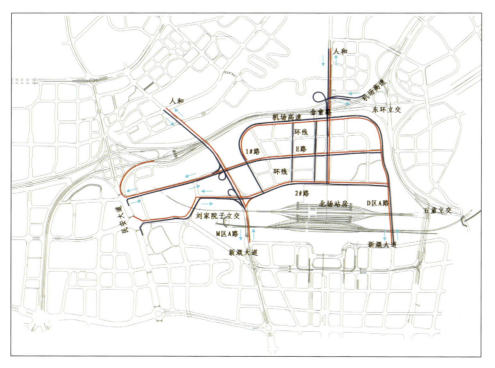

图 8.3　过渡时期交通组织图

第9章　研究范围

　　本项目研究的目的是解决重庆火车北站北站场及其周边的天宫殿N区连接该地区周边快速路的快速通道问题。虽然重庆火车北站包括南站场，但由于南北站场的功能定位不一，且南北站场间的人流交通通过南北站场间的地下人行通道解决，地面上两站场间无大量快速交通需求，南站场有其独立的对外交通联系通道，因此南站场不在本项目研究的范围内。

　　天宫殿N区北靠内环路，南临重庆火车北站，东被内环路包围，西被太湖北路（M区A路）分隔，因此该区对外快速通道不需通过其他区域便可直接跟其周边的快速路网相连。

　　本项目研究范围为重庆火车北站北站场及天宫殿N区用地范围。所有对外交通的产生和吸引仅限于本项目研究范围（图9.1中红色虚线所围合的范围）。

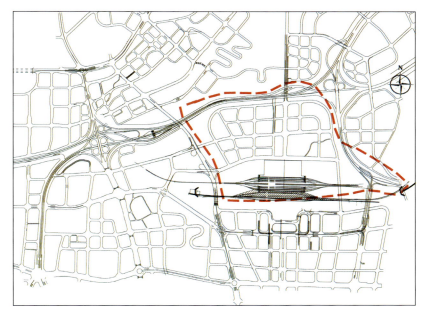

图9.1　项目研究范围

第 10 章　区域交通组织

本项目东侧和北侧直接毗邻内环快速路及机场高速路。在靠近重庆火车北站北站场（简称火车北站场）东侧约 2 km 处，有已建的五童立交，该立交只有 2 个转向匝道，为非互通式立交。在东北角，距离五童立交约 2 km 处，有已建的全互通式立交——东环立交。在西北角，距东环立交约 2 km 处，有已建的全互通式立交——人和立交。立交与立交之间相距仅约 2 km。

从西侧方向（渝中区等）经内环路需进入火车北站场的交通，最好的路径是在人和立交和东环立交之间进入；从北面人和方向需进入火车北站场的交通也可以先经人和立交转换后进入火车北站场；东北面从两路利用机场高速进入的交通，可以利用金童南路进入；东侧利用内环路进入火车北站场的交通主要来自南岸、茶园及渝东南片区的区县，这些交通最便捷的路径是直接从五童立交下高速进入火车北站场。

对离开火车北站场的交通，为便于司机识别方位及返回的路径，最理想的路径是原路返回。对离开火车北站场需返回南岸、茶园及渝东南片区等区域的交通，最便捷的路径是直接进入五童立交，通过五童立交转换到东南方向。对需返回西边的交通，可在人和立交和东环立交之间设置上内环快速路的匝道。北侧虽然有金童南路可以连接火车北站场到两路方向，但由于金童南路与内环路及机场高速之间无直接的连接，故需另设上内环路及机场高速的匝道。考虑人和立交与东环立交距离较近，故只能在两者之间设立匝道。因此，所有连接内环快速路与火车北站场之间的快速通道只能在人和立交和东环立交之间以及五童立交处设立。

对从火车北站场附近道路进入火车北站场的交通，鉴于火车北站场停车场分为上下两层，上层为公交和长途客车，下层为小汽车及出租车，为减少转向交通的交织，考虑将从庐山大道北侧进入火车北站场的交通在庐山大道北侧就分流。通过跨线桥将大型车辆直接连接到上层，通过隧道将小汽车及出租车直接连接到地下车库；

从西边经庐山大道进入火车北站场的交通，通过一匝道将小汽车及出租车连接到地下车库。

对离开火车北站场的交通，公交车辆及长途汽车将从庐山大道南侧离开火车北站场，经平交口及回头地通道疏散到各方向；小汽车及出租车通过匝道直接连接到地通道及内环路和环路上。

对天宫殿 N 区居住小区内居民的出行交通，上下内环快速路的路径与上述路径一致。

综上所述，在现有路网的基础上，为解决本区域内火车北站场及天宫殿 N 区交通快速进出内环路、机场路及西侧道路，应打通进出火车北站场以及进出内环路、机场路、西侧道路的重要节点（图 10.1）。

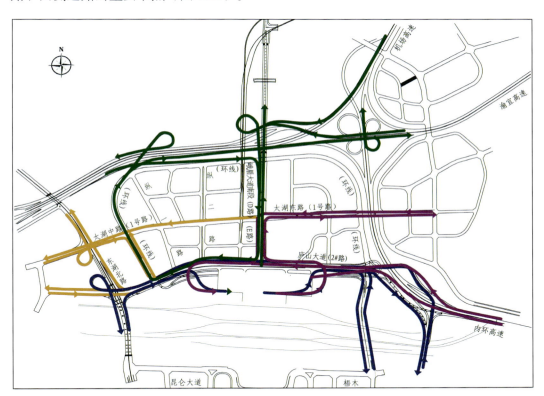

图 10.1　火车北站场区域交通组织流向图

第 11 章　立交群方案拟订

11.1　立交节点分工

本项目的研究目的总的来说有两个：一是解决本项目研究范围与其周边快速路网的快速连接通道问题；二是解决从火车北站场周边道路进出火车北站场的交通问题。本项目有 6 个节点和已建道路共同协作来解决区域交通问题，每个子工程在整个立交群中的分工如下：

①A 工程：解决从本项目西边及北边经内环高速人和立交方向转换后，进入天宫殿 N 区及火车北站场的交通问题；

②C 工程：解决从天宫殿 N 区及火车北站场交通进入内环路及机场高速的交通问题；

③D 工程：解决从金童路及内环路方向进出火车北站场的交通问题；

④F 工程：解决从庐山大道进入火车北站场的交通问题；

⑤G 工程：解决离开火车北站场经庐山大道转换的对外交通问题；

⑥I 工程：解决火车北站方向、内环高速及五里店之间的交通转换至本项目的问题。

在这 6 个节点工程中，除 F 工程为进出火车北站场的专用节点外，其他 5 个节点既要满足进出火车北站场的交通需求，同时也要满足天宫殿 N 区居民的出行需求。G、I 工程由于用地空间有限且紧紧相邻，二者需按组合立交方式考虑布设。

11.2　立交群方案初步拟订

6 个节点工程为：A 工程、C 工程、D 工程、F 工程、G 工程、

I 工程。其中，C 工程、F 工程、G 工程、I 工程为立交工程，A 工程为连接道工程（亦为内环路的出口匝道），D 工程为平交口（图 11.1）。

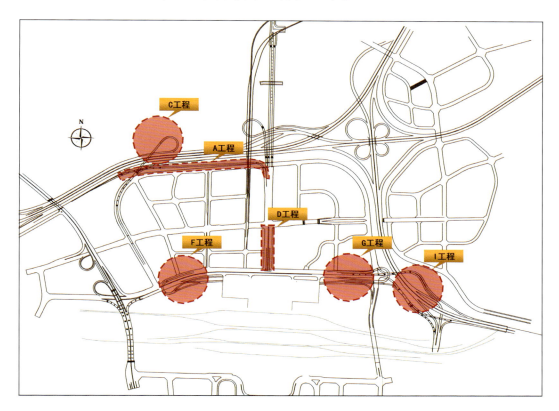

图 11.1　立交节点分布图

11.2.1　A 工程

解决内环高速从人和立交方向进入火车北站的交通问题。A 工程附近的人和立交已有十多个匝道布设在该区域，部分匝道标准较低，有几个匝道属于左进左出型匝道。在距离 A 工程不远的下游有 C 工程进入内环路的匝道和东环立交，三者之间距离很近。因此，A 工程起点位置空间严重受限，需与前后的人和立交、C 工程以及东环立交协同考虑布设，同时对人和立交左侧进入内环路的匝道需作改造处理，对内环路左侧出口进入机场路的左出临时匝道需做封闭处理。在 A 工程汇入金童南路处，由于金童南路已有一个从机场路汇入金童南路的匝道入口，A 工程入口需与该入口协调空间。工程为一个单车道右转匝道，长约 1.2 km，路幅宽度：车行道净宽 7 m。

11.2.2　C工程

C工程主要解决从天宫殿N区进入北侧机场路及内环路的快速连接问题。C工程与该区域环线走向重叠，需考虑沿线周边居民出行。对与环线重叠部分，从庐山大道到近太湖中路段，需平面共享车道。在与太湖中路交叉点处南侧，需考虑设置半菱形立交；对北侧，由于地通道下穿太湖中路后需立即爬坡进入上跨桥，因此无空间形成完整的菱形立交。C工程包括A、B匝道，A匝道连接火车北站与内环高速往人和立交方向，为单向双车道匝道，长约1.37 km，路幅宽度为9 m；B匝道为连接火车北站与内环高速往东环立交方向的单向单车道匝道，长约600 m，路幅宽度为7 m。

11.2.3　D工程

D工程连接火车北站场与金童路，解决从金童南路及内环路方向进出火车北站场的交通需求。该工程也包含两条进出庐山大道的匝道，其主要目的是解决内环和机场路方向公交车辆通过庐山大道进出火车北站北站场。该工程南起庐山大道，北止于天宫殿N区环路路口，全长约700 m，双向6车道，部分路段为双向8车道，路幅宽度不一。

11.2.4　F工程

F工程为连接庐山大道与火车北站场的一立交工程，主要解决从庐山大道进入火车北站场的交通需求。火车北站场停车场分为上下两层，上层为大型车如公交和长途客车，下层为小汽车及出租车。为方便所有进入火车北站场的交通运营，该工程设置3个匝道，包含地通道、跨线桥及地面匝道。

11.2.5　G工程

G工程为连接火车北站场与庐山大道的一立交工程，主要解决离开火车北站场经庐山大道转换的对外交通需求。由于I工程为内环东侧及渝鲁大道进入火车站片区的立交节点，因而G工程的匝道布设首先要配合I工程的布线。该工程包含两个地通道、一座跨线桥及3个地面的匝道。

11.2.6　I 工程

　　I 工程为对现状五童立交进行改造，共增加 5 个匝道，解决火车北站、金童南路方向与内环高速及五里店方向往返车流的通行问题，总长 2 946 m，单车道匝道车行道净宽 7 m，双车道匝道车行道净宽 9 m。

第12章　交通预测

12.1　市域综合交通规划

根据重庆市城市综合交通建设规划，城市道路系统由快速道路体系和"常规"道路体系组成，其路网形式为"分层网格自由式"。城市道路分为快速路、主干路、次干路和支路4类。重庆市的快速路网，可用重庆市总交通规划的"五横、六纵、一环、七联络"概括。主城规划建成区干道（快速路、主次干路）总长由1992年的262.8 km增加到2010年的818 km和2020年的1 188 km，干道路网密度由1992年的2.26 km/km²增加到2010年的3.17 km/km²和2020年的3.77 km/km²，其中，快速路网将主城315 km²的面积划分为36个区域，平均每区域面积约9 km²，人口约9万人，路网密度为0.41 km/km²。

在主城区内规划建设跨江特大桥梁31座，其中长江上15座，嘉陵江上16座。现已建成石板坡长江大桥复线桥、嘉陵江牛角沱大桥、嘉陵江石门大桥、李家沱长江大桥、黄花园大桥、高家花园大桥、鹅公岩大桥、大佛寺长江大桥、嘉陵江牛角沱复线桥、马桑溪长江大桥、朝天门长江大桥、双碑嘉陵江大桥、鱼洞长江大桥、嘉悦大桥等特大桥。正在建设和即将开工的有南纪门长江大桥、郭家沱长江大桥、寸滩长江大桥、曾家岩嘉陵江大桥、红岩村嘉陵江大桥、白居寺长江大桥等。

建立城市大客量轨道交通系统。在主城区内布设"一环十七线"轨道交通路线，线路总长119 km，轨道交通线网密度为0.36 km/km²，其中轻轨1、2、3、6号线已投入运行。规划建设5个重要的换乘中心（童家院子、南坪、大坪、石桥铺、沙坪坝）、50多个重要的枢纽车站、5个地铁车场和4个控制中心（两路口、大坪、童家院子、四公里）。

充分利用现有公共汽、电车的优势，优化线网结构，调整车辆构成。以主城 27 个、外围 12 个组团枢纽站场为中心布设公交线网，经营线路 210 条，线网密度由 1994 年的 0.82 km/km^2 增加到 2020 年的 1.17 km/km^2。人均汽、电车拥有量由 1994 年的 5.6 标台 / 万人增长到 2020 年的 7.2 标台 / 万人。统筹规划小公共汽车和出租汽车线网，满足次干路、支路乘客的需要。

建设和完善适合山城特点的立体交通，形成地面、地下、空中、水上相互衔接的客运交通体系；开发水上快速交通工具，调整水上营运线路，开辟和改造轮渡码头设施；根据客运量的需要，结合地形和建筑修建朝天门—江北嘴—弹子石、南山—铁山坪等一批空中索道、缆车、电梯自动扶梯等公共客运交通设施。

12.2　项目所在区域交通规划

在本项目所在区域内，有作为重庆市铁路枢纽的重庆北站。该站规划为 29 股道线、14 个站台，连接遂渝、渝怀、渝万、渝利、渝涪等铁路干线，分为南站场和北站场。其中，南站场于 2006 年 10 月已经建成投入运营，连接遂渝、渝怀铁路线路，现有 4 个站台；北站场由南往北依次连接渝涪二线场、渝万场、渝利场，都还未建。既有重庆北站南场按 5 000 人规模设计；扩建的北场按 13 000 人规模设计，共形成 18 000 人的总规模；建筑面积既有 1.5 万 m^2，增加建筑面积 7.8 万 m^2，共 9.3 万 m^2 建筑规模。

本项目规划区内道路总体上呈方格式外加一环路的格局。其周边主要道路有：
①内环高速：位于车站北侧地区，主要承担中长距离的车流进入车站地区；
②机场高速：位于车站北侧地区，主要承担车站北面地区的车流进入车站；
③渝长高速：位于车站东侧地区，主要承担车站东面地区的车流进入车站；
④五童路：位于车站东侧地区，主要承担车站南面地区的车流进入车站；
⑤新溉路：位于车站南侧地区，主要承担车站南场地区的车流进入车站。

主要道路节点有人和立交、东环立交、五童立交、新牌坊立交、窦家花园立交、唐家大房子立交、郑家院子立交等（图 12.1）。

轨道交通方面，根据《重庆市主城区轨道交通线网控制性详细规划》，重庆北站共规划有 3 条轨道交通线路。轨道交通 3 号线垂直穿过车站，在南场规划有火车站南场站，在北场预留有轨道车站，在北场以北规划有龙头寺站，龙头寺站距离火车站南场站 1 088 m；轨道 4 号线和轨道环线在南场平行走向且平行于车站，设有火车站南场站并与 3 号线形成换乘；轨道 4 号线支线在北场设有火车站北场站（图 12.2）。

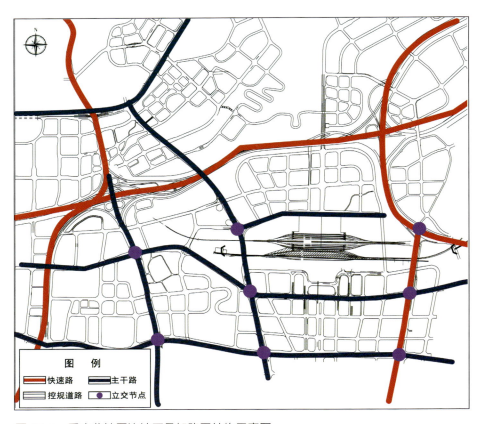

图 12.1　重庆北站周边地区骨架路网结构示意图

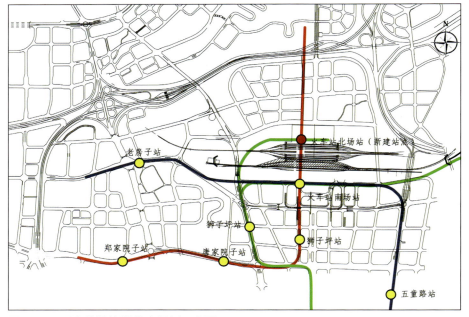

图 12.2　重庆北站轨道线路规划示意图

12.3 交通流量预测

12.3.1 项目影响区划分

项目影响区根据对项目的影响程度，一般按行政区域分为直接影响区和间接影响区。根据项目对各地区经济和交通的影响程度以及区域内物流和车流集散的特点，结合各地区社会经济、交通运输现状和路网状况，将本项目的影响区确定为：

①直接影响区——主城区；

②间接影响区——重庆市辖区内非主城区域。

12.3.2 预测期限

根据《公路工程技术标准》（JTG B01—2014）和《城市道路工程设计规范（2016年版）》（CJJ 37—2012），确定交通预测年限为 20 年。为便于利用已有的重庆北站相关的预测铁路客运量，本项目预测的基年定为 2010 年，交通量预测年限为 2011—2030 年。

预测特征年为：2011 年、2020 年、2030 年。

12.3.3 预测方法

本次交通预测以重庆市主城区综合交通规划模型为基础，根据项目所在区域的社会经济、交通运输资料，分析地区的社会经济、交通运输现状的基础，预测其趋势型及诱增型社会经济发展；预测未来各小区的趋势型及诱增型的交通出行发生、吸引量；预测交通出行分布；进行交通量在路网上的分配，同时充分考虑相关道路转移的交通量。采用"四阶段法"建立交通预测模型，对路网未来交通特征进行预测。

"四阶段法"，即在现状交通分析和未来路网及土地利用规划的基础上，进行交通生成（发生、吸引）预测、交通方式划分预测、交通分布预测、交通分配预测。采用综合交通规划时标定的重力模型参数，以 TransCAD 和 Traffix 等交通分析软件作为操作平台，进行交通量预测。预测过程中，还要对预测结果(中间的和最终的)合理性、可靠性作出分析，并不断地进行反馈、修正，直到满意为止。

12.3.4 出行发生预测

交通量的未来发展状况与项目交通影响区的土地、建筑的开发和使用状况密切相关。根据相关区域的控制性详细规划，以各个交通分区为单位分别统计、预测岗位数和居住人口数。

根据重庆市主城区综合交通规划成果，2002 年主城区居民每日人均出行次数为 2.05 次，到 2020 年主城区居民每日人均出行次数为 2.58 次，出行目的为上班、上学、其他活动（购物、业务、娱乐、探亲访友等）和回家 4 种。项目范围内的规划定位是以铁路客运交通为主，兼具居住、商业、行政办公等职能。交通出行具有较明显的方向性。

本项目区域内的重庆北站是重庆铁路枢纽内的三大客运站之一，场站分为南场和北场，目前南场已经投入运营。拟建的北场由南往北依次连接渝涪二线场、渝万场、渝利场。根据《渝利铁路重庆北站建筑概念设计方案》中对客流量的预测，近期（2020年）和远期（2030 年）的年旅客发送量分别为 4 276 万人次和 7 118 万人次。

本次研究根据主城区 2020 年规划情况，并结合项目直接影响区和间接影响区的远期规划用地情况，采用基于地块出行产生率的分析方法，计算获得预测年限（2030 年）的出行产生量。

12.3.5　出行分布预测

根据交通发生吸引预测的结果，采用重力模型分布预测。小区间的阻抗采用小区形心间道路自由流时间作为阻抗矩阵。

重力模型是国内各类交通规划中使用最广泛的模型，此法综合考虑影响出行分布的地区社会经济增长因素和出行空间、时间阻碍因素，是一种借鉴万有引力定律的空间互动关系模拟分析方法。此模型考虑交通区之间的吸引强度与交通阻抗，交通区 i 到交通区 j 的交通分布量与交通区 i 的交通产生量、交通区 j 的交通吸引量成正比，与交通区 i 和 j 之间的交通阻抗成反比，两区间的交通阻抗可以是两区之间的距离、出行时间、出行费用或时间距离和费用的综合函数。

根据重力模型对约束条件的满足情况，可以把重力模型分为 3 类，即无约束重力模型、单约束重力模型和双约束重力模型。在交通分布预测中，常用双约束重力模型进行交通分布计算。

双约束重力模型形式为：

$$X_{ij} = K_i L_j G_i A_j f(R_{ij})$$

$$\sum_i X_{ij} = A_j , \sum_j X_{ij} = G_i （双约束满足条件）$$

式中　X_{ij}—— i 区到 j 区出行分布量；

$$K_i \text{——} K_i = \left[\sum_j L_j A_j f(R_{ij}) \right]^{-1};$$

$$L_j \text{——} L_j = \left[\sum_i K_i G_i f(R_{ij}) \right]^{-1};$$

G_i —— i 区发生交通量；

A_j —— j 区吸引交通量；

R_{ij} —— i 区到 j 区出行阻抗（impedance，通常以最短时距表示）；

$f(R_{ij})$ —— 交通阻抗函数，又称为阻抗系数（friction factor）。

$f(R_{ij})$ 常用的形式为：$f(R_{ij}) = at_{ij}^b e^{ct_{ij}}$，$a$、$b$、$c$ 为待定系数，采用主城区综合交通规划时标定的相关参数。本项目以 TransCAD 中提供的计算模型以及运行程序为指导，结合主城区综合交通调查数据进行校核，将各交通小区发生吸引交通需求在交通小区间进行交通分布预测。

参照《重庆市主城区综合交通规划道路阻抗函数研究》和《重庆市主城区综合交通规划模型报告》中重力模型阻抗函数的标定结果，以 TransCAD 中提供的计算模型以及运行程序为指导，将各交通小区发生吸引交通量（pcu/h）在交通小区间进行交通分布预测。

12.3.6　出行方式划分预测

出行方式划分主要是指人们选择何种交通工具作为出行手段，包括轨道交通、公交车、小汽车、步行及其他。结合重庆市主城区的公共交通发展战略，突出公共交通在城市客运交通中的主导地位。出行方式的不同直接关系到交通集散的人流和车流的数量及出行路径的选择。影响居民出行选择方式的主要因素有出行时间、相对出行费用、出行者的经济情况、建设项目周边交通服务设施的数量以及各种交通工具的相对出行服务水平等。

根据《2002 年重庆市主城区综合交通规划》的调查成果，主城区居民出行中步行比例最高，占到 60% 以上，公交出行占 27% 左右，小汽车仅占 5%，尤其是在渝中半岛，小汽车出行比例仅占不到 2%（表 12.1）。

表 12.1　2002 年重庆市居民出行方式结构比例

出行方式 区域	步行	公共交通	辅助公交	出租汽车	小汽车	其他	全方式
渝中半岛	65.30%	26.97%	0.19%	5.74%	1.73%	0.06%	100.00%
核心区	62.25%	28.14%	0.54%	4.46%	4.19%	0.41%	100.00%
外围地区	62.90%	22.90%	0.66%	3.26%	8.67%	1.61%	100.00%
主城区	62.68%	27.10%	0.53%	4.38%	4.73%	0.59%	100.00%

本次研究根据项目影响范围内综合交通规划、城市用地规划实际情况，参考《重庆市 2020 年总体规划》中各交通出行方式发展目标等相关数据，预测本项目周边区域的出行方式划分比例。

火车北站北站场是本项目研究范围内的一重要交通集散点，根据重庆北站建筑设计方案数据，进入火车北站北站场区域的出行方式划分如表 12.2 所示。

表 12.2　火车北站北站场出行方式划分

时间	轨道	公交	长途	出租车	私家车	其他	合计
2020 年	23.9%	25.9 %	11.7%	18.7%	16.2%	3.6%	100.0%
2030 年	45%	18%	7%	14%	12%	4%	100.0%

12.3.7　交通量分配预测

（1）交通量分配预测方法简介

交通量分配预测是指在交通量分布预测基础上，将各分区之间出行分布量分配到交通网络的各条边上去的工作过程，一般都借助于交通规划软件实现。在目标年各交通小区预测 OD 分布量的支持下，根据影响区各道路规划等级标定路网模型，完成背景交通量 OD 在各基于交叉口的路段上进行交通分配。

交通量分配的方法有多种，总体上可以分为两类，即平衡分配法和非平衡分配法。平衡分配法是指满足 Wordrop 第一、第二原理的网络分配方法，平衡分配法的求解通常被归结为数学上的凸规划求解，且路网越复杂，凸规划的维数就越高。非平衡模型主要有最短路分配法、容量限制分配法、多路径概率分配等方法，非平衡分配模型具有结构简单、概念明确、计算简便等特点。本次交通分配采用目前国内外广泛使用的随机用户均衡模型（Stochastic User Equilibrium）作为交通量分配预测的方法。

随机用户均衡（SUE）模型是 TransCAD 交通需求分析平台中提供的分配模型之一，是用户平衡（UE）模型的改进版。它主要模拟出行者不完全掌握所有路况信息，且均认为自己所选择的路径是"阻抗"最小的路径，再没有出行者相信能依靠单方面改变出行路径来减少自己的估计行驶阻抗，其预测模型如下：

$$\min Z(x) = -\sum_{rs} q_{rs} E\left[\min_{k \in \psi_{rs}}\left\{C_k^{rs}\right\} | c^{rs}(x)\right] + \sum_a x_a t_a(x_a) - \sum_a \int_0^{x_a} t_a(\omega)\mathrm{d}\omega$$

其中，约束条件为：

$$\sum_k f_k^{rs} + x_{rr} = \overline{q_{rs}} \qquad \forall r, s$$

$$f_k^{rs} \geqslant 0 \qquad \forall k, r, s$$

$$x_{rr} \geqslant 0 \qquad \forall r, s$$

（2）交通量分配预测结果

根据出行分布和出行方式划分预测结果，采用基于用户均衡理论的交通分配预测模型，获得高峰小时交通量。各工程匝道流量如表 12.3 所示。分配到各工程各流向的中期（2020 年）及远期（2030 年）交通量如图 12.3、图 12.4 所示。

表 12.3　高峰小时交通量

工程名称		交通流向	预测交通流量（pcu/h）	
			2020 年	2030 年
A 工程		由西到南	900	1 052
C 工程	A 匝道	由南到西	900	1 150
	B 匝道	由南到北	146	164
D 工程		由南到北	1 190	1 256
		由北到南	1 780	1 980
F 工程	A 匝道	由西到东	295	308
	B 匝道	由西到东	621	779
	C 匝道	由西到东	221	257
G 工程	A 匝道	由西到西	269	291
	B 匝道	由西到西	254	309
	C 匝道	由西到东	563	668
	D 匝道	由西到南	52	59
I 工程	A 匝道	由南到东	727	821
	B 匝道	由西到南	589	688
	C 匝道	由南到西	421	469
	D 匝道	由东到西	380	501
	E 匝道	由西到东	366	411

图12.3 2020年交通预测流量（单位：pcu/h）

图 12.4　2030 年交通预测流量（单位：pcu/h）

第 13 章　立交群规模确定

13.1　通行能力计算

鉴于国内目前还没有有关匝道通行能力计算的国家规范，借鉴美国 *Highway Capacity Manual*（2000 版）匝道通行能力计算方法，当匝道的自由行车速度小于 32 km/h 时，一条匝道的通行能力为 1 800 pcu/h。考虑到重庆的实际情况，根据重庆市城乡建设委员会发布的《重庆市城市道路交通规划及路线设计规范》（DBJ 50–064—2007）车道设计通行能力计算方法，设计行车速度为 30 km/h 时，一条车道的基本通行能力为 1 570 pcu/h。对比两值，本项目匝道的设计通行能力取基本通行能力的 80%，即 1 256 pcu/h。

13.2　建设规模确定

由中期（2020 年）高峰小时预测交通量可知，匝道单向最大高峰小时交通量为 900 pcu/h，远期（2030 年）匝道单向最大高峰小时交通量为 1 150 pcu/h。因此，可确定该工程各匝道采用单车道建设规模即可满足预测年限交通需求。按此规模，2020 年和 2030 年各匝道饱和度计算如表 13.1 所示。

表 13.1　车道数及高峰小时饱和度

工程名称		交通流向	车道数	预测 *V/C*	
				2020 年	2030 年
A 工程		由西到南	1	0.72	0.84
C 工程	A 匝道	由南到西	1	0.72	0.92
	B 匝道	由南到北	1	0.12	0.13
D 工程		由南到北	2	—	—
		由北到南	4	—	—
F 工程	A 匝道	由西到东	1	0.23	0.25
	B 匝道	由西到东	1	0.49	0.62
	C 匝道	由西到东	1	0.18	0.20
G 工程	A 匝道	由西到西	1	0.21	0.23
	B 匝道	由西到西	1	0.20	0.25
	C 匝道	由西到东	1	0.45	0.53
	D 匝道	由西到南	1	0.04	0.05
I 工程	A 匝道	由南到东	1	0.58	0.86
	B 匝道	由西到南	1	0.47	0.55
	C 匝道	由南到西	1	0.34	0.37
	D 匝道	由东到西	1	0.30	0.40
	E 匝道	由西到东	1	0.29	0.33

第14章　立交群工程方案

对面域立交群来说，由于组成立交群的各节点可能相距较远，双线（Double Line）表达很难在一张图上清楚呈现，因此常常按节点分开表达。本项目由于部分连接道已建成，组成该立交群的各节点工程略显孤立。以下按节点编号顺序逐一介绍各节点工程设计。

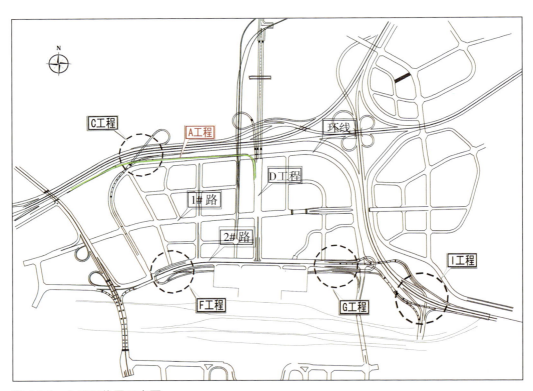

图 14.1　A 工程位置示意图

14.1　A 工程

该工程的目的是解决内环高速至火车北站方向的通行问题。A 工程位于本项目西北角，其起点接内环高速，终点接金童南路（图 14.1）。根据业主要求，结合金童路南段隧道洞口位置的不同及区域内部用地方式，本工程考虑两个方案：方案一为金童南路（D 工程）从天宫殿 N 区环路到太湖中路口全线下穿；方案二为金童南路从天宫殿 N 区环路出隧道。

14.1.1　方案一

方案一为当金童南路从天宫殿 N 区环路到太湖中路口全线下穿，隧道出口在太湖中路和庐山大道之间时，A 工程在下穿 N 区环路后汇入金童南路南向的 C 匝道，汇流段在隧道内。该方案为单向单车道（图 14.2）。

（1）设计标准

设计车速：30 km/h。

匝道最小半径：65 m。

匝道最大纵坡：2.0%。

图 14.2　方案一效果图

（2）平面设计

方案一起点接内环高速，路线由西往东，平行于内环高速，在接近金童路南段时右转一段距离后，终点与金童路南段 C 匝道汇合，最小圆曲线半径为 65 m。本方案中金童路南段为一直下穿环线与太湖中路区域，地上部分形成广场，在地下通过隧道与金童路南段 C 匝道合流，最后再并入金童路南段，与庐山大道形成平交口。

（3）纵断面设计

方案一起点与内环高速顺接，标高为 294.206 m，以 1.9% 为下坡，中间有两个变坡点，最后以 2.0% 为下坡接金童路南段 C 匝道。方案一最大纵坡为 2.0%。

（4）横断面设计

本方案为连接内环快速路与金童南路之间的匝道，内环快速路按原公路标准设计。考虑到公路的一般做法，本方案在道路的两侧也各设有 0.75 m 的土路肩。该方案为单向单车道，路幅宽为 8.5 m，其断面具体路幅分配为：B=0.75 m（土路肩）+1 m（硬路肩）+3.5 m（车行道）+2.5 m（紧急停车带）+0.75 m（土路肩）=8.5 m（图 14.3）。

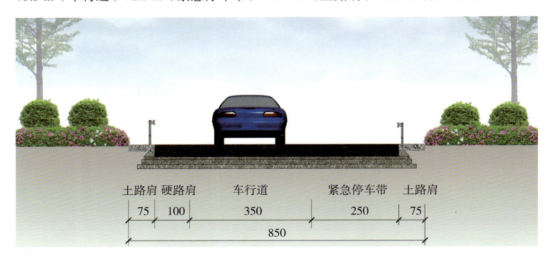

图 14.3　横断面布置图（单位：cm）

14.1.2　方案二

方案二为当金童南路及 C 匝道从天宫殿 N 区环路出隧道时，A 工程在下穿 N 区环路后汇入金童南路南向的 C 匝道，该汇流段在地面上。该方案为单向单车道。

（1）设计标准

设计车速：30 km/h。

匝道最小半径：65 m。

匝道最大纵坡：1.9%。

（2）平面设计

方案二起点接内环高速，路线由西往东，平行于内环高速，在接近金童路南段时右转一段距离后，终点与金童路南段汇合，最小圆曲线半径为 65 m。本方案中金童路南段为隧道下穿内环高速后出洞，下穿环线，C 匝道先与金童路南段合流，再并入金童路南段，与太湖中路形成平交口（图 14.4）。

图 14.4　方案二效果图

（3）纵断面设计

方案二起点与内环高速顺接，标高为 294.206 m，以 1.9% 为下坡，中间有一个变坡点，最后以 0.75% 为上坡接金童路南段。方案二最大纵坡为 1.9%。

（4）横断面设计

本方案道路断面设计与方案一同，为单向单车道，路幅宽为 8.5 m。

14.2　C 工程

C 工程位于本项目西北角，其目的是解决从天宫殿 N 区及火车北站场交通进入内环路及机场高速的连接问题。它包括 A、B 两匝道，A 匝道连接火车北站与内环高速往人和立交方向；B 匝道连接火车北站与内环高速往东环立交方向（图 14.5）。本工程研究包含两个方案：方案一为下穿道与高架相结合，方案二为全高架。

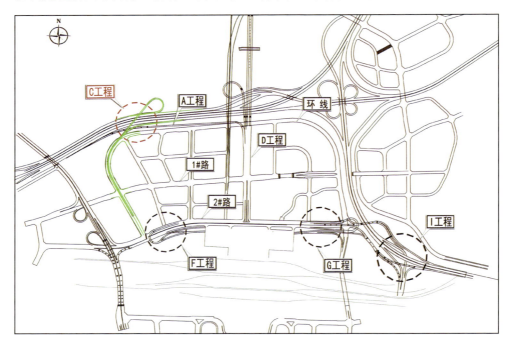

图 14.5　C 工程位置示意图

14.2.1　方案一

方案一的设计思路是从火车站出来的车流无须通过太湖中路平交路口而直接经下穿道后，再上跨 N 区环路上的内环路和机场高速路。该方案在太湖中路口无平交，从太湖中路上高架的交通可以通过其他道路绕行进入。西去交通可经 A 匝道（隧道）后上机场高速，东去交通可直接经 B 匝道上内环路（图 14.6）。

（1）设计标准

设计车速：30 km/h。

匝道最小半径：50 m。

匝道最大纵坡：4.5%。

（2）平面设计

方案一为环线连接内环高速，从火车北站出来的车辆直接经 A 匝道进入内环高速，通行顺畅。起点在环线道路中间（环线桩号 K0+152.188），坐标为 X-75 007.169，Y-61 422.531，起点桩号为 K0+000.000，路线由南往北，下穿太湖中路，往北在桩号为 K0+600.000 附近上跨环线，往北下穿内环高速，经半径为 50 m 的回头曲线接内环

图 14.6　方案一效果图

高速。

　　火车北站出来的车辆经过下穿道后上高架，然后分流通过 B 匝道进入内环高速。全线共一个平曲线，半径为 250 m。

　　（3）纵断面设计

　　A 匝道起点顺接环线，高程为 267.690 m，以 2.1% 为上坡，然后下穿太湖中路，与太湖中路高差为 7.42 m，往北上跨环线；A 匝道比环线高 7.55 m，往北以隧道下穿内环高速，A 匝道与内环高速的设计高程之间相差 11.9 m，终点处以 1.5% 的下坡顺接内环高速。全程共 5 个变坡点，最大纵坡为 4.5%（高程为 326.702 m）。

　　方案一纵断面与环线有两个控制点，受限于太湖中路交叉口下穿高程及上跨环线的上跨高程，为让 A 匝道上跨环线，需要微调环线的高程，将环线 K0+720.000 段左右的高程下调 3.5 m 左右。

　　B 匝道以 0.5% 的纵坡顺接 A 匝道，高程为 278.559 m，终点处以 1.5% 的纵坡接入内环高速。全线共 3 个变坡点，最大纵坡为 4.0%。

　　（4）横断面设计

　　本方案包含下穿道、高架桥及隧道（图 14.7）。下穿道、高架桥及隧道部分均为两车道，车行道净宽均为 7 m，路面净宽 8 m，两侧根据不同的结构物需要各留 0.5~0.75 m，总宽 9~9.5 m。隧道部分主要是考虑未来机场高速在该段的拓宽，进入机场高速的 A 匝道有可能拓宽成两车道。B 匝道为连接内环快速路的匝道，内环快速路按原公路标准设计。考虑公路的一般做法，本方案在道路的两侧也各设 0.75 m 土路肩。该方案为

图 14.7　隧道断面图

单向单车道，路幅宽为 8.5 m。断面具体路幅分配如下：

下穿道、隧道部分：B=0.75 m（检修带）+0.5 m（路缘带）+2×3.5 m（车行道）+0.5 m（路缘带）+ 0.75 m（检修带）=9.5 m。

高架桥部分： B=0.5 m（护栏）+0.5 m（路缘带）+2×3.5 m（车行道）+0.5 m（路缘带）+ 0.5 m（检护栏）=9.0 m。

连接高速路道路部分：B=0.75 m（土路肩）+1.0 m（硬路肩）+3.5 m（车行道）+2.5 m（紧急停车带）+0.75 m（土路肩）=8.5 m（图 14.8）。

14.2.2　方案二

方案二的设计思路是从火车站出来的车流在通过太湖中路平交口后，上跨 N 区环路上内环路和机场高速路。该方案在太湖中路口有平交，从太湖中路上高架的交通可以通过太湖中路平交口进入。西去交通可经 A 匝道（隧道）后上机场高速，东去交通可直接经 B 匝道上内环路（图 14.9）。

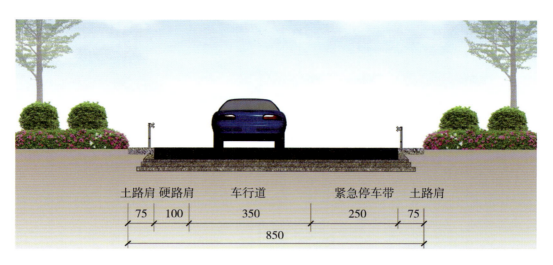

土路肩	硬路肩	车行道	紧急停车带	土路肩
75	100	350	250	75
		850		

图 14.8　横断面布置图（单位：cm）

图 14.9　方案二效果图

（1）设计标准

设计车速：30 km/h。

匝道最小半径：50 m。

匝道最大纵坡：4.2%。

（2）平面设计

A 匝道起点在环线道路（桩号为 K0+503.085）中心，坐标为 X-75 349.335、Y-61 237.257，桩号为 K0+000.000，起点处距离环线与太湖中路交叉口 150 m。往北上跨环线（环线桩号为 K0+780.000 段左右），然后下穿内环高速及机场高速，经一回头曲线（半径为 50 m）连接到机场高速。

B 匝道的平面线形设计与方案一相同，全线共一个平曲线，半径为 250 m。

（3）纵断面设计

A 匝道起点以 0.6% 的纵坡顺接环线，高程为 272.458 m，往北以 3.6% 的纵坡上跨环线，高程比环线高 7.5 m，然后下穿内环高速及机场高速。A 匝道比内环低 12.6 m，终点处以 1.5% 的纵坡顺接机场高速。全程共 4 个变坡点，最大纵坡为 4.2%（高程为 336.448 m）。

B 匝道以 3.0% 的纵坡顺接 A 匝道，高程为 278.559 m， 终点处以 1.5% 的纵坡接入内环高速。全线共 3 个变坡点，最大纵坡为 3.8%。

（4）横断面设计

本方案道路断面设计与方案一相同。

14.3　D 工程

D 工程（图 14.10）连接火车北站场与金童路，解决从金童南路及内环路方向进出

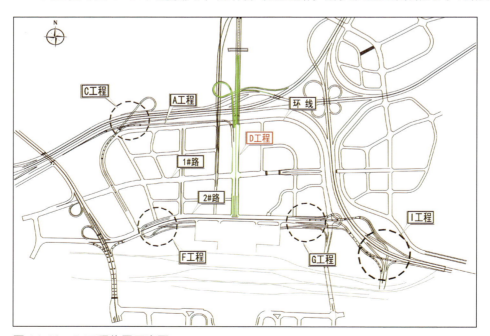

图 14.10　D 工程位置示意图

火车北站场的交通问题。该工程南起庐山大道，北止于天宫殿 N 区环路（下穿）。该工程的两个方案分别为全下穿和平交。全下穿方案为方案一，平交方案为方案二。鉴于该工程部分路段（环线以北）已出施工设计图，本次方案研究不考虑环线以北的隧道部分，该部分仍然以原施工设计图为准。

14.3.1　方案一

方案一为全下穿方案，是从金童南路经隧道到火车北站的交通，出隧道后，一直下穿经过环路及太湖中路，在太湖中路和庐山大道之间出下穿道，最后与庐山大道平交。A 工程的匝道与从机场高速进入火车北站的隧道汇合后，向南进入火车北站。该方案主要是根据 D 工程两侧土地的使用性质，使过境交通既不影响两侧的商业，又使商业用地能更完整，从而将过境交通下穿（图 14.11）。

图 14.11　方案一效果图

（1）设计标准
设计标准详见表 14.1。

表 14.1　方案一设计标准

道路等级	城市主干道 I 级
设计年限	交通量饱和设计年限为 20 年，SMA 沥青混凝土路面结构设计年限为 15 年
设计行车速度	50 km/h
标准路幅	6 m +12 m +8 m +12 m +6 m =44 m（隧道内无人行道部分）
最大纵坡	3.8%（规范值 ≤ 8%）
最小圆曲线半径	1 200 m
最小竖曲线半径	2 500 m
停车视距	≥ 60 m
最小净空	4.5 m
路面结构设计荷载	BZZ-100 型标准车

（2）平面设计

金童路南段起点为庐山大道交叉口，起点桩号为 K0+000.000，向北延伸通过火凤山隧道依次下穿内环高速、机场高速以及一条规划道路后，与金童路在规划交叉口处相接，终点桩号为 K1+261.046。道路全长 1 580.144 m，全线主线不设平曲线，但在隧地通道口合并处，为减少地通道的占地范围，各设置大半径的反向 S 形曲线以便交通汇合。该方案在庐山大道口以北，由于单向有两条车道将连接地下停车库，因此，在该段该方案南北向两个方向道路平面有分流和合流渐变。

（3）纵断面设计

金童路南段起点与庐山大道下层相接，起点桩号为 K0+000.000，起点高程为 267.000 m，向北以下穿方式通过太湖中路，终点与金童路在规划交叉口处相接，终点桩号为 K1+261.046，高程为 295.156 m。全线共设置纵坡 3 段，最大纵坡为 3.8%，最小纵坡为 0.5%，道路最小坡长为 343.419 m，最小竖曲线半径为 2 500 m。

（4）横断面设计

鉴于该方案为全下穿式道路，道路两侧不设人行道，仅设置地通道的检修带。本方案将上下行两方向的交通通过中央分隔带分开，同时也便于下穿道的布设。从隧道口出来后，每个下穿道均为两车道，断面组成为：双车道 B=1.0 m（检修带）+0.5 m（路缘带）+3.5 m × 2（车行道）+0.5 m（路缘带）+1.0 m（检修带）=10.0 m。

南向车道汇合后，道路断面变为：四车道 B=1.0 m（检修带）+0.5 m（路缘带）+3.5 m × 4（车行道）+0.5 m（路缘带）+1.0 m（检修带）=17.0 m。

四车道分成两车道进入车库，两车道进入庐山大道。进入车库的断面为：双车道 B=0.5 m（路缘带）+3.5 m × 2（车行道）+0.5 m（路缘带）=8.0 m。

进入庐山大道的断面变为：双车道 B=1.0 m（硬路肩）+0.5 m（路缘带）+3.5m×2（车行道）+0.5 m（路缘带）+0.5 m（栏杆）=9.5 m。

北向道路断面与南向同。

14.3.2　方案二

方案二为平交方案，从金童南路经隧道到火车北站的交通出隧道后，一直下穿经过内环路，分别与太湖中路和庐山大道平交，同时 A 工程的匝道汇入南向车道。该方案在所经过的平交路口处均拓宽增加转向车道（图 14.12）。

图 14.12　方案二效果图

（1）设计标准

该方案的设计标准与方案一相同，道路主要线形相同，各项技术指标如表14.2所示。

表 14.2　方案二设计标准

道路等级	城市主干道 I 级
设计年限	交通量饱和设计年限为 20 年，SMA 沥青混凝土路面结构设计年限为 15 年
设计行车速度	50 km/h
标准路幅	6 m+12 m+8 m+12 m+6 m=44 m

续表

最大纵坡	4.0%（规范值≤8%）
最小圆曲线半径	1 200 m
最小竖曲线半径	2 000 m
停车视距	≥60 m
最小净空	4.5 m
路面结构设计荷载	BZZ-100 型标准车

（2）平面设计

该方案的平面设计主线形与方案一同。该方案起点为庐山大道交叉口，起点桩号为 K0+000.000，坐标为 X-75 007.598、Y-62 163.865，向北延伸通过火风山隧道依次下穿内环高速、机场高速以及一条规划道路后，与金童路在规划交叉口处相接，终点桩号为 K1+261.046，坐标为 X-76 586.502、Y-62 191.432。道路全长 1 580.144 m，全线主线不设平曲线，但在隧地通道口合并处，为减少地通道的占地范围，各设置大半径的反向 S 形曲线以便交通汇合。

该方案在太湖中路口，为减少转向交通对主向交通的干扰，在路口处均拓宽车道，设置专用右转车道。在太湖中路口与庐山大道口之间，由于单向有两条车道将连接地下停车库，因此，在该段该方案南北向两个方向道路平面有分流和合流渐变。

（3）纵断面设计

金童路南段起点与庐山大道下层相接，起点桩号为 K0+000.000，起点高程为267.000 m，向北以平交方式通过太湖中路，终点与金童路在规划交叉口处相接，终点桩号为 K1+261.046，高程为 295.156 m。全线共设置纵坡 4 段，最大纵坡为 4.0%，最小纵坡为 0.4%，道路最小坡长为 310.820 m，最小竖曲线半径为 2 000 m。

（4）横断面设计

本方案将上下行两方向的交通通过中央分隔带分开，同时也便于转向车道的布设。从隧道口出来后，每个下穿道均为两车道，断面组成为：双车道 B=1.0 m（检修带）+0.5 m（路缘带）+3.5 m×2（车行道）+0.5 m（路缘带）+1.0 m（检修带）=10.0 m。

南向车道会合后，道路断面变为：四车道 B=6.0 m（人行道）+0.5 m（路缘带）+3.5 m×4（车行道）+0.5 m（路缘带）=21.0 m。

四车道分成两车道进入车库，两车道进入庐山大道。进入车库的断面为：双车道 B=0.5 m（路缘带）+3.5 m×2（车行道）+0.5 m（路缘带）=8.0 m。

进入庐山大道的断面变为：双车道 B=6.0 m（人行道）+0.5 m（路缘带）+3.5 m×2（车行道）+0.5 m（路缘带）+0.5 m（栏杆）=14.5 m。

北向道路断面与南向同。

14.4 F 工程

本工程位于重庆北站西侧，主要是解决进入火车北站交通的连接问题（图14.13）。鉴于火车北站北站场方案仍处于研究阶段，本次研究只提出两个解决方案。方案一考虑到立交桥对景观的影响，采用地通道的形式将从庐山大道西向进入火车站的交通连接起来。方案二根据目前火车北站北站场的平面及立面布置，将大型车和小汽车分离，分别用定向匝道接入不同的停车场。

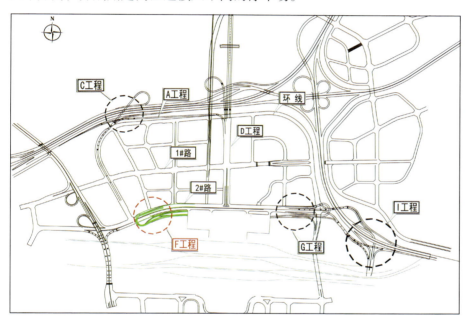

图 14.13 F 工程位置示意图

14.4.1 方案一

方案一将从庐山大道西向进入火车站的大型车和小汽车放在一起，通过地通道下穿庐山大道后，在庐山大道南侧将大型车和小汽车通过交通标志标线提示后分开，然后接入不同的停车场。从庐山大道东向进入火车站的交通，大型车辆直接沿庐山大道进入上层的公交车和长途车停车场，小汽车通过匝道分离出来后，与地通道出来的小车汇合后进入地下停车场。

（1）设计标准

设计车速：30 km/h。

匝道最小半径：36 m。

匝道最大纵坡：6.0%。

（2）平面设计

方案一的平面设计也包括 3 个匝道，A 匝道与 B 匝道为地通道，C 匝道为进入地下停车库的通道，效果如图 14.14 所示。

图 14.14　方案一效果图

A 匝道起点接庐山大道，桩号为 K0+000.000，匝道向西南方向沿着庐山大道延伸后，经一回头曲线（半径为 36 m）下穿庐山大道，然后再下穿 C 匝道，最后接入火车北站上层长途客车停车场，桩号为 K0+650.225。

B 匝道起点接 A 匝道，桩号为 K0+000.000，经一回头曲线（半径为 43.5 m）下穿庐山大道，然后与 C 匝道汇合为两个车道，最后接入火车北站下层小型汽车停车场，终点为桩号 K0+305.000。

C 匝道起点接庐山大道，桩号为 K0+000.000，匝道向东上跨 A 匝道后，与 C 匝道汇合为两个车道，最后接入火车北站下层小型汽车停车场，终点桩号为 K0+274.815。

（3）纵断面设计

A 匝道起点与庐山大道相接，起点桩号为 K0+000.000，起点高程为 265.393 m，终点与火车北站上层长途客车停车场相接，终点桩号为 K0+650.225，高程为 267 m。全线共设置纵坡 5 段，最大纵坡为 5.0%，最小纵坡为 0.35%，道路最小坡长为 183.559 m，最小竖曲线半径为 1 290 m。

B 匝道起点与 A 匝道相接，起点桩号为 K0+000.000，起点高程为 255.934 m，纵断面设计终点为 B 匝道与 C 匝道汇合处，桩号为 K0+305.000，高程为 260.908 m。全线共设置纵坡 3 段，最大纵坡为 6.0%，最小纵坡为 0.5%，道路最小坡长为 115.283 m，最小竖曲线半径为 500 m。

C 匝道起点与庐山大道相接，起点桩号为 K0+000.000，起点高程为 265.043 m，终点与火车北站下层小型汽车停车场相接，终点桩号为 K0+274.815，高程为 258 m。全线共设置纵坡 3 段，最大纵坡为 6%，最小纵坡为 0.6%，道路最小坡长为 113.89 m，最小竖曲线半径为 1 000 m。

（4）横断面设计

本方案包含地面匝道及下穿道，地面匝道为单向单 / 双车道，下穿道部分为单向双车道。单车道车行道净宽为 3.5 m，两侧根据不同的结构物需要各留 0.5 m，总宽 7.0 m；双车道车行道宽为 7.0 m，断面具体路幅分配如下：

下穿道部分：B=0.5 m（检修带）+0.5 m（路缘带）+ 3.5 m（车行道）+2.0 m（紧急停车带）+0.5 m（检修带）=7.0 m。

地面匝道单车道部分：B=0.5 m（土路肩）+0.5 m（路缘带）+3.5 m（车行道）+2.0 m（紧急停车带）+0.5 m（土路肩）=7.0 m。

地面匝道双车道部分：B=0.5 m（土路肩）+0.5 m（路缘带）+3.5 m×2（车行道）+0.5 m（路缘带）+0.5 m（土路肩）=9.0 m。

地面匝道单车道桥梁部分：B=0.5 m（护栏）+0.5 m（路缘带）+ 3.5 m（车行道）+2.0 m（紧急停车带）+ 0.5 m（检护栏）=7.0 m。

地面匝道双车道桥梁部分：B=0.5 m（护栏）+0.5 m（路缘带）+3.5 m×2（车行道）+0.5 m（路缘带）+0.5 m（护栏）=9.0 m。

14.4.2　方案二

方案二根据目前火车北站场的平面及立面布置，将从庐山大道西向进入火车站的大型车和小汽车分离，分别用地通道和高架桥接入不同的停车场。从庐山大道东向进入火车北站的交通为：大型车辆直接沿庐山大道进入上层的公交车和长途车停车场，小汽车通过匝道分离出来后，与地通道出来的小车会合后进入地下停车场。

（1）设计标准

设计车速：30 km/h。

匝道最小半径：36 m。

匝道最大纵坡：4.3%。

（2）平面设计

方案二的平面设计包括 3 个匝道，A 匝道为上跨桥，B 匝道为地通道，C 匝道为进入地下停车库的通道，效果如图 14.15 所示。

图 14.15　方案二效果图

A 匝道起点接庐山大道，坐标为 X-75017.69、Y-61 742.774，桩号为 K0+000.000，匝道向西南方向沿着庐山大道延伸后，经一回头曲线（半径为 36 m）上跨庐山大道，然后再上跨 C 匝道，最后接入火车北站上层长途客车停车场，终点坐标为 X-74 985.058、Y-61 885.604，桩号为 K0+685.921。

B 匝道起点接庐山大道，坐标为 X-75 025.075，Y-61 741.469，桩号为 K0+000.000，匝道向西南方向沿着庐山大道延伸后，经一回头曲线（半径为 43.5 m）下穿庐山大道，然后与 C 匝道汇合为两个车道，最后接入火车北站下层小型汽车停车场，终点坐标为 X-74 969.791、Y-61 884.978，桩号为 K0+704.238。

C 匝道起点接庐山大道，坐标为 X-74 963.263、Y-61 643.803，桩号为 K0+000.000，匝道向东下穿 A 匝道后，与 C 匝道汇合为两个车道，最后接入火车北站下层小型汽车停车场，终点坐标为 X-74 971.790、Y-61 884.908，桩号为 K0+241.256。

（3）纵断面设计

A 匝道起点与庐山大道相接，起点桩号为 K0+000.000，起点高程为 265.338 m，终点与火车北站上层长途客车停车场相接，终点桩号为 K0+685.921，高程为 266 m。全线共设置纵坡 5 段，最大纵坡为 3.8%，最小纵坡为 0.3%，道路最小坡长为 158.202 m，最小竖曲线半径为 1 500 m。

B 匝道起点与庐山大道相接，起点桩号为 K0+000.000，起点高程为 265.226 m，纵断面设计终点为 B 匝道与 C 匝道汇合处，桩号为 K0+586.494，高程为 260.623 m。全线共设置纵坡 4 段，最大纵坡为 4.09%，最小纵坡为 0.35%，道路最小坡长为 238.696 m，最小竖曲线半径为 1 600 m。

C 匝道起点与庐山大道相接，起点桩号为 K0+000.000，起点高程为 264.969 m，终点与火车北站上层长途客车停车场相接，终点桩号为 K0+241.256，高程为 257 m。全线共设置纵坡 3 段，最大纵坡为 4.3%，最小纵坡为 0.06%，道路最小坡长为 182.614 m，最小竖曲线半径为 1 000 m。

（4）横断面设计

本方案包含地面匝道、高架桥及下穿道。地面匝道、高架桥及下穿道部分均为单向单车道，车行道净宽均为 3.5 m，两侧根据不同的结构物需要各留 0.5 m，总宽 7.0 m。断面路幅具体分配如下：

下穿道部分：B=0.5 m（检修带）+0.5 m（路缘带）+ 3.5 m（车行道）+2.0 m（紧急停车带）+0.5 m（检修带）=7.0 m。

高架桥部分：B=0.5 m（护栏）+0.5 m（路缘带）+ 3.5 m（车行道）+2.0 m（紧急停车带）+ 0.5 m（检护栏）=7.0 m。

地面匝道部分：B=0.5 m（土路肩）+0.5 m（路缘带）+3.5 m（车行道）+2.0 m（紧急停车带）+0.5 m（土路肩）=7.0 m。

14.5 G 工程

本工程位于重庆火车北站东侧，主要是解决离开火车北站交通的连接问题（图14.6）。鉴于与之紧邻的 I 工程才是进出东侧快速路的节点工程，G 工程主要起着连接 I 工程与火车北站场的功能，G 工程的布设受制于 I 工程的布设。因此，本工程仅为针对 I 工程的推荐方案。该方案根据目前火车北站场的平面及立面布置，将大型车和小汽车分离，分别用定向匝道接入不同的道路。

（1）设计标准

设计车速：30 km/h。

匝道最小半径：40 m。

匝道最大纵坡：6.5%。

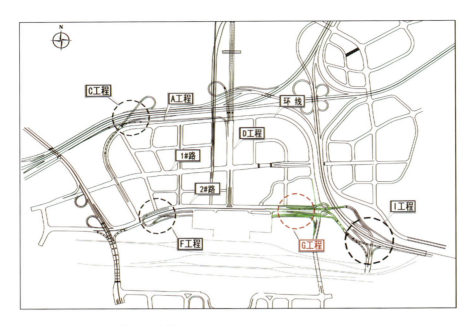

图 14.16　G 工程位置示意图

（2）平面设计（图 14.7）

A 匝道：火车北站地面层至金童路方向，起点接庐山大道右侧，坐标为 X-74 984.971、Y-62 570.268，桩号为 K0+000.000，匝道向东沿着庐山大道，经一回头曲

图 14.17　方案效果图

线（半径为 40 m）下穿环线道路，最后接入庐山大道左侧，终点坐标为 X-75 014.971、Y-62 592.864，桩号为 K0+710.588。

B 匝道：火车北站地下车库至金童路方向，起点坐标为 X-74 947.645、Y-62 484.263，桩号为 K0+000.000，匝道向东接入 A 匝道，终点坐标为 X-74 955.913、Y-62 813.328，桩号为 K0+330.000。

C 匝道：火车北站地下车库至内环大佛寺长江大桥方向，起点坐标为 X-74 940.668、Y-62 484.838，桩号为 K0+000.000，匝道向东下穿环线道路后，最后接入 I 工程 E 匝道，终点坐标为 X-74 893.755、Y-62 983.069，桩号为 K0+516.966。

D 匝道：火车北站地下车库至五童路方向，起点接 C 匝道，坐标为 X-74 947.285、Y-62 624.433，桩号为 K0+040.000，为一定向右转匝道，终点接入环线道路，终点坐标为 X-74 797.350、Y-62 806.977，桩号为 K0+345.000。

（3）纵断面设计

A 匝道起点、终点都与庐山大道相接，起点桩号为 K0+000.000，起点高程为 270.050 m，终点桩号为 K0+710.588，高程为 279.810 m。全线共设置 4 处变坡点，最大纵坡为 6%，最小纵坡为 0.5%，道路最小坡长为 183.187 m，最小竖曲线半径为 560 m。

B 匝道起点与火车北站地下车库相接，起点桩号为 K0+000.000，高程为 258 m，纵断面设计终点接入 A 匝道，桩号为 K0+330.000，高程为 270.901 m。全线共设置 1 处变坡点，最大纵坡为 5%，最小纵坡为 3.9%，道路最小坡长为 289.562 m，最小竖曲线半径为 900 m。

C 匝道起点与火车北站地下车库相接，起点桩号为 K0+000.000，高程为 258 m，终点桩号为 K0+516.966，高程为 275.026 m。全线共设置 2 处变坡点，最大纵坡为 6%，最小纵坡为 1.5%，道路最小坡长为 182.300 m，最小竖曲线半径为 930 m。

D 匝道起点接 C 匝道，起点桩号 K0+040.000，高程为 261.5 m，终点桩号为 K0+345.000，高程为 276.188 m。全线共设置 2 处变坡点，最大纵坡为 6.5%，最小纵坡 0.85%，道路最小坡长为 207.729 m，最小竖曲线半径为 950 m。

（4）横断面设计

本方案包含地面匝道、高架桥及下穿道，各种断面形式均按照重庆市地方规范布设。地面匝道、高架桥及下穿道部分均为单向单车道，车行道净宽均为 3.5 m，两侧根据不同的结构物需要各留 0.5 m，总宽为 7.0 m。断面具体路幅分配如下：

下穿道部分：B=0.5 m（检修带）+0.5 m（路缘带）+ 3.5 m（车行道）+2.0 m（紧急停车带）+0.5 m（检修带）=7.0 m。

高架桥部分：B=0.5 m（护栏）+0.5 m（路缘带）+ 3.5 m（车行道）+2.0 m（紧急停车带）+ 0.5 m（检护栏）=7.0 m。

地面匝道部分：B=0.5 m（土路肩）+0.5 m（路缘带）+3.5 m（车行道）+2.0 m（紧急停车带）+0.5 m（土路肩）=7.0 m。

14.6 I 工程

I 工程位于本项目的东南角,即运营使用的五童立交位置(图 14.18)。现状五童立交为五童路与内环高速相交的一个部分互通立交,目前可解决的交通流向有:五童路上内环的大佛寺长江大桥方向,五童路上内环的东环立交方向及内环的东环立交方向至五童路 3 个方向的车辆通行。本工程经过改造,考虑解决火车北站、金童路方向与内环高速及五里店方向往返车流的通行问题。

根据现状立交的形式,考虑两个方案,方案一为桥梁方案,方案二为桥梁和隧道相结合的方案。

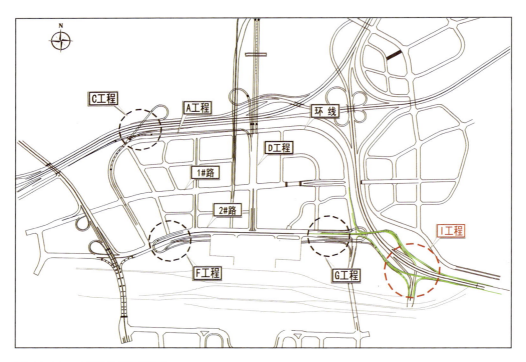

图 14.18　I 工程位置示意图

14.6.1　方案一

方案一的整体思路是立交的改造尽量不影响现有道路的运营,尽量充分利用预留的绿地,既控制工程建安费,同时又能满足交通的需求。

（1）设计标准

设计车速：30 km/h，其他技术指标如表 14.3 所示。

表 14.3　方案一各匝道线形技术指标

匝　　道	A 匝道	B 匝道	C 匝道	D 匝道	E 匝道
匝道宽度（m）	7	7	7/9	7	7/9
匝道长度（m）	182.584	290.323	830.909	808.453	833.777
最小半径（m）	60	150	90	80	120
最大纵坡（%）	6	3	4.7	5.4	5.9
立交占地面积（m²）	113 688（含内环高速范围）				

（2）平面设计

方案一为在现状五童立交的基础上，改造和增加 6 个匝道，内环路西向转向五童路方向的交通在虾子蝙立交处考虑（图 14.19）。

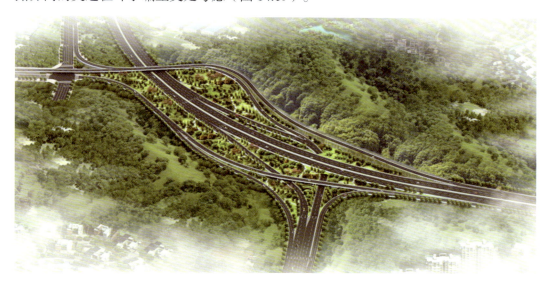

图 14.19　方案一效果图

A 匝道：五里店至内环高速的右转定向匝道，方案一根据增加匝道 E 而对其进行局部改造。

B 匝道：火车北站至五里店，起点接 E 匝道。

C 匝道：五里店至火车北站，从现状下穿匝道分出一匝道，上跨内环，并跨过庐山大道和环线平交口，最后与庐山大道顺接。

D 匝道：内环高速至金童路。

E 匝道：火车北站至内环，中间上跨现状两个内环匝道。

F 匝道：内环路及渝鲁大道进入天宫殿 N 区居民区。

（3）纵面设计

方案一新增加的 6 个匝道的纵断面设计情况为：

A 匝道：顺接五童路北向一侧，然后以 6% 的上坡接入 E 匝道，汇合后以 0.8% 的下坡接入内环路东向一侧。

B 匝道：从 E 匝道分出来后，一直下坡汇入五童路南向一侧，最大纵坡为 3%，最小纵坡为 0.9%。

C 匝道：从五童路上内环路北的匝道分出来后，一直上坡汇入从内环路到火车北站的 D 匝道，然后逐渐下坡跨过内环路及庐山大道与环路的交叉口，接入庐山大道，最大纵坡为 4.7%，最小纵坡为 0.7%。

D 匝道：从内环路分出来后，一直沿内环路边沿上坡，在与 C 匝道汇合后，逐渐下坡跨过内环路及庐山大道与环路的交叉口，接入庐山大道，最大纵坡为 5.4%，最小纵坡为 0.3%。

E 匝道：起于庐山大道与环路的交叉口，一直下坡与 B 匝道分离，然后上坡跨过内环路到五童路的右转弯匝道，最后与 A 匝道汇合后接入内环路，最大纵坡为 5.9%，最小纵坡为 0.8%。

F 匝道：从 D 匝道分出来后，一直下坡汇入 N 区环路。

（4）横断面设计

本方案包含地面匝道及高架桥。地面匝道为连接内环快速路的匝道，内环快速路按原公路标准设计。考虑到公路的一般做法，本方案在道路的两侧也各设 0.75 m 的土路肩，单向单车道路幅宽为 8.5 m，双车道为 10.5 m。高架桥部分，单向单车道路幅宽为 7.0 m，双车道为 9 m。断面具体路幅分配如下：

地面匝道部分：单车道 B=0.75 m（土路肩）+1.0 m（路缘带）+3.5 m（车行道）+2.5 m（紧急停车带）+0.75 m（土路肩）=8.5 m。

双车道 B=0.75 m（土路肩）+1.0 m（路缘带）+3.5 m×2（车行道）+1.0 m（路缘带）+0.75 m（土路肩）=10.5 m。

高架桥部分：单车道 B=0.5 m（护栏）+0.5 m（路缘带）+3.5 m（车行道）+2.0 m（紧急停车带）+0.5 m（护栏）=7.0 m。

双车道 B=0.5 m（护栏）+0.5 m（路缘带）+3.5 m×2（车行道）+0.5 m（路缘带）+0.5 m（护栏）=9.0 m。

14.6.2 方案二

方案二的整体思路是尽量减少工程占地面积，减少道路的整体长度，满足交通需求。

（1）设计标准

设计标准如表 14.4 所示。

表 14.4　方案二各匝道线形技术指标

匝　道	A 匝道	B 匝道	C 匝道	D 匝道	E 匝道
匝道宽度（m）	7	7	7/9	7	7/9
匝道长度（m）	180.313	203.041	676.441	622.424	794.002
最小半径（m）	60	150	90	110	120
最大纵坡（%）	5.6	6	5.8	5.7	5
立交占地面积（m²）	71 768（含内环高速范围）				

（2）平面设计

方案二为在现状五童立交的基础上改造和增加 5 个匝道（图 14.20）。

图 14.20　方案二效果图

A 匝道：五里店至内环高速的右转定向匝道，该方案根据增加的匝道 C 对其进行局部改造。

B 匝道：火车北站至五里店，起点接 E 匝道。

C 匝道：五里店至火车北站，下穿现状内环高速两个匝道，最后与 D 匝道合流，终点与庐山大道和环线形成平交口。

D 匝道：内环高速至金童路。

E 匝道：火车北站至内环高速，起点接庐山大道和环线平交口，中间上跨现状两个内环高速匝道。

（3）纵面设计

方案二新增加的 5 个匝道的纵断面设计情况为：

A 匝道：顺接五童路北向一侧，然后以 5.6% 的上坡接入 E 匝道，汇合后以 1.4% 的下坡接入内环路东向一侧。

B 匝道：从 E 匝道分出来后，一直下坡汇入五童路南向一侧，最大纵坡为 6%，最小纵坡为 5%。

C 匝道：从五童路分出来后，一直下坡下穿五童路，后上坡汇入从内环路到火车北站的 D 匝道，接入庐山大道与内环路的交叉口，最大纵坡为 5.8%，最小纵坡为 0.3%。

D 匝道：从内环路分出来后，一直沿内环路边沿上坡，跨越五童路上内环路的匝道与内环路，再与 C 匝道汇合后接入庐山大道与环路的交叉口，最大纵坡为 5.7%，最小纵坡为 0.3%。

E 匝道：起于庐山大道与环路的交叉口，一直下坡与 B 匝道分离，然后上坡跨过内环路到五童路的右转弯匝道，最后与 A 匝道汇合后接入内环路，最大纵坡为 5%，最小纵坡为 0.8%。

（4）横断面设计

本方案包含地面匝道、高架桥及隧道。高架桥及隧道部分均为单车道，车行道净宽均为 6.5 m，两侧根据不同的结构物需要各留 0.5~0.75 m，总宽 7.5~8.0 m。地面匝道为连接内环快速路的匝道，内环快速路按原公路标准设计。考虑公路的一般做法，本方案在道路的两侧也各设 0.75 m 土路肩。该方案单向单车道路幅宽为 8.5 m，双车道为 10.5 m。断面具体路幅分配如下：

隧道部分：B=0.75 m（检修带）+0.5 m（路缘带）+ 3.5 m（车行道）+2.0 m（紧急带）+0.5 m（路缘带）+ 0.75 m（检修带）=8.0 m。

高架桥部分：单车道 B=0.5 m（护栏）+0.5 m（路缘带）+ 3.5 m（车行道）+2.0 m（紧急停车带）+0.5 m（路缘带）+ 0.5 m（护栏）=7.5 m。

地面匝道部分：单车道 B=0.75 m（土路肩）+1.0 m（路缘带）+3.5 m（车行道）+ 2.5 m（紧急停车带）+0.75 m（土路肩）=8.5 m。

双车道 B=0.75 m（土路肩）+1.0 m（路缘带）+3.5 m×2（车行道）+1.0 m（路缘带）+0.75 m（土路肩）=10.5 m。

第 15 章　交通运营分析

根据立交群设计流程，本章应根据前面章节中所做的交通流量预测结果和前述立交设计方案，对立交节点的交通运行状况进行分析。但鉴于本项目的特殊性，本项目交通运营分析将先分析立交群中 A 工程、C 工程及 I 工程对周边快速路系统（机场路及内环路）的影响，节点自身的交通运营分析将放入随后的方案比选章节中。具体原因如下：

①本项目是在现有路网中通过增加节点工程来形成立交群，从而协同解决该区域与快速路相接的交通问题。由于本项目周边的快速路系统（机场路与内环路）已日趋饱和，与快速路相连的方案是否会对现有系统造成大的负面影响，将是衡量本立交群方案能否成立的重要指标。

②由于本项目的推荐方案和备选方案在交通运行上基本相同，且每个节点本身的交通组织相对简单，节点本身的通行能力也相对比较好判断。

本次交通分析包括 2010 年现状路网、2020 年现状路网、2020 年推荐方案、2030 年现状路网、2030 年推荐方案共 5 种情况。鉴于篇幅，本章仅讨论针对推荐立交群方案的交通运营分析。

由于目前国内还没有比较成熟的分析高速公路或快速路和平面交叉口的工具，本次分析采用美国的 Synchro 和 HCS 软件分别对交叉口和快速路进出口的运行状况进行分析，并对比较敏感的部分路网采用微观仿真模型 VisSim 进行进一步验证。

15.1　2010 年现状道路交通状况分析

由于目前火车北站北站房还未建成，在 2010 年现状道路运行情况分析中，主要分析今后将要改造的道路路段和交叉口，即机场快速路人和立交至东环立交段以及内环快速路五童立交两处。

机场快速路人和立交至东环立交段为基本的高速路或快速路路段，采用 HCS 进行分析。五童立交的主线（内环快速路）依据匝道的位置可分为基本路段、分流路段和合流路段，分别采用 HCS 软件中对应的模块进行分析。各路段的服务水平如表 15.1 所示。

表 15.1　2010 年现状路网高峰小时服务水平

位　置	编　号	路　段	车流密度（千米车道小车数）	服务水平
机场快速路人和立交到东环立交段	EB1	从西向东基本路段	13.1	C
	WB1	从东向西基本路段	12.3	C
五童立交	EB1	从西向东基本路段	10.0	B
	EB2	从西向东分流路段	14.7	C
	EB3	从西向东基本路段	6.0	A
	EB4	从西向东合流路段	7.2	B
	EB5	从西向东基本路段	5.4	A
	WB1	从东向西基本路段	6.0	A
	WB2	从东向西合流路段	15.2	C
	WB3	从东向西基本路段	10.1	B

由表 15.1 可知，2010 年道路现状路网情况下，内环路段的服务水平都为 C 或者更好，如图 15.1 所示。

15.2　2020 年路网下交通运行状况分析

在 2020 年背景交通流量下，不考虑由于修建火车北站北站房所产生的交通流量对周围道路的影响，其交通运行状况分析与 2010 年现状道路类似。不同之处是 2020 年背景交通流量下，依据《内环快速路新增立交控制规划》（重庆市城市交通规划研究所，2010 年 12 月）的内环交通流量预测结果，假设到 2020 年内环快速路拓展成双向八车道。在 2020 年背景交通流量下，各路段的服务水平如表 15.2 和图 15.2 所示，详细的分析结果见附录 3。

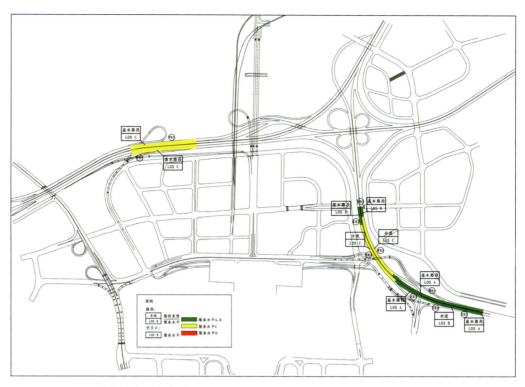

图 15.1　2010 年高峰小时服务水平

表 15.2　2020 年背景交通流量下高峰小时服务水平

位　置	编　号	路　段	车流密度（千米车道小车数）	服务水平
内环快速路人和立交到东环立交段	EB1	从西向东基本路段	16.8	D
	WB1	从东向西基本路段	12.6	C
五童立交	EB1	从西向东基本路段	11.4	C
	EB2	从西向东分流路段	10.3	B
	EB3	从西向东基本路段	6.2	A
	EB4	从西向东合流路段	2.3	A
	EB5	从西向东基本路段	7.3	B
	WB1	从东向西基本路段	5.2	A
	WB2	从东向西合流路段	13.7	C
	WB3	从东向西基本路段	11.5	C

　　由表 15.2 可知，由于 2020 年交通流量的大幅增加，即使内环路拓宽为双向八车道，内环人和立交从西向东方向的服务水平下降为 D，其余路段的服务水平仍维持 C 或者更好。

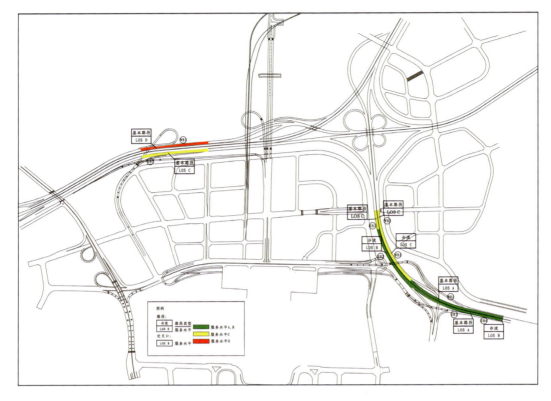

图 15.2　2020 年高峰小时背景交通流量服务水平

15.3　2020 年推荐立交群方案交通运行状况分析

推荐立交群方案中将形成两个由火车北站北站房生成交通流量影响较大的交叉口，包括太湖中路与 O 区 D 路交叉口和庐山大道与 O 区 A 路交叉口。采用 Synchro 分析在规划交叉口布置情况下的交通运行状况，如表 15.3 所示。由表可知，两个交叉口在推荐方案下的平均服务水平都为 B，单个方向的服务水平都为 D 或更好。

表 15.3　2020 年推荐方案高峰小时平面交叉口服务水平

位　置	方　向	排队长度（m）	延误时间（s）	服务水平
太湖中路与 O 区 D 路交叉口	西→东	53.6	23.4	C
	西→南	14.7	4.9	A
	东→西	55.4	24.2	C
	东→北	14	4.8	A

续表

位　置	方　向	排队长度（m）	延误时间（s）	服务水平
太湖中路与 O 区 D 路交叉口	南→西	26	27.8	C
	南→北	70.5	17.7	B
	南→东	18.7	7.9	A
	北→东	37.9	40.6	D
	北→南	48.1	15.4	B
	北→西	36.4	11.1	B
	交叉口平均值	—	17.5	B
庐山大道与 O 区 A 路交叉口	西→北	49.1	29	C
	西→东	27.2	21.4	C
	西→南	19.9	7.0	A
	南→西	16.5	32.9	C
	南→北	19.1	6.9	A
	北→东	18	41.1	D
	北→南	16.6	4.0	A
	交叉口平均值	—	12.2	B

如表 15.3 所示，在太湖中路与 O 区 D 路交叉口处的车辆排队长度中，以从南到北方向最长，为 70.5 m；庐山大道与 O 区 A 路交叉口处从西到北方向排队最长，为 49.1 m。这两个交叉口，路段长度都能满足车辆排队的蓄车要求。交叉口气体排放量如表 15.4 所示。

表 15.4　2020 年推荐方案高峰小时平面交叉口气体排放量

位　置	方　向	HC（g）	CO（g）	NO_x（g）
太湖中路与 O 区 D 路交叉口	东向	9	360	31
	西向	6	270	21
	北向	5	134	18
	南向	30	919	77
	交叉口平均值	50	1 682	147
庐山大道与 O 区 A 路交叉口	东向	6	203	20
	北向	5	212	19
	南向	7	335	26
	交叉口平均值	18	750	65

　　2020 年推荐方案快速路多路段的服务水平如表 15.5 所示，所有路段的服务水平都为 D 或者更好。平面交叉口和路段的服务水平如图 15.3 所示，详细分析结果见附录 3。

表 15.5　2020 年推荐方案高峰小时快速路服务水平

位　　置	编　号	路　　段	车流密度（千米车道小车数）	服务水平
内环快速路人和立交到东环立交段	EB1	从西向东基本路段	19.3	D
	EB2	从西向东分流路段	19.9	D
	EB3	从西向东基本路段	16.8	D
	EB4	从西向东合流路段	10.8	B
	EB5	从西向东基本路段	17.2	D
	WB1	从东向西基本路段	12.6	C
	WB2	从东向西合流路段	10.7	B
	WB3	从东向西基本路段	15.1	C
五童立交	EB1	从西向东基本路段	11.4	C
	EB2	从西向东分流路段	10.3	B
	EB3	从西向东基本路段	6.2	A
	EB4	从西向东合流路段	7.0	B
	EB5	从西向东基本路段	9.3	B
	WB1	从东向西基本路段	6.3	A
	WB2	从东向西分流路段	0.3	A
	WB3	从东向西基本路段	5.2	A
	WB4	从东向西合流路段	13.7	C
	WB5	从东向西基本路段	11.5	C

15.4　2030 年背景交通流量下交通运行状况分析

　　在 2030 年背景交通流量下，不考虑由于修建火车北站北站房所产生的交通流量对周围道路的影响，其交通运行状况分析与 2010 年现状道路基本类似。不同之处是 2030 年背景交通流量下，依据《内环快速路新增立交控制规划》（重庆市城市交通规划研究所，2010 年 12 月）的内环交通流量预测结果，假设到 2030 年内环快速路拓展成为双向八车道。2030 年背景交通流量下各路段的服务水平如表 15.6 和图 15.4 所示，详细的分析结果见附录 3。

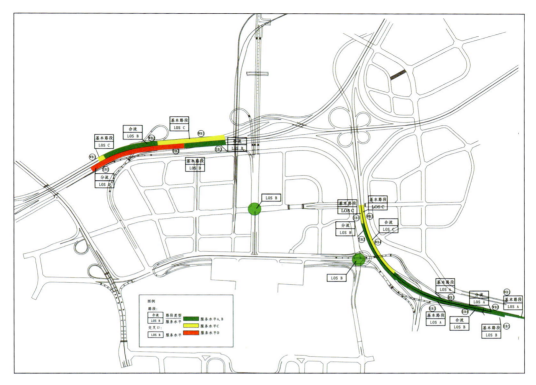

图 15.3　2020 年高峰小时推荐方案服务水平

表 15.6　2030 年背景交通流量下高峰小时服务水平

位　　置	编　　号	路　　段	车流密度（千米车道小车数）	服务水平
内环快速路人和立交到东环立交段	EB1	从西向东基本路段	20.2	D
	WB1	从东向西基本路段	15.1	C
五童立交	EB1	从西向东基本路段	16.0	C
	EB2	从西向东分流路段	12.6	C
	EB3	从西向东基本路段	8.7	B
	EB4	从西向东合流路段	3.2	A
	EB5	从西向东基本路段	10.2	B
	WB1	从东向西基本路段	7.2	B
	WB2	从东向西合流路段	12.2	C
	WB3	从东向西基本路段	14.5	C

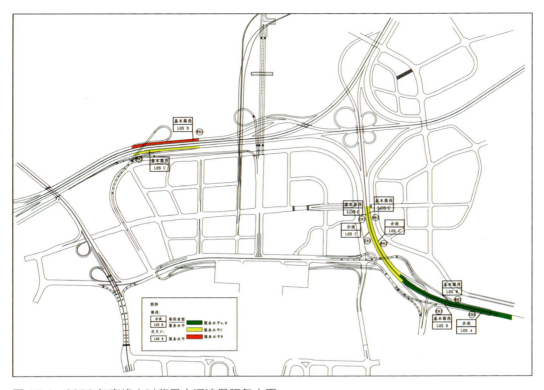

图 15.4　2030 年高峰小时背景交通流量服务水平

如表 15.6 所示，由于 2030 年交通流量的大幅增加，即使内环路拓宽为双向八车道，内环人和立交从西向东方向的服务水平仍然下降为 D，其余路段的服务水平仍维持 C 或者更好。

15.5　2030 年推荐道路方案交通运行状况分析

推荐道路方案中将形成两个由火车站北站房生成交通流量影响较大的交叉口，包括太湖中路与 O 区 D 路交叉口和庐山大道与 O 区 A 路交叉口。采用 Synchro 分析在规划交叉口布置情况下的交通运行状况，如表 15.7 所示。两个交叉口在推荐方案下的平均服务水平为 B，单个方向的服务水平都为 D 或更好。

表 15.7 2030 年推荐方案高峰小时平面交叉口服务水平

位　置	方　向	排队长度（m）	延误时间（s）	服务水平
太湖中路与 O 区 D 路交叉口	西→东	68.6	26.3	C
	西→南	19.1	6.4	A
	东→西	70.1	26.9	C
	东→北	15.2	5.0	A
	南→西	35	37.9	D
	南→北	75.8	18.6	B
	南→东	29.7	10.9	B
	北→东	42	44.5	D
	北→南	50.8	14.7	B
	北→西	49.9	14.2	B
	交叉口平均值	—	19.0	B
庐山大道与 O 区 A 路交叉口	西→北	75.6	47.5	D
	西→东	36.8	30.6	C
	西→南	24.5	8.6	A
	南→西	22.8	41.6	D
	南→北	25.2	6.8	A
	北→东	31.7	78.2	E
	北→南	21.0	4.3	A
	交叉口平均值	—	16.9	B

表 15.8 2030 年推荐方案高峰小时平面交叉口气体排放量

位　置	方　向	HC（g）	CO（g）	NO_x（g）
太湖中路与 O 区 D 路交叉口	东向	8	341	27
	西向	9	357	32
	北向	4	126	16
	南向	33	1 009	85
	交叉口平均值	54	1 834	160
庐山大道与 O 区 A 路交叉口	东向	5	184	18
	北向	5	131	16
	南向	8	373	29
	交叉口平均值	18	688	68

由表 15.7 可知，在太湖中路与 O 区 D 路交叉口处的车辆排队长度中，以从南到北方向最长，为 75.8 m；庐山大道与 O 区 A 路交叉口处从西到北方向排队最长，为 75.6 m。这两个交叉口路段长度都能满足车辆排队的蓄车要求。

平面交叉口气体排放量水平如表 15.8 所示。

2030 年推荐方案快速路各路段的服务水平如表 15.9 所示，所有路段的服务水平都为 D 或者更好。平面交叉口和各路段的服务水平如图 15.5 所示，详细分析结果见附录 3。

表 15.9　2030 年推荐方案高峰小时快速路服务水平

位　置	编　号	路　段	车流密度（千米车道小车数）	服务水平
内环快速路人和立交到东环立交段	EB1	从西向东基本路段	20.2	D
	EB2	从西向东分流路段	20.5	D
	EB3	从西向东基本路段	17.2	D
	EB4	从西向东合流路段	11.0	B
	EB5	从西向东基本路段	17.6	D
	WB1	从东向西基本路段	15.1	C
	WB2	从东向西合流路段	12.3	C
	WB3	从东向西基本路段	18.4	D
五童立交	EB1	从西向东基本路段	16.0	C
	EB2	从西向东分流路段	12.6	C
	EB3	从西向东基本路段	8.7	B
	EB4	从西向东合流路段	9.4	B
	EB5	从西向东基本路段	12.9	C
	WB1	从东向西基本路段	8.6	B
	WB2	从东向西分流路段	0.8	A
	WB3	从东向西基本路段	7.2	B
	WB4	从东向西合流路段	12.2	C
	WB5	从东向西基本路段	15.0	C

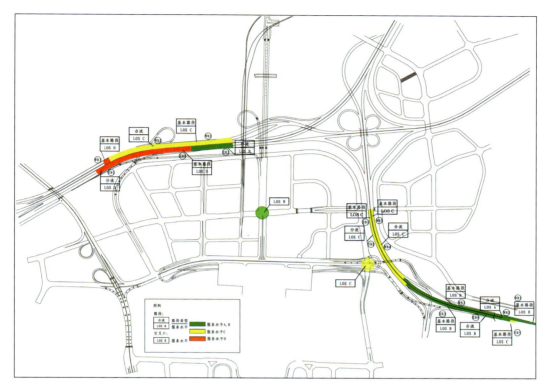

图 15.5　2030 年高峰小时推荐方案服务水平

15.6　交通分析结论

前述分析表明，2030 年采用推荐的立交群方案可以满足火车北站北站房以及由火车站周围土地利用产生的交通需求，且不会对周围道路系统的交通运行造成较大的负面影响，推荐道路方案是比较合适的。

第16章 方案评价

本项目方案研究主要从以下9个方面对各工程方案进行评价：

①立交位置；

②道路路线几何线形；

③通行能力；

④工程造价；

⑤占地情况；

⑥环境影响；

⑦对周边景观的影响；

⑧对区域交通的影响；

⑨施工影响。

本项目包含6个工程，各工程处于不同的区域，每个工程的功能定位也不同，各方案的控制条件也不一样，评价的具体指标也将根据具体工程而有所不同。

16.1 A工程

A工程仅为一进入金童南路的匝道，本研究所提供的两个方案的区别在于如何与金童南路相接，方案一为与金童南路在隧道内汇入，方案二为与金童南路在地面上汇入。因此，对A工程评价的高低取决于金童南路即D工程方案的选择。

鉴于该工程与内环高速路相接，本方案将对两个方案的立交位置、立交形式及对内环高速路的影响作统一评估。

A工程匝道位于人和立交与东环立交之间，A工程匝道与C工程的A、B匝道共同构建成一座新的立交。在A工程相同方向，上游距离 A 工程匝道起点 310 m 处，有从左侧汇入的匝道；在其下游，距离 A 工程匝道出口鼻端 380 m 处，有汇入内环路的 C 工程 B 匝道。根据交通部颁布的《公路路线设计规范》（JTG D20—2006）对高速公路相邻出入口最小间距的规定，当主线设计时速为 80 km/h 时，主线上的出入口一般最小间距为 150 m。因此，A 工程匝道的位置满足规范要求。

A 工程匝道与 C 工程的 A、B 匝道共同构建成的新立交，在功能定位上是解决从内环路及机场高速路进出火车北站北站场的交通需求，其中 A 工程定位为内环路到火车站的联系匝道。根据交通预测及交通分析，A 工程中期和远期的交通流量分别为 900 pcu/h 和 1 052 pcu/h，其 v/c 分别为 0.72 和 0.84。根据重庆市《城市道路交通规划及路线设计规范》对道路服务等级的定义，相应的服务水平为 C 和 D，满足道路设计服务水平的要求。

A 工程所在内环路路段，根据重庆市城市交通规划研究所编制的《内环快速路新增立交控制规划》，在单向增加一条车道（即四车道）的情况下，在 2020 年及 2030 年，其路段服务水平为 C。A 工程建成后，其路段服务水平将由 C 变为 D。

A 工程两个方案的具体比较如表 16.1 所示。

表 16.1　A 工程方案比较

项　　目	方案一：　隧道内汇入	方案二：　地面汇入
路线长度（m）	1 216.116	1 268.873
最大纵坡（%）	2.0	1.9
地通道长度（m）	237.055	55.861
桥梁长度（m）	238.848	238.848
交通运营	汇入在洞口外，较好	汇入在地通道内，较差
对环线的影响	无	无
对两侧用地的影响	道路不能服务太湖中路以北路段	过境交通可能影响两侧商业
对路网的影响	影响太湖中路平交口	无
造价（万元）	2 883.98	2 711.4

从表 16.1 可以看出，两方案本身并无太大区别，综合 D 工程方案的比较（见 16.3 节），A 工程方案二即地面汇入方案较优。

16.2 C 工程

C 工程为解决从天宫殿 N 区及火车北站场交通进入内环路及机场高速路的两条匝道，它与 A 工程匝道一起构成新的立交。鉴于该工程与内环高速路相接，本方案将对两个方案的立交位置、立交形式及对内环高速路的影响作统一评估。

C 工程位于人和立交与东环立交之间，包含 A、B 两匝道。A 匝道为连接火车北站到机场高速路的道路，B 匝道为连接火车北站到内环路东向交通的道路。在 C 工程 A 匝道方向，上游距离东环立交出口即到金童南路的匝道鼻端 790 m 处，有从右侧驶出的 D 工程匝道；在其下游，距离人和立交匝道出口始端约 470 m 处，有驶出内环路的人和立交匝道。在 C 工程 B 匝道同方向，上游距离 A 工程匝道鼻端 380 m 处，有从右侧驶出的 A 工程匝道；在其下游，距离 C 工程匝道入口末端约 650 m 处，有驶出内环路的东环立交匝道。根据交通部颁布的《公路路线设计规范》（JTG D20—2006）对高速公路相邻出入口最小间距的规定，当主线设计时速为 80 km/h 时，主线上的出入口一般最小间距为 150 m。因此，C 工程匝道的位置满足规范要求。

A 工程匝道与 C 工程的 A、B 匝道共同构建成的新立交，在功能定位上是解决从内环路及机场高速路进出火车北站北站场的交通需求，其中 C 工程定位为出火车站到内环路及机场高速路的联系匝道。根据交通预测及交通分析，C 工程的 A 匝道中期（2020 年）及远期（2030 年）的交通流量分别为 900 pcu/h 和 1 150 pcu/h，其 v/c 分别为 0.72 和 0.92。C 工程的 B 匝道中期（2020 年）及远期（2030 年）的交通流量分别为 146 pcu/h 和 164 pcu/h，其 v/c 分别为 0.12 和 0.13。根据重庆市《城市道路交通规划及路线设计规范》对道路服务等级的定义，在设计年限末期，相应的服务水平为 D 和 A，满足道路设计服务水平的要求。

C 工程所在内环路路段，根据重庆市城市交通规划研究所编制的《内环快速路新增立交控制规划》，在单向增加一条车道（即四车道）的情况下，在 2020 年及 2030 年，其服务水平为 C。C 工程及 A 工程建成后，其路段服务水平将由 C 变为 D。为验证以上分析结果，利用微观仿真模型 PTV VisSim 验证，交通仿真模拟如图 16.1 所示。

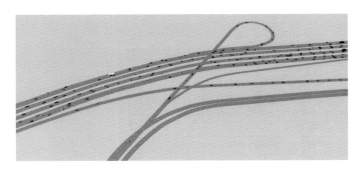

图 16.1 C 工程交通模拟

　　C 工程所提供的两个解决方案，方案一为下穿道与高架相结合，从火车北站出来的车流无须通过太湖中路平交路口，而直接经下穿道后再上跨 N 区环路上内环路和机场高速路。该方案在太湖中路路口无平交，从太湖中路上高架的交通可以通过绕道进入。西去交通可经 A 匝道（隧道）后上机场高速路，东去交通可直接经 B 匝道上内环路。该方案对火车站以外地区的交通影响较小，但投资较大。方案二为全高架方案，从火车北站出来的车流在通过太湖中路平交口后，上跨 N 区环路上内环路和机场高速路。该方案在太湖中路路口有平交，从太湖中路上高架的交通可以通过太湖中路平交口进入。西去交通可经 A 匝道（隧道）后上机场高速路，东去交通可直接经 B 匝道上内环路。其余评价指标如表 16.2 所示。

表 16.2　C 工程方案比较

项　目	方案一：下穿后上跨	方案二：上跨
路线长度（m）	1 162.196	833.034
最大纵坡（%）	4.50	4.20
地通道长度（m）	225+55=280	200
桥梁长度（m）	260	200
道路线形	很好	很好
交通组织	很顺畅	有平交口
对环线的影响	拓宽环线横断面宽度，调整部分纵断面	拓宽环线横断面宽度
景观影响	有影响	有影响
造价（万元）	4 347	3 352
总体评价	交通较顺畅，但路线长，占地面积大，对环线影响大，造价高	线形好，对环线影响小，占地面积小，造价低，但有平交口

　　通过前述比选可以看出，方案一与方案二各有优劣，方案一虽然投资较大，但连接火车北站和机场高速路及内环高速路，通行较为顺畅。方案二连接环线与内环高速路，从火车北站出来的车辆要经过环线与太湖中路交叉口，离开火车北站地区的交通延误相对较大，但投资较少。综合考虑各种因素，推荐方案一。

16.3　D 工程

　　D 工程为连接火车北站场与金童路，解决从金童南路及内环路方向进出火车北站场的交通。该工程的两个方案分别为平交和全下穿。方案一为全下穿方案，从金童南路经隧道到火车北站的交通，出隧道后，一直下穿经过环路及太湖中路，在太湖中路和庐山大道之间出下穿道，最后与庐山大道平交。方案二为平交方案，从金童南路经隧道到火车北站的交通，出隧道后，一直下穿经过内环路，分别与太湖中路和庐山大道平交，同时 A 工程的匝道汇入南向车道。该方案在所经过的平交路口处均拓宽增加转向车道。

　　方案一和方案二的平面线形一样，路段的通行能力一样，但方案二在太湖中路口有平交，方案二的交通通行能力的瓶颈在太湖中路口。在该路口，南北向远期（2030年）最大流量为 1 470 pcu/h，东西向流量为 700 pcu/h，转向流量最大为 367 pcu/h。利用 Synchro 软件分析模拟，该路口平均延误为 17.5 s，路口服务水平为 B，满足设计服务水平要求。在庐山大道路口，两方案均为平交，该路口平均延误为 12.2 s，路口服务水平为 B，也满足设计服务水平要求。

　　为验证以上定性和定量的分析结果，本研究利用微观仿真模型 PTV VisSim 进行进一步验证，交通仿真模拟如图 16.2 所示。该工程的其他评价指标如表 16.3 所示。

图 16.2　D 工程交通模拟

表 16.3 D 工程方案比较

项　目	方案一：下穿	方案二：平交
路线长度（m）	1 580	1 580
最大纵坡（%）	3.8	4.0
隧道长度（m）	1 025	1 025
地通道长度（m）	485	36
道路线形	好	好
交通组织	仅庐山大道平交	太湖中路及庐山大道平交
对区域交通影响	无法与太湖中路相连	无
周边商业影响	无影响	过境交通影响两侧商业
施工难度	土方量大，有一定难度	容易
造价（万元）	26 067	23 228
总体评价	交通较顺畅，对周边商业无影响，但对区域交通有影响，施工有一定难度，造价高	区域交通组织好，线形好，对环境影响小，造价相对较低，但所有路口均平交，对两边商业有一定影响

从表 16.3 可知，方案一虽然进出火车北站地区的交通较顺畅，对周边商业无影响，但对区域交通有显著影响，施工有一定难度，造价高。方案二虽然有平交路口，过境交通对太湖中路以北的商业有一定影响，但该方案区域交通组织较好，对环境的影响小，工程造价也较低。因此，推荐方案二，即平交方案。

16.4　F 工程

　　F 工程主要是解决从庐山大道进入火车北站交通的连接问题。本次研究共提出两个解决方案。方案一考虑立交桥对景观的影响，采用地通道的形式将从庐山大道西向进入火车站的交通连接起来。方案二根据目前火车北站北站场的平面及立面布置，将大型车和小汽车分离，分别用定向匝道接入不同的停车场。两方案的设计思路一致，道路线形基本相同，不同点是上跨还是下穿。具体的评价指标如表 16.4 所示。

表 16.4 F 工程方案比较

项　目	方案一：下穿	方案二：上跨与下穿结合
最小半径（m）	36	36
路线长度（m）	1 370	1 630
最大纵坡（%）	6	4.3
地通道长度（m）	95	200
桥梁长度（m）	107	1 080
道路线形	纵坡变坡频繁	好
交通组织	好	宽裕的交织段，交通流组成单一，满足交通需求
对区域交通影响	一路口需封闭	两路口需封闭
周边用地影响	占用部分火车北站西侧用地	占用部分火车北站西侧用地
景观影响	无	跨线桥有一定影响
造价（万元）	2 575	5 296
总体评价	区域交通组织好，平面线形好，对环境影响小，造价相对较低，但坡度相对较大	交通组织较顺畅，交织段较长，但对景观有一定影响

综合比较方案一和方案二，两方案优缺点明显，但方案一在工程造价和景观影响上明显比方案二好，因此，方案一为推荐方案。

16.5 G 工程

G 工程主要是解决离开火车北站交通的连接问题。本次研究只提出一个方案。该方案根据目前火车北站场的平面及立面布置，将大型车和小汽车分离，分别用定向匝道接入不同的道路。该工程的其他评价指标如表 16.5 所示。

表 16.5　G 工程方案评价指标

设计车速（km/h）	30
最小半径（m）	40
最大纵坡（%）	6.5
地通道长度（m）	300
交通组织	宽裕的交织段，交通流组成单一，满足交通需求
周边用地影响	占用火车北站东侧用地
对区域交通影响	庐山大道西向的几个路口需要封闭
景观影响	无
造价（万元）	5 221
总体评价	交通组织较顺畅，但占用一定量的周边用地

该方案交通组织较好，交通流组成单一，有利于交通运营，但该方案占用火车北站东侧用地，且回头匝道的存在致使庐山大道西向的几个路口需要封闭，对区域交通有一定的影响。

16.6　I 工程

I 工程是在现有五童立交的基础上，通过增加匝道的办法来实现立交的功能。根据现状立交的形式，考虑两个方案。方案一为桥梁方案，其整体思路是立交的改造尽量不影响现有道路的运营，尽量充分利用预留的绿地，控制工程建安费，同时又能满足交通的需求。方案二为桥梁和隧道相结合的方案，其思路是尽量减少工程占地面积，减少道路的整体长度，满足交通的需求。

鉴于该工程与内环高速路相接，本方案将对两个方案的立交位置、立交形式及对内环高速路的影响作统一评估。

I 工程位于虾子蝙立交与东环立交之间，共包含 A、B、C、D、E 5 条匝道。其中，D 与 E 匝道直接与内环路相接。在 I 工程 D 匝道方向，上游距离虾子蝙立交进口匝道末端 290 m，在其下游，距离五童立交匝道出口始端约 500 m；在 E 匝道同方向，上游距离五童立交匝道出口始端约 460 m，下游距离虾子蝙立交出口匝道末端约 220 m。

根据交通部颁布的《公路路线设计规范》（JTG D20—2006）对高速公路相邻出入口最小间距的规定，当主线设计时速为 80 km/h 时，主线上的出入口一般最小间距为 150 m。因此，I 工程匝道的位置满足规范要求。

根据交通预测及交通分析，I 工程的 D 匝道中期（2020 年）及远期（2030 年）的交通流量分别为 380 pcu/h 和 501 pcu/h，其 v/c 分别为 0.30 和 0.40。I 工程的 E 匝道与 A 匝道汇合后，其中期（2020 年）及远期（2030 年）的交通流量分别为 1 093 pcu/h 和 1 232 pcu/h，其 v/c 分别为 0.87 和 0.98。在此路段，若不建该匝道，2030 年的背景服务水平也将为 D。也就是说，该匝道的建设并没有改变该段的远期服务水平。根据重庆市《城市道路交通规划及路线设计规范》对道路服务等级的定义，在设计年限末期，相应的服务水平为 A 和 D，满足道路设计服务水平的要求。

I 工程所在内环路五童立交路段，根据重庆市城市交通规划研究所编制的《内环快速路新增立交控制规划》，在单向增加一条车道（即四车道）的情况下，在 2020 年及 2030 年，其服务水平为 C。I 工程建成后，其路段服务水平仍然为 C。为验证以上分析结果，利用微观仿真模型 VisSim 验证，推荐方案交通模拟如图 16.3 所示。

图 16.3　I 工程交通模拟

方案一的优点是：解决了火车北站、金童路方向与内环高速路及五里店方向往返车流的通行，立交的识别性较好，利用现状内环高速路及匝道，改造程度较轻，施工时对现状路车辆通行的影响较小。缺点是：因为立交的 C 匝道为上跨庐山大道和环线平交口，最后与庐山大道顺接，所以需要对已设计的庐山大道进行局部调整。

方案二的优点是：立交占地规模较小，且对已设计的庐山大道及环线无影响。缺点是：整个立交由于较紧凑，纵断面标准较低，且 A、C 匝道由于南侧铁路桥位置的限制，识别性不高；立交包含两个上跨桥和一个下穿隧道，造价较高。该工程的其他评价指标如表 16.6 所示。

表 16.6　Ⅰ工程方案比较

项　目	方案一：上跨	方案二：下穿
形式定位	部分互通	部分互通
层数	2	3
匝道数	6	6
匝道线形	较好	纵坡标准低
交通运营	识别性较好	A、C 匝道识别性不高
立交占地（m²）	114 000	72 000
桥梁面积（m²）	8 130	15 919
造价（万元）	6 926	8 784.5
施工难度	容易	较大
总体评价	立交的识别性较好，利用现状内环高速路及匝道，改造程度较轻，施工时对现状路车辆通行影响较小，缺点是占地面积稍大	立交占地规模较小，纵断面标准较低，且 A、C 匝道识别性不高；立交下穿现状匝道，施工影响大，工程风险性较高，造价较高

　　综上所述，上跨方案立交的识别性较好，可以利用现状内环高速路及匝道，改造程度较轻，施工时对现状路车辆通行的影响也较小，但占地面积稍大。下穿方案立交占地规模较小，但纵断面标准较低，且 A、C 匝道识别性不高，立交下穿现状匝道，施工影响大，工程风险性较高，造价也较高。因此，推荐方案一，即上跨方案。

16.7　推荐方案及建议

　　本项目在作方案评价时，没有根据前述章节中提到的立交群评价方法来计算并决策。其原因是在工程实践中，一般建设方和政府管理部门都有比较明确的优选标准和顺序，因此在作方案推荐时，倾向性比较明确，无须做复杂的建模计算。根据前述比较分析，本项目各节点推荐方案如下：

（1）推荐方案

各节点推荐方案详见图 16.4。

① A 工程：推荐与金童南路（D 工程）在地面接入的方案二。

② C 工程：推荐先下穿再上跨的方案一。

③ D 工程：推荐在地面平交的方案二。

④ F 工程：推荐下穿接入的方案一。

⑤ G 工程：仅一个方案。

⑥ I 工程：推荐上跨方案一。

（2）建议

①本项目周边为已经建成使用的内环快速路和机场路，由于方案中部分匝道需要下穿已运营使用的内环路及机场路，施工难度较大，施工时应做好施工期间交通组织设计。

②由于 C 工程和相距不远的金童南路都有一个下穿匝道下穿内环路和机场路，两个隧道的施工宜同时进行，以减少施工期间的措施费以及对内环路和机场路的正常运营影响时间。

图 16.4　重庆火车北站北站场立交群推荐方案

附　录

附录 1 立交群交通组织方案

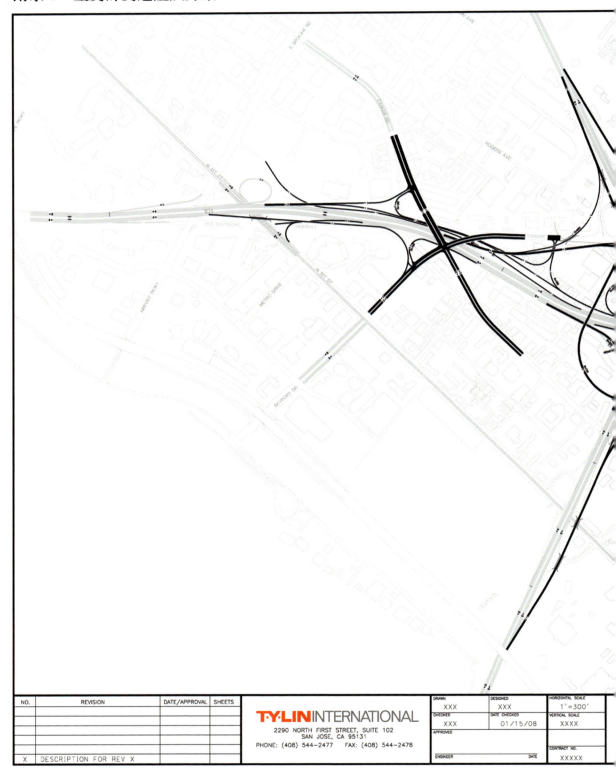

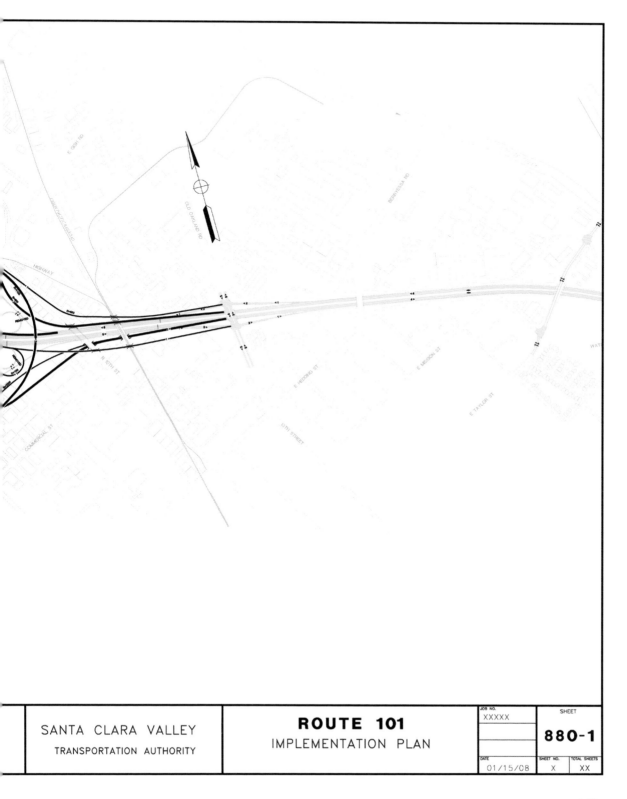

	ROUTE 101	JOB NO. XXXXX	SHEET
SANTA CLARA VALLEY	IMPLEMENTATION PLAN		**880-1**
TRANSPORTATION AUTHORITY		DATE 01/15/08	SHEET NO. X / TOTAL SHEETS XX

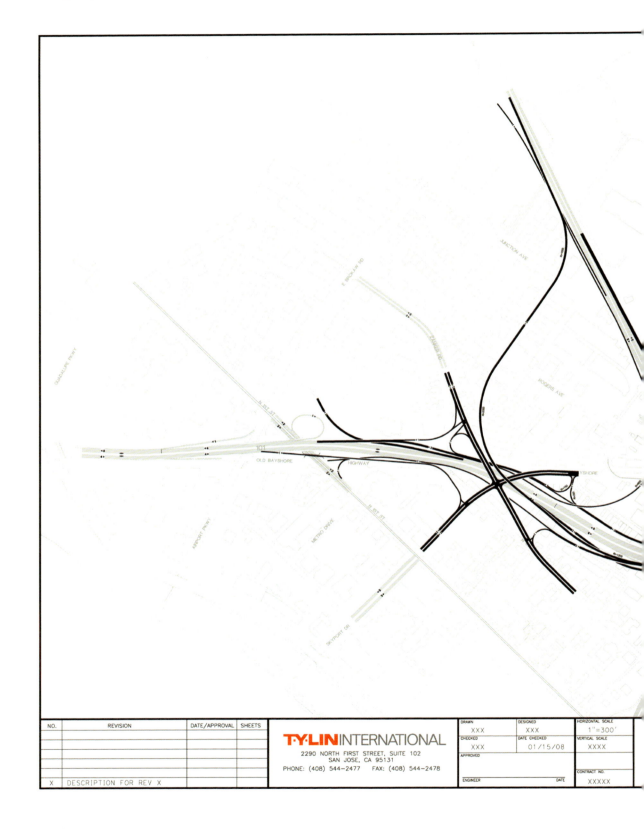

NO.	REVISION	DATE/APPROVAL	SHEETS
X	DESCRIPTION FOR REV X		

T·Y·LIN INTERNATIONAL
2290 NORTH FIRST STREET, SUITE 102
SAN JOSE, CA 95131
PHONE: (408) 544-2477   FAX: (408) 544-2478

DRAWN	DESIGNED	HORIZONTAL SCALE
XXX	XXX	1"=300'
CHECKED	DATE CHECKED	VERTICAL SCALE
XXX	01/15/08	XXXX
APPROVED		
ENGINEER	DATE	CONTRACT NO.
		XXXXX

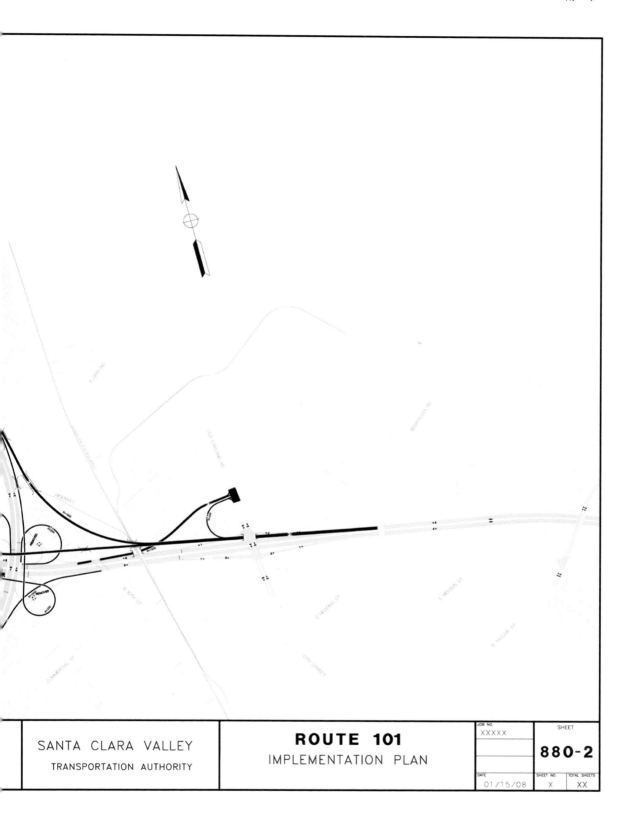

SANTA CLARA VALLEY TRANSPORTATION AUTHORITY	ROUTE 101 IMPLEMENTATION PLAN	JOB NO. XXXXX	SHEET 880-2
		DATE 01/15/08	SHEET NO. X TOTAL SHEETS XX

NO.	REVISION	DATE/APPROVAL	SHEETS
X	DESCRIPTION FOR REV X		

T·Y·LIN INTERNATIONAL
2290 NORTH FIRST STREET, SUITE 102
SAN JOSE, CA 95131
PHONE: (408) 544-2477   FAX: (408) 544-2478

DRAWN	DESIGNED	HORIZONTAL SCALE
XXX	XXX	1"=300'
CHECKED	DATE CHECKED	VERTICAL SCALE
XXX	01/15/08	XXXX
APPROVED		
		CONTRACT NO.
ENGINEER	DATE	XXXXX

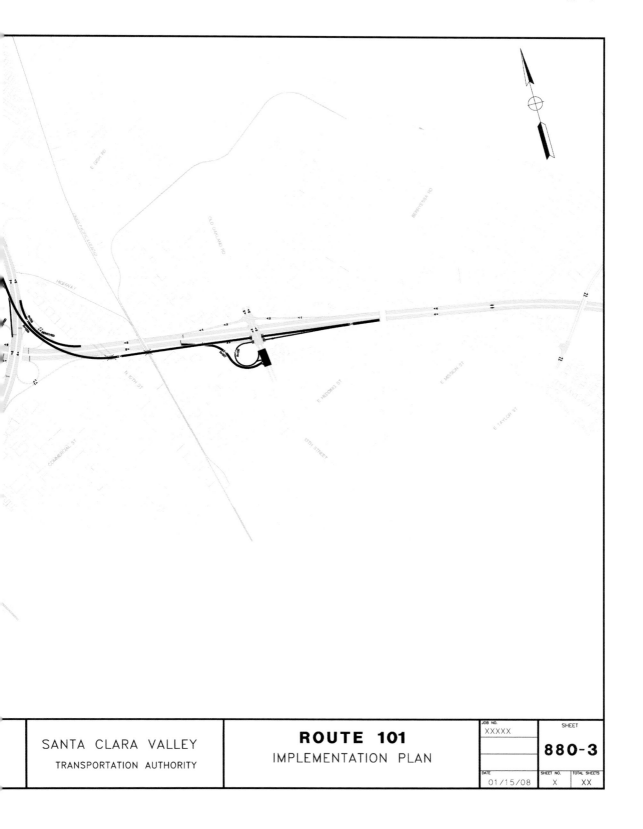

| SANTA CLARA VALLEY | ROUTE 101 | JOB NO. XXXXX | SHEET |
| TRANSPORTATION AUTHORITY | IMPLEMENTATION PLAN | | 880-3 |

| DATE | SHEET NO. | TOTAL SHEETS |
| 01/15/08 | X | XX |

附录 2 Zanker Rd. 节点立交方案

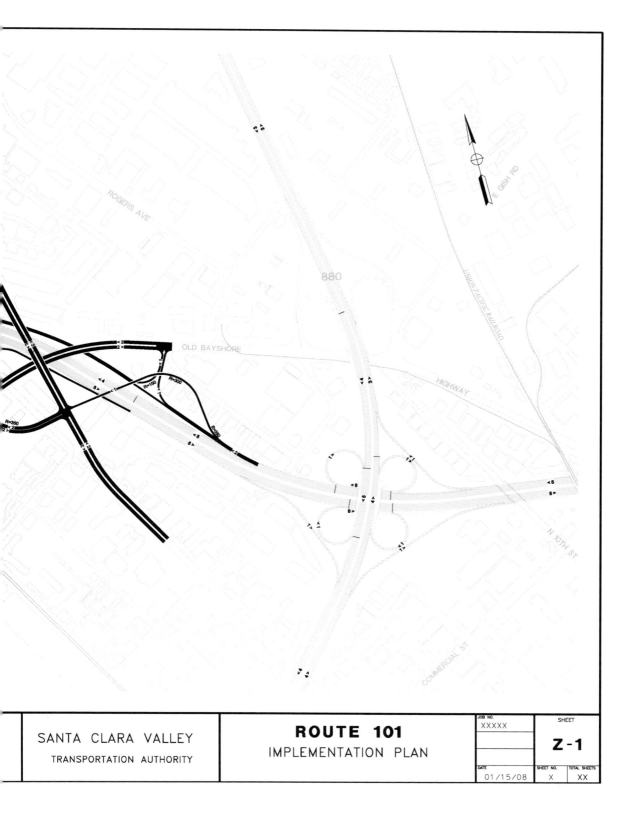

ROGERS AVE

880

OLD BAYSHORE

E GISH RD

UNION PACIFIC RAILROAD

HIGHWAY

N 10TH ST

COMMERCIAL ST

R=150 R=300

R=360

SANTA CLARA VALLEY TRANSPORTATION AUTHORITY	ROUTE 101 IMPLEMENTATION PLAN	JOB NO. XXXXX	SHEET Z-1
		DATE 01/15/08	SHEET NO. X / TOTAL SHEETS XX

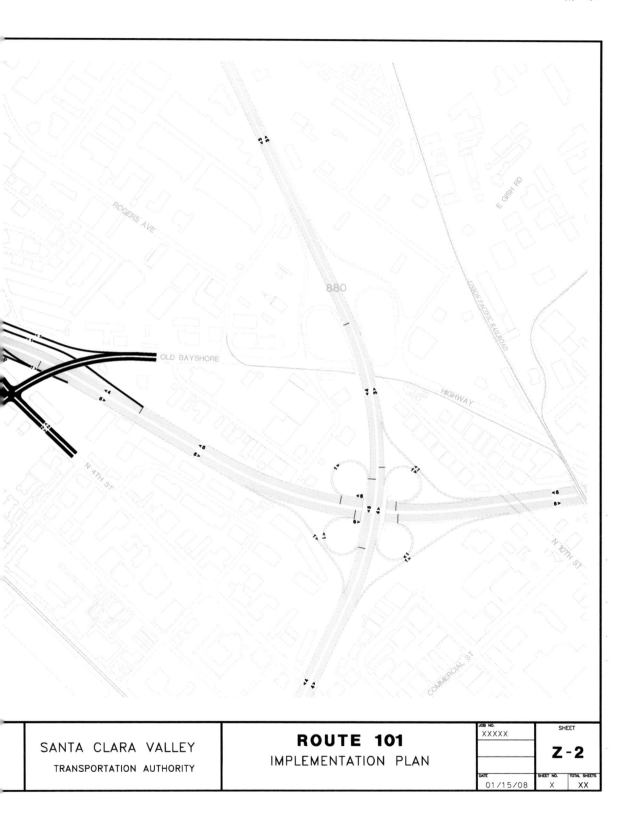

SANTA CLARA VALLEY
TRANSPORTATION AUTHORITY

ROUTE 101
IMPLEMENTATION PLAN

JOB NO. XXXXX	SHEET
	Z-2
DATE 01/15/08	SHEET NO. X / TOTAL SHEETS XX

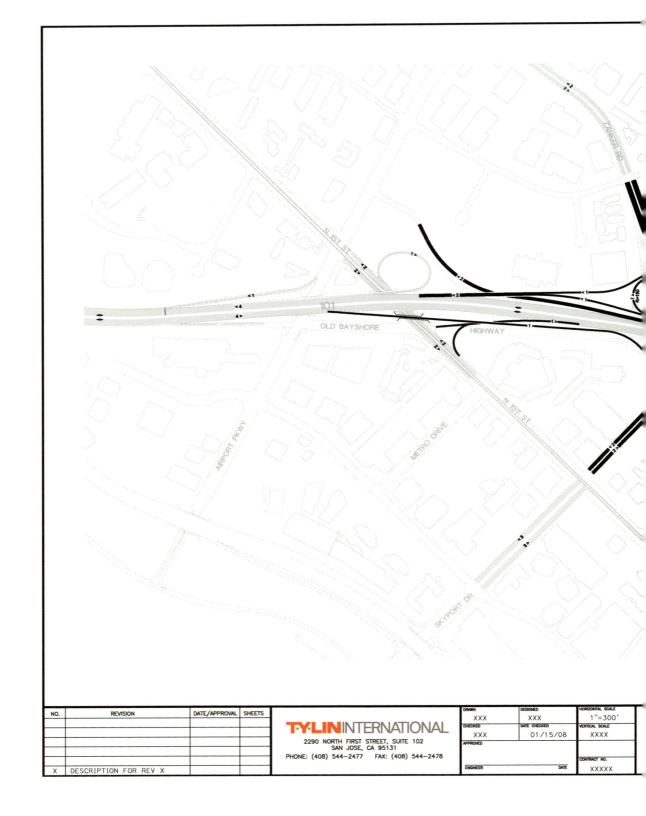

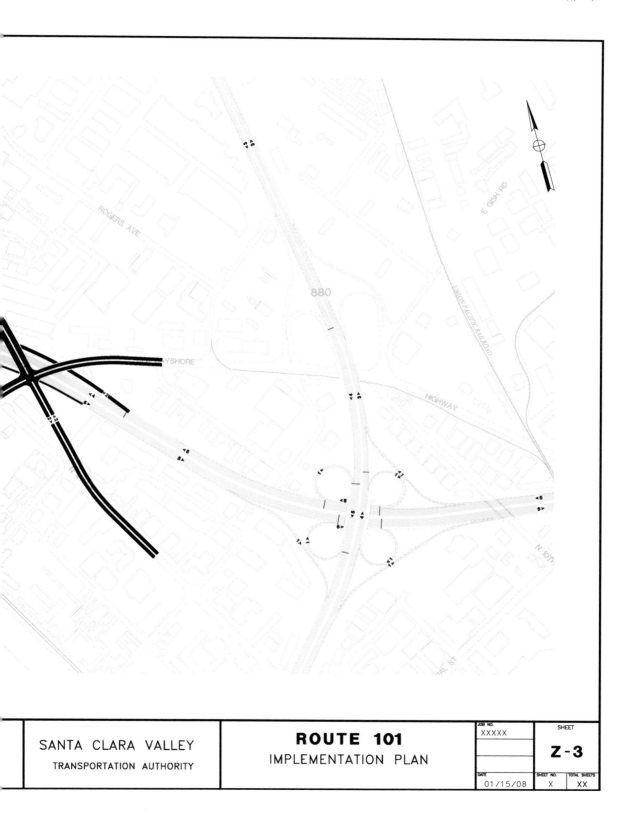

SANTA CLARA VALLEY
TRANSPORTATION AUTHORITY

ROUTE 101
IMPLEMENTATION PLAN

JOB NO. XXXXX	SHEET **Z-3**
DATE 01/15/08	SHEET NO. X / TOTAL SHEETS XX

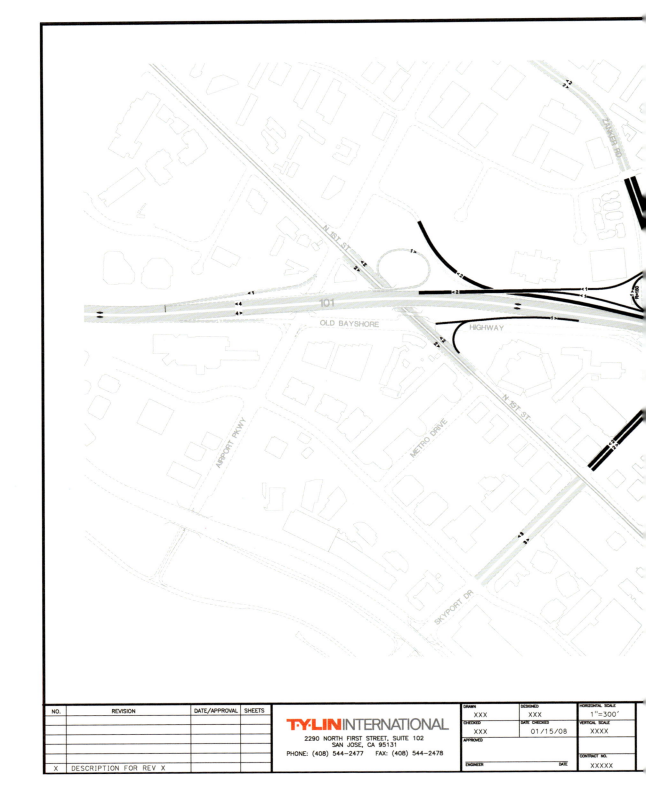

NO.	REVISION	DATE/APPROVAL	SHEETS
X	DESCRIPTION FOR REV X		

T·Y·LIN INTERNATIONAL

2290 NORTH FIRST STREET, SUITE 102
SAN JOSE, CA 95131
PHONE: (408) 544-2477   FAX: (408) 544-2478

DRAWN	DESIGNED	HORIZONTAL SCALE
XXX	XXX	1"=300'
CHECKED	DATE CHECKED	VERTICAL SCALE
XXX	01/15/08	XXXX
APPROVED		
ENGINEER	DATE	CONTRACT NO.
		XXXXX

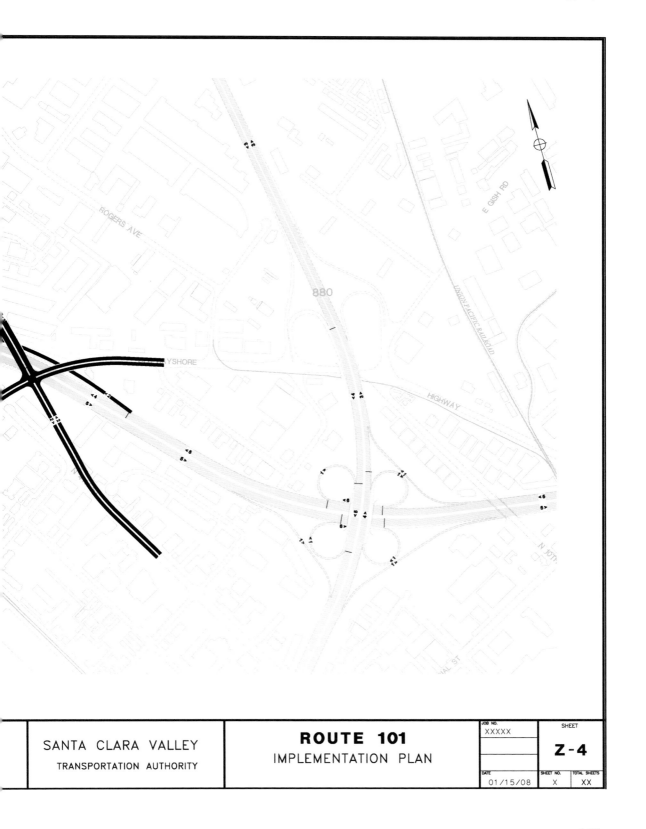

SANTA CLARA VALLEY
TRANSPORTATION AUTHORITY

ROUTE 101
IMPLEMENTATION PLAN

JOB NO. XXXXX	SHEET
	Z-4

| DATE 01/15/08 | SHEET NO. X | TOTAL SHEETS XX |

附录3　交通分析结果节选

Lanes and Geometrics
5: 1#路 & D路

龙头寺火车站　2020年Build

Lane Group	EBL	EBT	EBR	WBL	WBT	WBR	NBL	NBT	NBR	SBL	SBT	SBR
Lane Configurations		↑↑	↗		↑↑	↗	↗	↑↑	↗	↗	↑↑↑↑	↗
Ideal Flow (vphpl)	1900	1900	1900	1900	1900	1900	1900	1900	1900	1900	1900	1900
Lane Width (m)	3.6	3.6	3.6	3.6	3.6	3.6	3.6	3.6	3.6	3.6	3.6	3.6
Grade (%)		0%			0%			0%			0%	
Storage Length (m)	0.0		0.0	0.0		0.0	0.0		0.0	0.0		0.0
Storage Lanes	0		1	0		1	1		1	1		1
Total Lost Time (s)	4.0	4.0	4.0	4.0	4.0	4.0	4.0	4.0	4.0	4.0	4.0	4.0
Leading Detector (m)		15.0	15.0		15.0	15.0	15.0	15.0	15.0	15.0	15.0	15.0
Trailing Detector (m)		0.0	0.0		0.0	0.0	0.0	0.0	0.0	0.0	0.0	0.0
Turning Speed (k/h)	25		15	25		15	25		15	25		15
Lane Util. Factor	1.00	0.95	1.00	1.00	0.95	1.00	1.00	0.95	1.00	1.00	0.86	1.00
Ped Bike Factor												
Frt			0.850			0.850			0.850			0.850
Flt Protected							0.950			0.950		
Satd. Flow (prot)	0	3610	1615	0	3610	1615	1805	3610	1615	1805	6536	1615
Flt Permitted							0.950			0.950		
Satd. Flow (perm)	0	3610	1615	0	3610	1615	1805	3610	1615	1805	6536	1615
Right Turn on Red			Yes			Yes			Yes			Yes
Satd. Flow (RTOR)			304			271			95			142
Headway Factor	1.00	1.00	1.00	1.00	1.00	1.00	1.00	1.00	1.00	1.00	1.00	1.00
Link Speed (k/h)		50			50			50			50	
Link Distance (m)		182.2			164.7			109.4			311.3	
Travel Time (s)		13.1			11.9			7.9			22.4	
Intersection Summary												
Area Type:	Other											

Volume
5: 1#路 & D路

龙头寺火车站　2020年Build

Lane Group	EBL	EBT	EBR	WBL	WBT	WBR	NBL	NBT	NBR	SBL	SBT	SBR
Volume (vph)	0	690	280	0	710	249	118	951	178	138	1330	312
Confl. Peds. (#/hr)												
Confl. Bikes (#/hr)												
Peak Hour Factor	0.92	0.92	0.92	0.92	0.92	0.92	0.92	0.92	0.92	0.92	0.92	0.92
Growth Factor	100%	100%	100%	100%	100%	100%	100%	100%	100%	100%	100%	100%
Heavy Vehicles (%)	0%	0%	0%	0%	0%	0%	0%	0%	0%	0%	0%	0%
Bus Blockages (#/hr)	0	0	0	0	0	0	0	0	0	0	0	0
Parking (#/hr)												
Mid-Block Traffic (%)		0%			0%			0%			0%	
Adj. Flow (vph)	0	750	304	0	772	271	128	1034	193	150	1446	339
Lane Group Flow (vph)	0	750	304	0	772	271	128	1034	193	150	1446	339
Intersection Summary												

Timings
5: 1#路 & D路

Lane Group	EBT	EBR	WBT	WBR	NBL	NBT	NBR	SBL	SBT	SBR
Lane Configurations	↑↑	↗	↑↑	↗	↖	↑↑	↗	↖	↑↑↑↑	↗
Volume (vph)	690	280	710	249	118	951	178	138	1330	312
Turn Type		Perm		Perm	Prot		Perm	Prot		Perm
Protected Phases	4		8		5	2		1	6	
Permitted Phases		4		8			2			6
Detector Phases	4	4	8	8	5	2	2	1	6	6
Minimum Initial (s)	4.0	4.0	4.0	4.0	4.0	4.0	4.0	4.0	4.0	4.0
Minimum Split (s)	20.0	20.0	20.0	20.0	8.0	20.0	20.0	8.0	20.0	20.0
Total Split (s)	20.0	20.0	20.0	20.0	13.0	24.0	24.0	11.0	22.0	22.0
Total Split (%)	36.4%	36.4%	36.4%	36.4%	23.6%	43.6%	43.6%	20.0%	40.0%	40.0%
Yellow Time (s)	3.5	3.5	3.5	3.5	3.5	3.5	3.5	3.5	3.5	3.5
All-Red Time (s)	0.5	0.5	0.5	0.5	0.5	0.5	0.5	0.5	0.5	0.5
Lead/Lag					Lead	Lag	Lag	Lead	Lag	Lag
Lead-Lag Optimize?					Yes	Yes	Yes	Yes	Yes	Yes
Recall Mode	None	None	None	None	None	C-Max	C-Max	None	C-Max	C-Max
Act Effct Green (s)	15.2	15.2	15.2	15.2	8.1	23.0	23.0	6.8	21.6	21.6
Actuated g/C Ratio	0.28	0.28	0.28	0.28	0.15	0.42	0.42	0.12	0.39	0.39
v/c Ratio	0.75	0.46	0.77	0.42	0.48	0.69	0.26	0.67	0.56	0.47
Control Delay	23.4	4.9	24.2	4.8	27.8	17.7	7.9	40.6	15.4	11.1
Queue Delay	0.0	0.0	0.0	0.0	0.0	0.0	0.0	0.0	0.0	0.0
Total Delay	23.4	4.9	24.2	4.8	27.8	17.7	7.9	40.6	15.4	11.1
LOS	C	A	C	A	C	B	A	D	B	B
Approach Delay	18.0		19.2			17.3			16.6	
Approach LOS	B		B			B			B	

Intersection Summary

Cycle Length: 55
Actuated Cycle Length: 55
Offset: 0 (0%), Referenced to phase 2:NBT and 6:SBT, Start of Green
Natural Cycle: 55
Control Type: Actuated-Coordinated
Maximum v/c Ratio: 0.77
Intersection Signal Delay: 17.5　　　　Intersection LOS: B
Intersection Capacity Utilization 63.6%　　　ICU Level of Service B
Analysis Period (min) 15

Splits and Phases:　5: 1#路 & D路

↙ ?	↑ ?	→ ?
11 s	24 s	20 s

↖ ?	↓ ?	← ?
13 s	22 s	20 s

Phasings
5: 1#路 & D路

Lane Group	EBT	EBR	WBT	WBR	NBL	NBT	NBR	SBL	SBT	SBR
Protected Phases	4		8		5	2		1	6	
Permitted Phases		4		8			2			6
Minimum Initial (s)	4.0	4.0	4.0	4.0	4.0	4.0	4.0	4.0	4.0	4.0
Minimum Split (s)	20.0	20.0	20.0	20.0	8.0	20.0	20.0	8.0	20.0	20.0
Total Split (s)	20.0	20.0	20.0	20.0	13.0	24.0	24.0	11.0	22.0	22.0
Total Split (%)	36.4%	36.4%	36.4%	36.4%	23.6%	43.6%	43.6%	20.0%	40.0%	40.0%
Maximum Green (s)	16.0	16.0	16.0	16.0	9.0	20.0	20.0	7.0	18.0	18.0
Yellow Time (s)	3.5	3.5	3.5	3.5	3.5	3.5	3.5	3.5	3.5	3.5
All-Red Time (s)	0.5	0.5	0.5	0.5	0.5	0.5	0.5	0.5	0.5	0.5
Lead/Lag					Lead	Lag	Lag	Lead	Lag	Lag
Lead-Lag Optimize?					Yes	Yes	Yes	Yes	Yes	Yes
Vehicle Extension (s)	3.0	3.0	3.0	3.0	3.0	3.0	3.0	3.0	3.0	3.0
Minimum Gap (s)	3.0	3.0	3.0	3.0	3.0	3.0	3.0	3.0	3.0	3.0
Time Before Reduce (s)	0.0	0.0	0.0	0.0	0.0	0.0	0.0	0.0	0.0	0.0
Time To Reduce (s)	0.0	0.0	0.0	0.0	0.0	0.0	0.0	0.0	0.0	0.0
Recall Mode	None	None	None	None	None	C-Max	C-Max	None	C-Max	C-Max
Walk Time (s)	5.0	5.0	5.0	5.0		5.0	5.0		5.0	5.0
Flash Dont Walk (s)	11.0	11.0	11.0	11.0		11.0	11.0		11.0	11.0
Pedestrian Calls (#/hr)	0	0	0	0		0	0		0	0
90th %ile Green (s)	16.0	16.0	16.0	16.0	9.0	20.0	20.0	7.0	18.0	18.0
90th %ile Term Code	Max	Max	Max	Max	Max	Coord	Coord	Max	Coord	Coord
70th %ile Green (s)	16.0	16.0	16.0	16.0	9.0	20.0	20.0	7.0	18.0	18.0
70th %ile Term Code	Max	Max	Max	Max	Max	Coord	Coord	Max	Coord	Coord
50th %ile Green (s)	16.0	16.0	16.0	16.0	9.0	20.0	20.0	7.0	18.0	18.0
50th %ile Term Code	Max	Max	Max	Max	Max	Coord	Coord	Max	Coord	Coord
30th %ile Green (s)	16.0	16.0	16.0	16.0	7.7	20.0	20.0	7.0	19.3	19.3
30th %ile Term Code	Max	Max	Max	Max	Gap	Coord	Coord	Max	Coord	Coord
10th %ile Green (s)	12.2	12.2	12.2	12.2	0.0	34.8	34.8	0.0	34.8	34.8
10th %ile Term Code	Hold	Hold	Gap	Gap	Skip	Coord	Coord	Skip	Coord	Coord

Intersection Summary

Cycle Length: 55
Actuated Cycle Length: 55
Offset: 0 (0%), Referenced to phase 2:NBT and 6:SBT, Start of Green
Control Type: Actuated-Coordinated

Queues
5: 1#路 & D路

Lane Group	EBT	EBR	WBT	WBR	NBL	NBT	NBR	SBL	SBT	SBR
Lane Group Flow (vph)	750	304	772	271	128	1034	193	150	1446	339
v/c Ratio	0.75	0.46	0.77	0.42	0.48	0.69	0.26	0.67	0.56	0.47
Control Delay	23.4	4.9	24.2	4.8	27.8	17.7	7.9	40.6	15.4	11.1
Queue Delay	0.0	0.0	0.0	0.0	0.0	0.0	0.0	0.0	0.0	0.0
Total Delay	23.4	4.9	24.2	4.8	27.8	17.7	7.9	40.6	15.4	11.1
Queue Length 50th (m)	36.6	0.0	38.0	0.0	12.3	49.1	6.8	15.3	37.2	15.5
Queue Length 95th (m)	53.6	14.7	55.4	14.0	26.0	#70.5	18.7	#37.9	48.1	36.4
Internal Link Dist (m)	158.2		140.7			85.4			287.3	
Turn Bay Length (m)										
Base Capacity (vph)	1050	685	1050	662	295	1507	730	230	2569	721
Starvation Cap Reductn	0	0	0	0	0	5	0	0	0	0
Spillback Cap Reductn	0	0	0	0	0	0	0	0	0	0
Storage Cap Reductn	0	0	0	0	0	0	0	0	0	0
Reduced v/c Ratio	0.71	0.44	0.74	0.41	0.43	0.69	0.26	0.65	0.56	0.47

Intersection Summary

\# 95th percentile volume exceeds capacity, queue may be longer.

Queue shown is maximum after two cycles.

HCM Signalized Intersection Capacity Analysis
5: 1#路 & D路

龙头寺火车站 2020年Build

Movement	EBL	EBT	EBR	WBL	WBT	WBR	NBL	NBT	NBR	SBL	SBT	SBR
Lane Configurations		↟↟	↗		↟↟	↗	↖	↟↟	↗	↖	↟↟↟↟	↗
Ideal Flow (vphpl)	1900	1900	1900	1900	1900	1900	1900	1900	1900	1900	1900	1900
Total Lost time (s)		4.0	4.0		4.0	4.0	4.0	4.0	4.0	4.0	4.0	4.0
Lane Util. Factor		0.95	1.00		0.95	1.00	1.00	0.95	1.00	1.00	0.86	1.00
Frt		1.00	0.85		1.00	0.85	1.00	1.00	0.85	1.00	1.00	0.85
Flt Protected		1.00	1.00		1.00	1.00	0.95	1.00	1.00	0.95	1.00	1.00
Satd. Flow (prot)		3610	1615		3610	1615	1805	3610	1615	1805	6536	1615
Flt Permitted		1.00	1.00		1.00	1.00	0.95	1.00	1.00	0.95	1.00	1.00
Satd. Flow (perm)		3610	1615		3610	1615	1805	3610	1615	1805	6536	1615
Volume (vph)	0	690	280	0	710	249	118	951	178	138	1330	312
Peak-hour factor, PHF	0.92	0.92	0.92	0.92	0.92	0.92	0.92	0.92	0.92	0.92	0.92	0.92
Adj. Flow (vph)	0	750	304	0	772	271	128	1034	193	150	1446	339
RTOR Reduction (vph)	0	0	220	0	0	196	0	0	57	0	0	88
Lane Group Flow (vph)	0	750	84	0	772	75	128	1034	136	150	1446	251
Heavy Vehicles (%)	0%	0%	0%	0%	0%	0%	0%	0%	0%	0%	0%	0%
Turn Type			Perm			Perm	Prot		Perm	Prot		Perm
Protected Phases		4			8		5	2		1	6	
Permitted Phases			4			8			2			6
Actuated Green, G (s)		15.2	15.2		15.2	15.2	6.9	22.2	22.2	5.6	20.9	20.9
Effective Green, g (s)		15.2	15.2		15.2	15.2	6.9	22.2	22.2	5.6	20.9	20.9
Actuated g/C Ratio		0.28	0.28		0.28	0.28	0.13	0.40	0.40	0.10	0.38	0.38
Clearance Time (s)		4.0	4.0		4.0	4.0	4.0	4.0	4.0	4.0	4.0	4.0
Vehicle Extension (s)		3.0	3.0		3.0	3.0	3.0	3.0	3.0	3.0	3.0	3.0
Lane Grp Cap (vph)		998	446		998	446	226	1457	652	184	2484	614
v/s Ratio Prot		0.21			c0.21		0.07	c0.29		c0.08	0.22	
v/s Ratio Perm			0.05			0.05			0.08			0.16
v/c Ratio		0.75	0.19		0.77	0.17	0.57	0.71	0.21	0.82	0.58	0.41
Uniform Delay, d1		18.2	15.2		18.3	15.1	22.6	13.7	10.7	24.2	13.6	12.5
Progression Factor		1.00	1.00		1.00	1.00	1.00	1.00	1.00	1.00	1.00	1.00
Incremental Delay, d2		3.2	0.2		3.8	0.2	3.2	3.0	0.7	23.4	1.0	2.0
Delay (s)		21.4	15.4		22.1	15.3	25.9	16.7	11.4	47.6	14.6	14.5
Level of Service		C	B		C	B	C	B	B	D	B	B
Approach Delay (s)		19.7			20.3			16.8			17.1	
Approach LOS		B			C			B			B	

Intersection Summary				
HCM Average Control Delay	18.2	HCM Level of Service	B
HCM Volume to Capacity ratio	0.68		
Actuated Cycle Length (s)	55.0	Sum of lost time (s)	8.0
Intersection Capacity Utilization	63.6%	ICU Level of Service	B
Analysis Period (min)	15		

c   Critical Lane Group

Lanes and Geometrics
5: 1#路 & D路

龙头寺火车站　2030年Build

Lane Group	EBL	EBT	EBR	WBL	WBT	WBR	NBL	NBT	NBR	SBL	SBT	SBR
Lane Configurations		↟↟	↱		↟↟	↱	↳	↟↟	↱	↳	↟↟↟↟	↱
Ideal Flow (vphpl)	1900	1900	1900	1900	1900	1900	1900	1900	1900	1900	1900	1900
Lane Width (m)	3.6	3.6	3.6	3.6	3.6	3.6	3.6	3.6	3.6	3.6	3.6	3.6
Grade (%)		0%			0%			0%			0%	
Storage Length (m)	0.0		0.0	0.0		0.0	0.0		0.0	0.0		0.0
Storage Lanes	0		1	0		1	1		1	1		1
Total Lost Time (s)	4.0	4.0	4.0	4.0	4.0	4.0	4.0	4.0	4.0	4.0	4.0	4.0
Leading Detector (m)		15.0	15.0		15.0	15.0	15.0	15.0	15.0	15.0	15.0	15.0
Trailing Detector (m)		0.0	0.0		0.0	0.0	0.0	0.0	0.0	0.0	0.0	0.0
Turning Speed (k/h)	25		15	25		15	25		15	25		15
Lane Util. Factor	1.00	0.95	1.00	1.00	0.95	1.00	1.00	0.95	1.00	1.00	0.86	1.00
Ped Bike Factor												
Frt			0.850			0.850			0.850			0.850
Flt Protected							0.950			0.950		
Satd. Flow (prot)	0	3610	1615	0	3610	1615	1805	3610	1615	1805	6536	1615
Flt Permitted							0.950			0.950		
Satd. Flow (perm)	0	3610	1615	0	3610	1615	1805	3610	1615	1805	6536	1615
Right Turn on Red			Yes			Yes			Yes			Yes
Satd. Flow (RTOR)			285			298			77			93
Headway Factor	1.00	1.00	1.00	1.00	1.00	1.00	1.00	1.00	1.00	1.00	1.00	1.00
Link Speed (k/h)		50			50			50			50	
Link Distance (m)		182.2			164.7			109.4			311.3	
Travel Time (s)		13.1			11.9			7.9			22.4	

Intersection Summary

Area Type:　　　　Other

Volume
5: 1#路 & D路

龙头寺火车站　2030年Build

Lane Group	EBL	EBT	EBR	WBL	WBT	WBR	NBL	NBT	NBR	SBL	SBT	SBR
Volume (vph)	0	770	300	0	780	280	130	976	242	150	1470	367
Confl. Peds. (#/hr)												
Confl. Bikes (#/hr)												
Peak Hour Factor	0.92	0.92	0.92	0.92	0.92	0.92	0.92	0.92	0.92	0.92	0.92	0.92
Growth Factor	100%	100%	100%	100%	100%	100%	100%	100%	100%	100%	100%	100%
Heavy Vehicles (%)	0%	0%	0%	0%	0%	0%	0%	0%	0%	0%	0%	0%
Bus Blockages (#/hr)	0	0	0	0	0	0	0	0	0	0	0	0
Parking (#/hr)												
Mid-Block Traffic (%)		0%			0%			0%			0%	
Adj. Flow (vph)	0	837	326	0	848	304	141	1061	263	163	1598	399
Lane Group Flow (vph)	0	837	326	0	848	304	141	1061	263	163	1598	399

Intersection Summary

Timings
5: 1#路 & D路

Lane Group	EBT	EBR	WBT	WBR	NBL	NBT	NBR	SBL	SBT	SBR
Lane Configurations	↟↟	↗	↟↟	↗	↰	↟↟	↗	↰	↟↟↟↟	↗
Volume (vph)	770	300	780	280	130	976	242	150	1470	367
Turn Type		Perm		Perm	Prot		Perm	Prot		Perm
Protected Phases	4		8		5	2		1	6	
Permitted Phases		4		8			2			6
Detector Phases	4	4	8	8	5	2	2	1	6	6
Minimum Initial (s)	4.0	4.0	4.0	4.0	4.0	4.0	4.0	4.0	4.0	4.0
Minimum Split (s)	20.0	20.0	20.0	20.0	8.0	20.0	20.0	8.0	20.0	20.0
Total Split (s)	20.0	20.0	20.0	20.0	11.0	24.0	24.0	11.0	24.0	24.0
Total Split (%)	36.4%	36.4%	36.4%	36.4%	20.0%	43.6%	43.6%	20.0%	43.6%	43.6%
Yellow Time (s)	3.5	3.5	3.5	3.5	3.5	3.5	3.5	3.5	3.5	3.5
All-Red Time (s)	0.5	0.5	0.5	0.5	0.5	0.5	0.5	0.5	0.5	0.5
Lead/Lag					Lead	Lag	Lag	Lead	Lag	Lag
Lead-Lag Optimize?					Yes	Yes	Yes	Yes	Yes	Yes
Recall Mode	None	None	None	None	None	C-Max	C-Max	None	C-Max	C-Max
Act Effct Green (s)	15.7	15.7	15.7	15.7	6.8	22.5	22.5	6.9	22.5	22.5
Actuated g/C Ratio	0.29	0.29	0.29	0.29	0.12	0.41	0.41	0.13	0.41	0.41
v/c Ratio	0.81	0.49	0.82	0.45	0.63	0.72	0.37	0.72	0.60	0.56
Control Delay	26.3	6.4	26.9	5.0	37.9	18.6	10.9	44.5	14.7	14.2
Queue Delay	0.0	0.0	0.0	0.0	0.0	0.0	0.0	0.0	0.0	0.0
Total Delay	26.3	6.4	26.9	5.0	37.9	18.6	10.9	44.5	14.7	14.2
LOS	C	A	C	A	D	B	B	D	B	B
Approach Delay	20.7		21.2			19.1			16.9	
Approach LOS	C		C			B			B	

Intersection Summary
Cycle Length: 55
Actuated Cycle Length: 55
Offset: 0 (0%), Referenced to phase 2:NBT and 6:SBT, Start of Green
Natural Cycle: 55
Control Type: Actuated-Coordinated
Maximum v/c Ratio: 0.82
Intersection Signal Delay: 19.0   Intersection LOS: B
Intersection Capacity Utilization 66.9%   ICU Level of Service C
Analysis Period (min) 15

Splits and Phases: 5: 1#路 & D路

↖ ?	↑ ?	→ ?
11 s	24 s	20 s

↖ ?	↓ ?	← ?
11 s	24 s	20 s

Phasings
5: 1#路 & D路

Lane Group	EBT	EBR	WBT	WBR	NBL	NBT	NBR	SBL	SBT	SBR
Protected Phases	4		8		5	2		1	6	
Permitted Phases		4		8			2			6
Minimum Initial (s)	4.0	4.0	4.0	4.0	4.0	4.0	4.0	4.0	4.0	4.0
Minimum Split (s)	20.0	20.0	20.0	20.0	8.0	20.0	20.0	8.0	20.0	20.0
Total Split (s)	20.0	20.0	20.0	20.0	11.0	24.0	24.0	11.0	24.0	24.0
Total Split (%)	36.4%	36.4%	36.4%	36.4%	20.0%	43.6%	43.6%	20.0%	43.6%	43.6%
Maximum Green (s)	16.0	16.0	16.0	16.0	7.0	20.0	20.0	7.0	20.0	20.0
Yellow Time (s)	3.5	3.5	3.5	3.5	3.5	3.5	3.5	3.5	3.5	3.5
All-Red Time (s)	0.5	0.5	0.5	0.5	0.5	0.5	0.5	0.5	0.5	0.5
Lead/Lag					Lead	Lag	Lag	Lead	Lag	Lag
Lead-Lag Optimize?					Yes	Yes	Yes	Yes	Yes	Yes
Vehicle Extension (s)	3.0	3.0	3.0	3.0	3.0	3.0	3.0	3.0	3.0	3.0
Minimum Gap (s)	3.0	3.0	3.0	3.0	3.0	3.0	3.0	3.0	3.0	3.0
Time Before Reduce (s)	0.0	0.0	0.0	0.0	0.0	0.0	0.0	0.0	0.0	0.0
Time To Reduce (s)	0.0	0.0	0.0	0.0	0.0	0.0	0.0	0.0	0.0	0.0
Recall Mode	None	None	None	None	None	C-Max	C-Max	None	C-Max	C-Max
Walk Time (s)	5.0	5.0	5.0	5.0		5.0	5.0		5.0	5.0
Flash Dont Walk (s)	11.0	11.0	11.0	11.0		11.0	11.0		11.0	11.0
Pedestrian Calls (#/hr)	0	0	0	0		0	0		0	0
90th %ile Green (s)	16.0	16.0	16.0	16.0	7.0	20.0	20.0	7.0	20.0	20.0
90th %ile Term Code	Max	Max	Max	Max	Max	Coord	Coord	Max	Coord	Coord
70th %ile Green (s)	16.0	16.0	16.0	16.0	7.0	20.0	20.0	7.0	20.0	20.0
70th %ile Term Code	Max	Max	Max	Max	Max	Coord	Coord	Max	Coord	Coord
50th %ile Green (s)	16.0	16.0	16.0	16.0	7.0	20.0	20.0	7.0	20.0	20.0
50th %ile Term Code	Max	Max	Max	Max	Max	Coord	Coord	Max	Coord	Coord
30th %ile Green (s)	16.0	16.0	16.0	16.0	7.0	20.0	20.0	7.0	20.0	20.0
30th %ile Term Code	Max	Max	Max	Max	Max	Coord	Coord	Max	Coord	Coord
10th %ile Green (s)	14.3	14.3	14.3	14.3	0.0	32.7	32.7	0.0	32.7	32.7
10th %ile Term Code	Hold	Hold	Gap	Gap	Skip	Coord	Coord	Skip	Coord	Coord

Intersection Summary

Cycle Length: 55
Actuated Cycle Length: 55
Offset: 0 (0%), Referenced to phase 2:NBT and 6:SBT, Start of Green
Control Type: Actuated-Coordinated

Queues
5: 1#路 & D路

Lane Group	→ EBT	↘ EBR	← WBT	↙ WBR	↖ NBL	↑ NBT	↗ NBR	↘ SBL	↓ SBT	↙ SBR
Lane Group Flow (vph)	837	326	848	304	141	1061	263	163	1598	399
v/c Ratio	0.81	0.49	0.82	0.45	0.63	0.72	0.37	0.72	0.60	0.56
Control Delay	26.3	6.4	26.9	5.0	37.9	18.6	10.9	44.5	14.7	14.2
Queue Delay	0.0	0.0	0.0	0.0	0.0	0.0	0.0	0.0	0.0	0.0
Total Delay	26.3	6.4	26.9	5.0	37.9	18.6	10.9	44.5	14.7	14.2
Queue Length 50th (m)	42.0	3.1	42.7	0.5	14.3	50.9	13.6	16.7	39.6	24.6
Queue Length 95th (m)	#68.6	19.1	#70.1	15.2	#35.0	#75.8	29.7	#42.0	50.8	49.9
Internal Link Dist (m)	158.2		140.7			85.4			287.3	
Turn Bay Length (m)										
Base Capacity (vph)	1050	672	1050	681	230	1480	707	230	2679	716
Starvation Cap Reductn	0	0	0	0	0	4	0	0	0	0
Spillback Cap Reductn	0	0	0	0	0	0	0	0	0	0
Storage Cap Reductn	0	0	0	0	0	0	0	0	0	0
Reduced v/c Ratio	0.80	0.49	0.81	0.45	0.61	0.72	0.37	0.71	0.60	0.56

Intersection Summary

\# 95th percentile volume exceeds capacity, queue may be longer.

Queue shown is maximum after two cycles.

HCM Signalized Intersection Capacity Analysis
5: 1#路 & D路

龙头寺火车站　2030年Build

Movement	EBL	EBT	EBR	WBL	WBT	WBR	NBL	NBT	NBR	SBL	SBT	SBR
Lane Configurations		↟↟	↗		↟↟	↗	↖	↟↟	↗	↖	↟↟↟↟	↗
Ideal Flow (vphpl)	1900	1900	1900	1900	1900	1900	1900	1900	1900	1900	1900	1900
Total Lost time (s)		4.0	4.0		4.0	4.0	4.0	4.0	4.0	4.0	4.0	4.0
Lane Util. Factor		0.95	1.00		0.95	1.00	1.00	0.95	1.00	1.00	0.86	1.00
Frt		1.00	0.85		1.00	0.85	1.00	1.00	0.85	1.00	1.00	0.85
Flt Protected		1.00	1.00		1.00	1.00	0.95	1.00	1.00	0.95	1.00	1.00
Satd. Flow (prot)		3610	1615		3610	1615	1805	3610	1615	1805	6536	1615
Flt Permitted		1.00	1.00		1.00	1.00	0.95	1.00	1.00	0.95	1.00	1.00
Satd. Flow (perm)		3610	1615		3610	1615	1805	3610	1615	1805	6536	1615
Volume (vph)	0	770	300	0	780	280	130	976	242	150	1470	367
Peak-hour factor, PHF	0.92	0.92	0.92	0.92	0.92	0.92	0.92	0.92	0.92	0.92	0.92	0.92
Adj. Flow (vph)	0	837	326	0	848	304	141	1061	263	163	1598	399
RTOR Reduction (vph)	0	0	204	0	0	213	0	0	47	0	0	56
Lane Group Flow (vph)	0	837	122	0	848	91	141	1061	216	163	1598	343
Heavy Vehicles (%)	0%	0%	0%	0%	0%	0%	0%	0%	0%	0%	0%	0%
Turn Type			Perm			Perm	Prot		Perm	Prot		Perm
Protected Phases		4			8		5	2		1	6	
Permitted Phases			4			8			2			6
Actuated Green, G (s)		15.7	15.7		15.7	15.7	5.6	21.7	21.7	5.6	21.7	21.7
Effective Green, g (s)		15.7	15.7		15.7	15.7	5.6	21.7	21.7	5.6	21.7	21.7
Actuated g/C Ratio		0.29	0.29		0.29	0.29	0.10	0.39	0.39	0.10	0.39	0.39
Clearance Time (s)		4.0	4.0		4.0	4.0	4.0	4.0	4.0	4.0	4.0	4.0
Vehicle Extension (s)		3.0	3.0		3.0	3.0	3.0	3.0	3.0	3.0	3.0	3.0
Lane Grp Cap (vph)		1030	461		1030	461	184	1424	637	184	2579	637
v/s Ratio Prot		0.23			c0.23		0.08	c0.29		c0.09	0.24	
v/s Ratio Perm			0.08			0.06			0.13			0.21
v/c Ratio		0.81	0.27		0.82	0.20	0.77	0.75	0.34	0.89	0.62	0.54
Uniform Delay, d1		18.3	15.2		18.4	14.9	24.1	14.3	11.6	24.4	13.3	12.8
Progression Factor		1.00	1.00		1.00	1.00	1.00	1.00	1.00	1.00	1.00	1.00
Incremental Delay, d2		5.0	0.3		5.4	0.2	17.2	3.6	1.4	36.0	1.1	3.2
Delay (s)		23.3	15.5		23.8	15.1	41.3	17.9	13.1	60.4	14.5	16.0
Level of Service		C	B		C	B	D	B	B	E	B	B
Approach Delay (s)		21.1			21.5			19.3			18.2	
Approach LOS		C			C			B			B	

Intersection Summary

HCM Average Control Delay	19.7	HCM Level of Service	B
HCM Volume to Capacity ratio	0.79		
Actuated Cycle Length (s)	55.0	Sum of lost time (s)	12.0
Intersection Capacity Utilization	66.9%	ICU Level of Service	C
Analysis Period (min)	15		

c　Critical Lane Group

Lanes and Geometrics
19: 2#路 & 环路

Lane Group	EBL	EBT	EBR	WBL	WBT	WBR	NBL	NBT	NBR	SBL	SBT	SBR
Lane Configurations	↱	↑↑	↱				↱	↑↱		↱	↑↱	
Ideal Flow (vphpl)	1900	1900	1900	1900	1900	1900	1900	1900	1900	1900	1900	1900
Lane Width (m)	3.6	3.6	3.6	3.6	3.6	3.6	3.6	3.6	3.6	3.6	3.6	3.6
Grade (%)		0%			0%			0%			0%	
Storage Length (m)	0.0		0.0	0.0		0.0	0.0		0.0	0.0		0.0
Storage Lanes	1		1	0		0	1		0	1		0
Total Lost Time (s)	4.0	4.0	4.0	4.0	4.0	4.0	4.0	4.0	4.0	4.0	4.0	4.0
Leading Detector (m)	15.0	15.0	15.0				15.0	15.0		15.0	15.0	
Trailing Detector (m)	0.0	0.0	0.0				0.0	0.0		0.0	0.0	
Turning Speed (k/h)	25		15	25		15	25		15	25		15
Lane Util. Factor	1.00	0.95	1.00	1.00	1.00	1.00	1.00	0.95	0.95	1.00	0.95	0.95
Ped Bike Factor												
Frt			0.850					0.974			0.905	
Flt Protected	0.950						0.950			0.950		
Satd. Flow (prot)	1805	3610	1615	0	0	0	1805	3516	0	1805	3267	0
Flt Permitted	0.950						0.950			0.950		
Satd. Flow (perm)	1805	3610	1615	0	0	0	1805	3516	0	1805	3267	0
Right Turn on Red			Yes			Yes			Yes			Yes
Satd. Flow (RTOR)			424					55			391	
Headway Factor	1.00	1.00	1.00	1.00	1.00	1.00	1.00	1.00	1.00	1.00	1.00	1.00
Link Speed (k/h)		50			50			50			50	
Link Distance (m)		229.2			146.0			152.3			194.0	
Travel Time (s)		16.5			10.5			11.0			14.0	

Intersection Summary

Area Type:　　　　Other

Volume
19: 2#路 & 环路

Lane Group	EBL	EBT	EBR	WBL	WBT	WBR	NBL	NBT	NBR	SBL	SBT	SBR
Volume (vph)	230	282	390	0	0	0	50	310	65	45	210	360
Confl. Peds. (#/hr)												
Confl. Bikes (#/hr)												
Peak Hour Factor	0.92	0.92	0.92	0.92	0.92	0.92	0.92	0.92	0.92	0.92	0.92	0.92
Growth Factor	100%	100%	100%	100%	100%	100%	100%	100%	100%	100%	100%	100%
Heavy Vehicles (%)	0%	0%	0%	0%	0%	0%	0%	0%	0%	0%	0%	0%
Bus Blockages (#/hr)	0	0	0	0	0	0	0	0	0	0	0	0
Parking (#/hr)												
Mid-Block Traffic (%)		0%			0%			0%			0%	
Adj. Flow (vph)	250	307	424	0	0	0	54	337	71	49	228	391
Lane Group Flow (vph)	250	307	424	0	0	0	54	408	0	49	619	0

Intersection Summary

Timings
19: 2#路 & 环路

Lane Group	EBL	EBT	EBR	NBL	NBT	SBL	SBT
Lane Configurations	↰	↑↑	↱	↰	↑↱	↰	↑↱
Volume (vph)	230	282	390	50	310	45	210
Turn Type	Perm		Prot	Prot		Prot	
Protected Phases		4	4	5	2	1	6
Permitted Phases	4						
Detector Phases	4	4	4	5	2	1	6
Minimum Initial (s)	4.0	4.0	4.0	4.0	4.0	4.0	4.0
Minimum Split (s)	20.0	20.0	20.0	8.0	20.0	8.0	20.0
Total Split (s)	20.0	20.0	20.0	10.0	37.0	8.0	35.0
Total Split (%)	30.8%	30.8%	30.8%	15.4%	56.9%	12.3%	53.8%
Yellow Time (s)	3.5	3.5	3.5	3.5	3.5	3.5	3.5
All-Red Time (s)	0.5	0.5	0.5	0.5	0.5	0.5	0.5
Lead/Lag				Lead	Lag	Lead	Lag
Lead-Lag Optimize?				Yes	Yes	Yes	Yes
Recall Mode	None	None	None	None	Max	None	Max
Act Effct Green (s)	13.0	13.0	13.0	5.9	33.5	4.0	32.5
Actuated g/C Ratio	0.22	0.22	0.22	0.09	0.57	0.06	0.55
v/c Ratio	0.63	0.39	0.62	0.32	0.20	0.42	0.31
Control Delay	29.0	21.4	7.0	32.9	6.9	41.1	4.0
Queue Delay	0.0	0.0	0.0	0.0	0.0	0.0	0.0
Total Delay	29.0	21.4	7.0	32.9	6.9	41.1	4.0
LOS	C	C	A	C	A	D	A
Approach Delay		17.1			10.0		6.7
Approach LOS		B			A		A

Intersection Summary

Cycle Length: 65
Actuated Cycle Length: 59.1
Natural Cycle: 50
Control Type: Actuated-Uncoordinated
Maximum v/c Ratio: 0.63
Intersection Signal Delay: 12.2　　　　Intersection LOS: B
Intersection Capacity Utilization 48.2%　　ICU Level of Service A
Analysis Period (min) 15

Splits and Phases:　19: 2#路 & 环路

Phasings
19: 2#路 & 环路

Lane Group	EBL	EBT	EBR	NBL	NBT	SBL	SBT
Protected Phases		4	4	5	2	1	6
Permitted Phases	4						
Minimum Initial (s)	4.0	4.0	4.0	4.0	4.0	4.0	4.0
Minimum Split (s)	20.0	20.0	20.0	8.0	20.0	8.0	20.0
Total Split (s)	20.0	20.0	20.0	10.0	37.0	8.0	35.0
Total Split (%)	30.8%	30.8%	30.8%	15.4%	56.9%	12.3%	53.8%
Maximum Green (s)	16.0	16.0	16.0	6.0	33.0	4.0	31.0
Yellow Time (s)	3.5	3.5	3.5	3.5	3.5	3.5	3.5
All-Red Time (s)	0.5	0.5	0.5	0.5	0.5	0.5	0.5
Lead/Lag				Lead	Lag	Lead	Lag
Lead-Lag Optimize?				Yes	Yes	Yes	Yes
Vehicle Extension (s)	3.0	3.0	3.0	3.0	3.0	3.0	3.0
Minimum Gap (s)	3.0	3.0	3.0	3.0	3.0	3.0	3.0
Time Before Reduce (s)	0.0	0.0	0.0	0.0	0.0	0.0	0.0
Time To Reduce (s)	0.0	0.0	0.0	0.0	0.0	0.0	0.0
Recall Mode	None	None	None	None	Max	None	Max
Walk Time (s)	5.0	5.0	5.0		5.0		5.0
Flash Dont Walk (s)	11.0	11.0	11.0		11.0		11.0
Pedestrian Calls (#/hr)	0	0	0		0		0
90th %ile Green (s)	16.0	16.0	16.0	6.0	33.0	4.0	31.0
90th %ile Term Code	Max	Max	Max	Max	MaxR	Max	MaxR
70th %ile Green (s)	16.0	16.0	16.0	6.0	33.0	4.0	31.0
70th %ile Term Code	Max	Max	Max	Max	MaxR	Max	MaxR
50th %ile Green (s)	15.7	15.7	15.7	6.0	33.0	4.0	31.0
50th %ile Term Code	Gap	Gap	Gap	Max	MaxR	Max	MaxR
30th %ile Green (s)	11.3	11.3	11.3	0.0	33.0	0.0	33.0
30th %ile Term Code	Gap	Gap	Gap	Skip	MaxR	Skip	Hold
10th %ile Green (s)	7.4	7.4	7.4	0.0	33.0	0.0	33.0
10th %ile Term Code	Gap	Gap	Gap	Skip	MaxR	Skip	Hold

Intersection Summary

Cycle Length: 65
Actuated Cycle Length: 59.1
Control Type: Actuated-Uncoordinated
90th %ile Actuated Cycle: 65
70th %ile Actuated Cycle: 65
50th %ile Actuated Cycle: 64.7
30th %ile Actuated Cycle: 52.3
10th %ile Actuated Cycle: 48.4

Queues
19: 2#路 & 环路

龙头寺火车站 2020年Build

	↗	→	↘	↖	↑	↘	↓
Lane Group	EBL	EBT	EBR	NBL	NBT	SBL	SBT
Lane Group Flow (vph)	250	307	424	54	408	49	619
v/c Ratio	0.63	0.39	0.62	0.32	0.20	0.42	0.31
Control Delay	29.0	21.4	7.0	32.9	6.9	41.1	4.0
Queue Delay	0.0	0.0	0.0	0.0	0.0	0.0	0.0
Total Delay	29.0	21.4	7.0	32.9	6.9	41.1	4.0
Queue Length 50th (m)	27.8	16.8	0.0	6.5	11.8	6.1	7.9
Queue Length 95th (m)	49.1	27.2	19.9	16.5	19.1	#18.0	16.6
Internal Link Dist (m)		205.2			128.3		170.0
Turn Bay Length (m)							
Base Capacity (vph)	469	939	733	172	2020	116	1971
Starvation Cap Reductn	0	0	0	0	0	0	0
Spillback Cap Reductn	0	0	0	0	0	0	0
Storage Cap Reductn	0	0	0	0	0	0	0
Reduced v/c Ratio	0.53	0.33	0.58	0.31	0.20	0.42	0.31

Intersection Summary

\#　95th percentile volume exceeds capacity, queue may be longer.
　Queue shown is maximum after two cycles.

HCM Signalized Intersection Capacity Analysis
19: 2#路 & 环路　　　　　　　　　　　　　　龙头寺火车站　2020年Build

Movement	EBL	EBT	EBR	WBL	WBT	WBR	NBL	NBT	NBR	SBL	SBT	SBR
Lane Configurations	↱	↟↟	↱				↱	↟↟↳		↱	↟↟↳	
Ideal Flow (vphpl)	1900	1900	1900	1900	1900	1900	1900	1900	1900	1900	1900	1900
Total Lost time (s)	4.0	4.0	4.0				4.0	4.0		4.0	4.0	
Lane Util. Factor	1.00	0.95	1.00				1.00	0.95		1.00	0.95	
Frt	1.00	1.00	0.85				1.00	0.97		1.00	0.91	
Flt Protected	0.95	1.00	1.00				0.95	1.00		0.95	1.00	
Satd. Flow (prot)	1805	3610	1615				1805	3516		1805	3268	
Flt Permitted	0.95	1.00	1.00				0.95	1.00		0.95	1.00	
Satd. Flow (perm)	1805	3610	1615				1805	3516		1805	3268	
Volume (vph)	230	282	390	0	0	0	50	310	65	45	210	360
Peak-hour factor, PHF	0.92	0.92	0.92	0.92	0.92	0.92	0.92	0.92	0.92	0.92	0.92	0.92
Adj. Flow (vph)	250	307	424	0	0	0	54	337	71	49	228	391
RTOR Reduction (vph)	0	0	333	0	0	0	0	25	0	0	182	0
Lane Group Flow (vph)	250	307	91	0	0	0	54	383	0	49	437	0
Heavy Vehicles (%)	0%	0%	0%	0%	0%	0%	0%	0%	0%	0%	0%	0%
Turn Type	Perm		Prot				Prot			Prot		
Protected Phases		4	4				5	2		1	6	
Permitted Phases	4											
Actuated Green, G (s)	13.0	13.0	13.0				3.3	33.5		2.2	32.4	
Effective Green, g (s)	13.0	13.0	13.0				3.3	33.5		2.2	32.4	
Actuated g/C Ratio	0.21	0.21	0.21				0.05	0.55		0.04	0.53	
Clearance Time (s)	4.0	4.0	4.0				4.0	4.0		4.0	4.0	
Vehicle Extension (s)	3.0	3.0	3.0				3.0	3.0		3.0	3.0	
Lane Grp Cap (vph)	387	773	346				98	1940		65	1744	
v/s Ratio Prot		0.09	0.06				c0.03	0.11		0.03	c0.13	
v/s Ratio Perm	c0.14											
v/c Ratio	0.65	0.40	0.26				0.55	0.20		0.75	0.25	
Uniform Delay, d1	21.8	20.5	19.9				28.0	6.8		29.0	7.6	
Progression Factor	1.00	1.00	1.00				1.00	1.00		1.00	1.00	
Incremental Delay, d2	3.7	0.3	0.4				6.6	0.2		38.4	0.3	
Delay (s)	25.4	20.8	20.3				34.5	7.1		67.4	8.0	
Level of Service	C	C	C				C	A		E	A	
Approach Delay (s)		21.8			0.0			10.3			12.3	
Approach LOS		C			A			B			B	

Intersection Summary

HCM Average Control Delay	16.3	HCM Level of Service	B
HCM Volume to Capacity ratio	0.38		
Actuated Cycle Length (s)	60.7	Sum of lost time (s)	12.0
Intersection Capacity Utilization	48.2%	ICU Level of Service	A
Analysis Period (min)	15		

c　Critical Lane Group

SimTraffic Simulation Summary
2020年Build

Summary of All Intervals

Run Number		Avg
Start Time	6:57	6:57
End Time	7:10	7:10
Total Time (min)	13	13
Time Recorded (min)	10	10
# of Intervals	2	2
# of Recorded Intvls	1	1
Vehs Entered	2844	2844
Vehs Exited	2733	2733
Starting Vehs	246	246
Ending Vehs	357	357
Denied Entry Before	212	212
Denied Entry After	983	983
Travel Distance (km)	956	956
Travel Time (hr)	149.5	149.5
Total Delay (hr)	127.1	127.1
Total Stops	2512	2512
Fuel Used (l)	485.2	485.2

Interval #0 Information Seeding

Start Time	6:57
End Time	7:00
Total Time (min)	3

Volumes adjusted by Growth Factors.
No data recorded this interval.

Interval #1 Information Recording

Start Time	7:00
End Time	7:10
Total Time (min)	10

Volumes adjusted by Growth Factors.

Run Number		Avg
Vehs Entered	2844	2844
Vehs Exited	2733	2733
Starting Vehs	246	246
Ending Vehs	357	357
Denied Entry Before	212	212
Denied Entry After	983	983
Travel Distance (km)	956	956
Travel Time (hr)	149.5	149.5
Total Delay (hr)	127.1	127.1
Total Stops	2512	2512
Fuel Used (l)	485.2	485.2

SimTraffic Performance Report
2020年Build

3: 2#路 & D路 Performance by approach

Approach	WB	SB	All
Delay / Veh (s)	68.5	74.9	70.4
HC Emissions (g)	21	9	30
CO Emissions (g)	416	124	539
NOx Emissions (g)	53	16	69

5: 1#路 & D路 Performance by approach

Approach	EB	WB	NB	SB	All
Delay / Veh (s)	30.4	14.0	13.9	150.4	63.4
HC Emissions (g)	9	6	5	30	50
CO Emissions (g)	360	270	134	919	1682
NOx Emissions (g)	31	21	18	77	147

11: 内环往西 & Performance by approach

Approach	WB	SW	All
Delay / Veh (s)	4.82	5387.7	107.0
HC Emissions (g)	19	27	46
CO Emissions (g)	509	267	775
NOx Emissions (g)	88	20	108

15: 内环往东 & Performance by approach

Approach	EB	NE	All
Delay / Veh (s)	733.9	7.5	692.7
HC Emissions (g)	93	1	94
CO Emissions (g)	979	19	998
NOx Emissions (g)	82	2	84

16: 内环往东 & Performance by approach

Approach	EB	All
Delay / Veh (s)	1.8	1.8
HC Emissions (g)	6	6
CO Emissions (g)	252	252
NOx Emissions (g)	24	24

19: 2#路 & 环路 Performance by approach

Approach	EB	NB	SB	All
Delay / Veh (s)	17.4	17.0	11.3	15.2
HC Emissions (g)	6	5	7	18
CO Emissions (g)	203	212	335	750
NOx Emissions (g)	20	19	26	65

SimTraffic Performance Report
2020年Build

2011-1-18

Total Network Performance

Delay / Veh (s)	164.1
HC Emissions (g)	330
CO Emissions (g)	9253
NOx Emissions (g)	814

Queuing and Blocking Report
2020年Build

2011-1-18

Intersection: 3: 2#路 & D路

Movement	WB	WB	WB	WB	WB	SB	SB
Directions Served	T	T	T	R	R	R	R
Maximum Queue (m)	110.2	106.0	115.6	112.0	104.5	78.4	104.8
Average Queue (m)	103.7	103.1	108.9	90.6	27.5	77.0	104.2
95th Queue (m)	109.9	107.1	115.2	146.1	91.5	78.8	105.0
Link Distance (m)	191.3	191.3	191.3	191.3	191.3	70.0	70.0
Upstream Blk Time (%)						26	35
Queuing Penalty (veh)						209	284
Storage Bay Dist (m)							
Storage Blk Time (%)							
Queuing Penalty (veh)							

Intersection: 5: 1#路 & D路

Movement	EB	EB	EB	WB	WB	WB	NB	NB	NB	NB	SB	SB
Directions Served	T	T	R	T	T	R	L	T	T	R	L	T
Maximum Queue (m)	55.5	39.7	62.7	46.2	32.3	30.2	19.8	50.4	54.6	10.4	176.2	189.9
Average Queue (m)	33.3	30.0	50.2	28.5	21.5	22.1	15.8	37.8	44.1	4.9	106.1	137.2
95th Queue (m)	53.2	39.5	71.7	45.1	36.6	31.6	24.5	51.4	53.7	9.6	195.9	204.9
Link Distance (m)	157.6	157.6	157.6	147.7	147.7	147.7	70.0	70.0	70.0	70.0	294.6	294.6
Upstream Blk Time (%)												
Queuing Penalty (veh)												
Storage Bay Dist (m)												
Storage Blk Time (%)												
Queuing Penalty (veh)												

Intersection: 5: 1#路 & D路

Movement	SB	SB	SB	SB
Directions Served	T	T	T	R
Maximum Queue (m)	179.6	187.1	180.4	183.1
Average Queue (m)	128.5	123.2	119.0	90.5
95th Queue (m)	200.6	204.5	193.2	203.6
Link Distance (m)	294.6	294.6	294.6	294.6
Upstream Blk Time (%)				
Queuing Penalty (veh)				
Storage Bay Dist (m)				
Storage Blk Time (%)				
Queuing Penalty (veh)				

Queuing and Blocking Report
2020年Build

Intersection: 11: 内环往西 &

Movement	WB	WB	SW
Directions Served	T	T	R
Maximum Queue (m)	172.2	172.2	66.8
Average Queue (m)	34.4	34.4	62.3
95th Queue (m)	148.1	148.1	66.1
Link Distance (m)	167.6	167.6	62.2
Upstream Blk Time (%)	0	1	100
Queuing Penalty (veh)	0	0	0
Storage Bay Dist (m)			
Storage Blk Time (%)			
Queuing Penalty (veh)			

Intersection: 15: 内环往东 &

Movement	EB	EB	EB	NE
Directions Served	T	T	T	R
Maximum Queue (m)	67.8	62.0	67.8	22.8
Average Queue (m)	64.3	62.0	63.2	16.2
95th Queue (m)	69.0	62.0	67.0	22.2
Link Distance (m)				59.7
Upstream Blk Time (%)				
Queuing Penalty (veh)				
Storage Bay Dist (m)				
Storage Blk Time (%)				
Queuing Penalty (veh)				

Intersection: 16: 内环往东 &

Movement
Directions Served
Maximum Queue (m)
Average Queue (m)
95th Queue (m)
Link Distance (m)
Upstream Blk Time (%)
Queuing Penalty (veh)
Storage Bay Dist (m)
Storage Blk Time (%)
Queuing Penalty (veh)

Queuing and Blocking Report
2020年Build

Intersection: 19: 2#路 & 环路

Movement	EB	EB	EB	EB	NB	NB	NB	SB	SB	SB
Directions Served	L	T	T	R	L	T	R	L	T	R
Maximum Queue (m)	24.0	22.8	22.1	54.2	19.9	138.6	5.8	25.9	76.2	15.2
Average Queue (m)	18.2	14.4	10.9	32.9	12.4	77.6	3.1	14.8	42.9	10.1
95th Queue (m)	26.5	24.0	22.7	51.7	22.5	151.0	7.3	26.2	74.8	14.4
Link Distance (m)					134.0	134.0	134.0	165.8	165.8	165.8
Upstream Blk Time (%)						1				
Queuing Penalty (veh)						0				
Storage Bay Dist (m)										
Storage Blk Time (%)										
Queuing Penalty (veh)										

Nework Summary

Network wide Queuing Penalty: 493

Actuated Signals, Observed Splits
2020年Build

Intersection: 5: 1#路 & D路

Phase	1	2	4	5	6	8
Movement(s) Served	SBL	NBT	EBT	NBL	SBT	WBT
Maximum Green (s)	7.0	20.0	16.0	9.0	18.0	16.0
Minimum Green (s)	4.0	4.0	4.0	4.0	4.0	4.0
Recall	None	C-Max	None	None	C-Max	None
Avg. Green (s)	6.4	22.8	16.0	8.3	22.5	16.0
g/C Ratio	0.09	0.41	0.29	0.11	0.41	0.29
Cycles Skipped (%)	18	0	0	27	0	0
Cycles @ Minimum (%)	0	0	0	0	0	0
Cycles Maxed Out (%)	45	100	100	27	100	100
Cycles with Peds (%)	0	0	0	0	0	0

Controller Summary

Average Cycle Length (s): 55.0
Number of Complete Cycles : 10

Intersection: 19: 2#路 & 环路

Phase	1	2	4	5	6
Movement(s) Served	SBL	NBT	EBTL	NBL	SBT
Maximum Green (s)	4.0	33.0	16.0	6.0	31.0
Minimum Green (s)	4.0	4.0	4.0	4.0	4.0
Recall	None	Max	None	None	Max
Avg. Green (s)	4.0	35.6	15.0	5.7	32.3
g/C Ratio	0.04	0.56	0.23	0.08	0.50
Cycles Skipped (%)	30	0	0	11	0
Cycles @ Minimum (%)	70	0	0	0	0
Cycles Maxed Out (%)	70	100	56	22	100
Cycles with Peds (%)	0	0	0	0	0

Controller Summary

Average Cycle Length (s): 63.9
Number of Complete Cycles : 9

Lanes and Geometrics
3: 2#路 & D路

Lane Group	EBL	EBT	WBT	WBR	SBL	SBR
Lane Configurations		↿↿↿↿	↟↟↟	↾↾		↾↾
Ideal Flow (vphpl)	1900	1900	1900	1900	1900	1900
Lane Width (m)	3.6	3.6	3.6	3.6	3.6	3.6
Grade (%)		0%	0%		0%	
Storage Length (m)	0.0			0.0	0.0	0.0
Storage Lanes	0			2	0	2
Total Lost Time (s)	4.0	4.0	4.0	4.0	4.0	4.0
Leading Detector (m)		15.0	15.0	15.0		15.0
Trailing Detector (m)		0.0	0.0	0.0		0.0
Turning Speed (k/h)	25			15	25	15
Lane Util. Factor	1.00	0.86	0.91	0.88	1.00	0.88
Ped Bike Factor						
Frt				0.850		0.850
Flt Protected						
Satd. Flow (prot)	0	6408	5085	2787	0	2787
Flt Permitted						
Satd. Flow (perm)	0	6408	5085	2787	0	2787
Right Turn on Red				Yes		Yes
Satd. Flow (RTOR)				707		
Headway Factor	1.00	1.00	1.00	1.00	1.00	1.00
Link Speed (k/h)		50	50		50	
Link Distance (m)		298.9	229.2		109.4	
Travel Time (s)		21.5	16.5		7.9	

Intersection Summary
Area Type:　　　　Other

Volume
3: 2#路 & D路

Lane Group	EBL	EBT	WBT	WBR	SBL	SBR
Volume (vph)	0	0	2253	650	0	1790
Confl. Peds. (#/hr)						
Confl. Bikes (#/hr)						
Peak Hour Factor	0.92	0.92	0.92	0.92	0.92	0.92
Growth Factor	100%	100%	100%	100%	100%	100%
Heavy Vehicles (%)	2%	2%	2%	2%	2%	2%
Bus Blockages (#/hr)	0	0	0	0	0	0
Parking (#/hr)						
Mid-Block Traffic (%)		0%	0%		0%	
Adj. Flow (vph)	0	0	2449	707	0	1946
Lane Group Flow (vph)	0	0	2449	707	0	1946

Intersection Summary

Timings
3: 2#路 & D路

Lane Group	WBT	WBR	SBR	?
Lane Configurations	↑↑↑	↗↗	↗↗	
Volume (vph)	2253	650	1790	
Turn Type		Permcustom		
Protected Phases	8			4
Permitted Phases		8	6	
Detector Phases	8	8	6	
Minimum Initial (s)	4.0	4.0	4.0	4.0
Minimum Split (s)	20.0	20.0	20.0	20.0
Total Split (s)	20.0	20.0	20.0	20.0
Total Split (%)	50.0%	50.0%	50.0%	50%
Yellow Time (s)	3.5	3.5	3.5	3.5
All-Red Time (s)	0.5	0.5	0.5	0.5
Lead/Lag				
Lead-Lag Optimize?				
Recall Mode	Max	Max	Max	Max
Act Effct Green (s)	16.0	16.0	16.0	
Actuated g/C Ratio	0.40	0.40	0.40	
v/c Ratio	1.20	0.46	1.75	
Control Delay	114.0	2.1	357.7	
Queue Delay	0.0	0.0	0.0	
Total Delay	114.0	2.1	357.7	
LOS	F	A	F	
Approach Delay	88.9			
Approach LOS	F			

Intersection Summary
Cycle Length: 40
Actuated Cycle Length: 40
Offset: 0 (0%), Referenced to phase 2: and 6:SBR, Start of Green
Natural Cycle: 140
Control Type: Pretimed
Maximum v/c Ratio: 1.75
Intersection Signal Delay: 191.5   Intersection LOS: F
Intersection Capacity Utilization 112.8%   ICU Level of Service H
Analysis Period (min) 15

Splits and Phases:　3: 2#路 & D路

Phasings
3: 2#路 & D路

Lane Group	WBT	WBR	SBR	?
Protected Phases	8			4
Permitted Phases		8	6	
Minimum Initial (s)	4.0	4.0	4.0	4.0
Minimum Split (s)	20.0	20.0	20.0	20.0
Total Split (s)	20.0	20.0	20.0	20.0
Total Split (%)	50.0%	50.0%	50.0%	50%
Maximum Green (s)	16.0	16.0	16.0	16.0
Yellow Time (s)	3.5	3.5	3.5	3.5
All-Red Time (s)	0.5	0.5	0.5	0.5
Lead/Lag				
Lead-Lag Optimize?				
Vehicle Extension (s)	3.0	3.0	3.0	3.0
Minimum Gap (s)	3.0	3.0	3.0	3.0
Time Before Reduce (s)	0.0	0.0	0.0	0.0
Time To Reduce (s)	0.0	0.0	0.0	0.0
Recall Mode	Max	Max	Max	Max
Walk Time (s)	5.0	5.0	5.0	5.0
Flash Dont Walk (s)	11.0	11.0	11.0	11.0
Pedestrian Calls (#/hr)	0	0	0	0
90th %ile Green (s)	16.0	16.0	16.0	16.0
90th %ile Term Code	MaxR	MaxR	Coord	MaxR
70th %ile Green (s)	16.0	16.0	16.0	16.0
70th %ile Term Code	MaxR	MaxR	Coord	MaxR
50th %ile Green (s)	16.0	16.0	16.0	16.0
50th %ile Term Code	MaxR	MaxR	Coord	MaxR
30th %ile Green (s)	16.0	16.0	16.0	16.0
30th %ile Term Code	MaxR	MaxR	Coord	MaxR
10th %ile Green (s)	16.0	16.0	16.0	16.0
10th %ile Term Code	MaxR	MaxR	Coord	MaxR

Intersection Summary

Cycle Length: 40
Actuated Cycle Length: 40
Offset: 0 (0%), Referenced to phase 2: and 6:SBR, Start of Green
Control Type: Pretimed

Queues
3: 2#路 & D路

Lane Group	WBT	WBR	SBR
Lane Group Flow (vph)	2449	707	1946
v/c Ratio	1.20	0.46	1.75
Control Delay	114.0	2.1	357.7
Queue Delay	0.0	0.0	0.0
Total Delay	114.0	2.1	357.7
Queue Length 50th (m)	~84.0	0.0	~126.4
Queue Length 95th (m)	#110.4	7.7	#165.1
Internal Link Dist (m)	205.2		
Turn Bay Length (m)			
Base Capacity (vph)	2034	1539	1115
Starvation Cap Reductn	0	0	0
Spillback Cap Reductn	0	28	0
Storage Cap Reductn	0	0	0
Reduced v/c Ratio	1.20	0.47	1.75

Intersection Summary

~ Volume exceeds capacity, queue is theoretically infinite.
   Queue shown is maximum after two cycles.

\# 95th percentile volume exceeds capacity, queue may be longer.
   Queue shown is maximum after two cycles.

HCM Signalized Intersection Capacity Analysis
3: 2#路 & D路

龙头寺火车站　2030年Build

Movement	EBL	EBT	WBT	WBR	SBL	SBR
Lane Configurations		↑↑↑↑	↑↑↑	↰↰		↰↰
Ideal Flow (vphpl)	1900	1900	1900	1900	1900	1900
Total Lost time (s)			4.0	4.0		4.0
Lane Util. Factor			0.91	0.88		0.88
Frt			1.00	0.85		0.85
Flt Protected			1.00	1.00		1.00
Satd. Flow (prot)			5085	2787		2787
Flt Permitted			1.00	1.00		1.00
Satd. Flow (perm)			5085	2787		2787
Volume (vph)	0	0	2253	650	0	1790
Peak-hour factor, PHF	0.92	0.92	0.92	0.92	0.92	0.92
Adj. Flow (vph)	0	0	2449	707	0	1946
RTOR Reduction (vph)	0	0	0	424	0	0
Lane Group Flow (vph)	0	0	2449	283	0	1946
Turn Type				Perm		custom
Protected Phases		4	8			
Permitted Phases				8		6
Actuated Green, G (s)			16.0	16.0		16.0
Effective Green, g (s)			16.0	16.0		16.0
Actuated g/C Ratio			0.40	0.40		0.40
Clearance Time (s)			4.0	4.0		4.0
Lane Grp Cap (vph)			2034	1115		1115
v/s Ratio Prot			c0.48			
v/s Ratio Perm				0.10		c0.70
v/c Ratio			1.20	0.25		1.75
Uniform Delay, d1			12.0	8.0		12.0
Progression Factor			1.00	1.00		1.00
Incremental Delay, d2			96.8	0.5		339.1
Delay (s)			108.8	8.6		351.1
Level of Service			F	A		F
Approach Delay (s)		0.0	86.3		351.1	
Approach LOS		A	F		F	

Intersection Summary				
HCM Average Control Delay	187.3	HCM Level of Service		F
HCM Volume to Capacity ratio	1.47			
Actuated Cycle Length (s)	40.0	Sum of lost time (s)		8.0
Intersection Capacity Utilization	112.8%	ICU Level of Service		H
Analysis Period (min)	15			

c　Critical Lane Group

Lanes and Geometrics
5: 1#路 & D路

龙头寺火车站　2030年Build

Lane Group	EBL	EBT	EBR	WBL	WBT	WBR	NBL	NBT	NBR	SBL	SBT	SBR
Lane Configurations		↟↟	↱		↟↟	↱	↰	↟↟	↱	↰	↟↟↟↟	↱
Ideal Flow (vphpl)	1900	1900	1900	1900	1900	1900	1900	1900	1900	1900	1900	1900
Lane Width (m)	3.6	3.6	3.6	3.6	3.6	3.6	3.6	3.6	3.6	3.6	3.6	3.6
Grade (%)		0%			0%			0%			0%	
Storage Length (m)	0.0		0.0	0.0		0.0	0.0		0.0	0.0		0.0
Storage Lanes	0		1	0		1	1		1	1		1
Total Lost Time (s)	4.0	4.0	4.0	4.0	4.0	4.0	4.0	4.0	4.0	4.0	4.0	4.0
Leading Detector (m)		15.0	15.0		15.0	15.0	15.0	15.0	15.0	15.0	15.0	15.0
Trailing Detector (m)		0.0	0.0		0.0	0.0	0.0	0.0	0.0	0.0	0.0	0.0
Turning Speed (k/h)	25		15	25		15	25		15	25		15
Lane Util. Factor	1.00	0.95	1.00	1.00	0.95	1.00	1.00	0.95	1.00	1.00	0.86	1.00
Ped Bike Factor												
Frt			0.850			0.850			0.850			0.850
Flt Protected							0.950			0.950		
Satd. Flow (prot)	0	3610	1615	0	3610	1615	1805	3610	1615	1805	6536	1615
Flt Permitted							0.950			0.950		
Satd. Flow (perm)	0	3610	1615	0	3610	1615	1805	3610	1615	1805	6536	1615
Right Turn on Red			Yes			Yes			Yes			Yes
Satd. Flow (RTOR)			285			298			77			93
Headway Factor	1.00	1.00	1.00	1.00	1.00	1.00	1.00	1.00	1.00	1.00	1.00	1.00
Link Speed (k/h)		50			50			50			50	
Link Distance (m)		182.2			164.7			109.4			311.3	
Travel Time (s)		13.1			11.9			7.9			22.4	

Intersection Summary

Area Type: Other

Volume
5: 1#路 & D路

龙头寺火车站　2030年Build

Lane Group	EBL	EBT	EBR	WBL	WBT	WBR	NBL	NBT	NBR	SBL	SBT	SBR
Volume (vph)	0	770	300	0	780	280	130	976	242	150	1470	367
Confl. Peds. (#/hr)												
Confl. Bikes (#/hr)												
Peak Hour Factor	0.92	0.92	0.92	0.92	0.92	0.92	0.92	0.92	0.92	0.92	0.92	0.92
Growth Factor	100%	100%	100%	100%	100%	100%	100%	100%	100%	100%	100%	100%
Heavy Vehicles (%)	0%	0%	0%	0%	0%	0%	0%	0%	0%	0%	0%	0%
Bus Blockages (#/hr)	0	0	0	0	0	0	0	0	0	0	0	0
Parking (#/hr)												
Mid-Block Traffic (%)		0%			0%			0%			0%	
Adj. Flow (vph)	0	837	326	0	848	304	141	1061	263	163	1598	399
Lane Group Flow (vph)	0	837	326	0	848	304	141	1061	263	163	1598	399

Intersection Summary

Timings
5: 1#路 & D路

Lane Group	EBT	EBR	WBT	WBR	NBL	NBT	NBR	SBL	SBT	SBR
Lane Configurations	↟↟	⇗	↟↟	⇗	⇗	↟↟	⇗	⇗	↟↟↟↟	⇗
Volume (vph)	770	300	780	280	130	976	242	150	1470	367
Turn Type		Perm		Perm	Prot		Perm	Prot		Perm
Protected Phases	4		8		5	2		1	6	
Permitted Phases		4		8			2			6
Detector Phases	4	4	8	8	5	2	2	1	6	6
Minimum Initial (s)	4.0	4.0	4.0	4.0	4.0	4.0	4.0	4.0	4.0	4.0
Minimum Split (s)	20.0	20.0	20.0	20.0	8.0	20.0	20.0	8.0	20.0	20.0
Total Split (s)	20.0	20.0	20.0	20.0	11.0	24.0	24.0	11.0	24.0	24.0
Total Split (%)	36.4%	36.4%	36.4%	36.4%	20.0%	43.6%	43.6%	20.0%	43.6%	43.6%
Yellow Time (s)	3.5	3.5	3.5	3.5	3.5	3.5	3.5	3.5	3.5	3.5
All-Red Time (s)	0.5	0.5	0.5	0.5	0.5	0.5	0.5	0.5	0.5	0.5
Lead/Lag					Lead	Lag	Lag	Lead	Lag	Lag
Lead-Lag Optimize?					Yes	Yes	Yes	Yes	Yes	Yes
Recall Mode	None	None	None	None	None	C-Max	C-Max	None	C-Max	C-Max
Act Effct Green (s)	15.7	15.7	15.7	15.7	6.8	22.5	22.5	6.9	22.5	22.5
Actuated g/C Ratio	0.29	0.29	0.29	0.29	0.12	0.41	0.41	0.13	0.41	0.41
v/c Ratio	0.81	0.49	0.82	0.45	0.63	0.72	0.37	0.72	0.60	0.56
Control Delay	26.3	6.4	26.9	5.0	37.9	18.6	10.9	44.5	14.7	14.2
Queue Delay	0.0	0.0	0.0	0.0	0.0	0.0	0.0	0.0	0.0	0.0
Total Delay	26.3	6.4	26.9	5.0	37.9	18.6	10.9	44.5	14.7	14.2
LOS	C	A	C	A	D	B	B	D	B	B
Approach Delay	20.7		21.2			19.1			16.9	
Approach LOS	C		C			B			B	

Intersection Summary

Cycle Length: 55
Actuated Cycle Length: 55
Offset: 0 (0%), Referenced to phase 2:NBT and 6:SBT, Start of Green
Natural Cycle: 55
Control Type: Actuated-Coordinated
Maximum v/c Ratio: 0.82
Intersection Signal Delay: 19.0   Intersection LOS: B
Intersection Capacity Utilization 66.9%   ICU Level of Service C
Analysis Period (min) 15

Splits and Phases: 5: 1#路 & D路

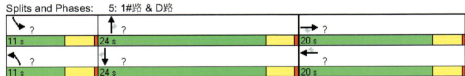

Phasings
5: 1#路 & D路

Lane Group	EBT	EBR	WBT	WBR	NBL	NBT	NBR	SBL	SBT	SBR
Protected Phases	4		8		5	2		1	6	
Permitted Phases		4		8			2			6
Minimum Initial (s)	4.0	4.0	4.0	4.0	4.0	4.0	4.0	4.0	4.0	4.0
Minimum Split (s)	20.0	20.0	20.0	20.0	8.0	20.0	20.0	8.0	20.0	20.0
Total Split (s)	20.0	20.0	20.0	20.0	11.0	24.0	24.0	11.0	24.0	24.0
Total Split (%)	36.4%	36.4%	36.4%	36.4%	20.0%	43.6%	43.6%	20.0%	43.6%	43.6%
Maximum Green (s)	16.0	16.0	16.0	16.0	7.0	20.0	20.0	7.0	20.0	20.0
Yellow Time (s)	3.5	3.5	3.5	3.5	3.5	3.5	3.5	3.5	3.5	3.5
All-Red Time (s)	0.5	0.5	0.5	0.5	0.5	0.5	0.5	0.5	0.5	0.5
Lead/Lag					Lead	Lag	Lag	Lead	Lag	Lag
Lead-Lag Optimize?					Yes	Yes	Yes	Yes	Yes	Yes
Vehicle Extension (s)	3.0	3.0	3.0	3.0	3.0	3.0	3.0	3.0	3.0	3.0
Minimum Gap (s)	3.0	3.0	3.0	3.0	3.0	3.0	3.0	3.0	3.0	3.0
Time Before Reduce (s)	0.0	0.0	0.0	0.0	0.0	0.0	0.0	0.0	0.0	0.0
Time To Reduce (s)	0.0	0.0	0.0	0.0	0.0	0.0	0.0	0.0	0.0	0.0
Recall Mode	None	None	None	None	None	C-Max	C-Max	None	C-Max	C-Max
Walk Time (s)	5.0	5.0	5.0	5.0		5.0	5.0		5.0	5.0
Flash Dont Walk (s)	11.0	11.0	11.0	11.0		11.0	11.0		11.0	11.0
Pedestrian Calls (#/hr)	0	0	0	0		0	0		0	0
90th %ile Green (s)	16.0	16.0	16.0	16.0	7.0	20.0	20.0	7.0	20.0	20.0
90th %ile Term Code	Max	Max	Max	Max	Max	Coord	Coord	Max	Coord	Coord
70th %ile Green (s)	16.0	16.0	16.0	16.0	7.0	20.0	20.0	7.0	20.0	20.0
70th %ile Term Code	Max	Max	Max	Max	Max	Coord	Coord	Max	Coord	Coord
50th %ile Green (s)	16.0	16.0	16.0	16.0	7.0	20.0	20.0	7.0	20.0	20.0
50th %ile Term Code	Max	Max	Max	Max	Max	Coord	Coord	Max	Coord	Coord
30th %ile Green (s)	16.0	16.0	16.0	16.0	7.0	20.0	20.0	7.0	20.0	20.0
30th %ile Term Code	Max	Max	Max	Max	Max	Coord	Coord	Max	Coord	Coord
10th %ile Green (s)	14.3	14.3	14.3	14.3	0.0	32.7	32.7	0.0	32.7	32.7
10th %ile Term Code	Hold	Hold	Gap	Gap	Skip	Coord	Coord	Skip	Coord	Coord

Intersection Summary

Cycle Length: 55
Actuated Cycle Length: 55
Offset: 0 (0%), Referenced to phase 2:NBT and 6:SBT, Start of Green
Control Type: Actuated-Coordinated

Queues
5: 1#路 & D路

Lane Group	EBT	EBR	WBT	WBR	NBL	NBT	NBR	SBL	SBT	SBR
Lane Group Flow (vph)	837	326	848	304	141	1061	263	163	1598	399
v/c Ratio	0.81	0.49	0.82	0.45	0.63	0.72	0.37	0.72	0.60	0.56
Control Delay	26.3	6.4	26.9	5.0	37.9	18.6	10.9	44.5	14.7	14.2
Queue Delay	0.0	0.0	0.0	0.0	0.0	0.0	0.0	0.0	0.0	0.0
Total Delay	26.3	6.4	26.9	5.0	37.9	18.6	10.9	44.5	14.7	14.2
Queue Length 50th (m)	42.0	3.1	42.7	0.5	14.3	50.9	13.6	16.7	39.6	24.6
Queue Length 95th (m)	#68.6	19.1	#70.1	15.2	#35.0	#75.8	29.7	#42.0	50.8	49.9
Internal Link Dist (m)	158.2		140.7			85.4			287.3	
Turn Bay Length (m)										
Base Capacity (vph)	1050	672	1050	681	230	1480	707	230	2679	716
Starvation Cap Reductn	0	0	0	0	0	4	0	0	0	0
Spillback Cap Reductn	0	0	0	0	0	0	0	0	0	0
Storage Cap Reductn	0	0	0	0	0	0	0	0	0	0
Reduced v/c Ratio	0.80	0.49	0.81	0.45	0.61	0.72	0.37	0.71	0.60	0.56

Intersection Summary

\#　95th percentile volume exceeds capacity, queue may be longer.
　Queue shown is maximum after two cycles.

HCM Signalized Intersection Capacity Analysis
5: 1#路 & D路

龙头寺火车站　2030年Build

Movement	EBL	EBT	EBR	WBL	WBT	WBR	NBL	NBT	NBR	SBL	SBT	SBR
Lane Configurations		↑↑	↗		↑↑	↗	↖	↑↑	↗	↖	↑↑↑↑	↗
Ideal Flow (vphpl)	1900	1900	1900	1900	1900	1900	1900	1900	1900	1900	1900	1900
Total Lost time (s)		4.0	4.0		4.0	4.0	4.0	4.0	4.0	4.0	4.0	4.0
Lane Util. Factor		0.95	1.00		0.95	1.00	1.00	0.95	1.00	1.00	0.86	1.00
Frt		1.00	0.85		1.00	0.85	1.00	1.00	0.85	1.00	1.00	0.85
Flt Protected		1.00	1.00		1.00	1.00	0.95	1.00	1.00	0.95	1.00	1.00
Satd. Flow (prot)		3610	1615		3610	1615	1805	3610	1615	1805	6536	1615
Flt Permitted		1.00	1.00		1.00	1.00	0.95	1.00	1.00	0.95	1.00	1.00
Satd. Flow (perm)		3610	1615		3610	1615	1805	3610	1615	1805	6536	1615
Volume (vph)	0	770	300	0	780	280	130	976	242	150	1470	367
Peak-hour factor, PHF	0.92	0.92	0.92	0.92	0.92	0.92	0.92	0.92	0.92	0.92	0.92	0.92
Adj. Flow (vph)	0	837	326	0	848	304	141	1061	263	163	1598	399
RTOR Reduction (vph)	0	0	204	0	0	213	0	0	47	0	0	56
Lane Group Flow (vph)	0	837	122	0	848	91	141	1061	216	163	1598	343
Heavy Vehicles (%)	0%	0%	0%	0%	0%	0%	0%	0%	0%	0%	0%	0%
Turn Type			Perm			Perm	Prot		Perm	Prot		Perm
Protected Phases		4			8		5	2		1	6	
Permitted Phases			4			8			2			6
Actuated Green, G (s)		15.7	15.7		15.7	15.7	5.6	21.7	21.7	5.6	21.7	21.7
Effective Green, g (s)		15.7	15.7		15.7	15.7	5.6	21.7	21.7	5.6	21.7	21.7
Actuated g/C Ratio		0.29	0.29		0.29	0.29	0.10	0.39	0.39	0.10	0.39	0.39
Clearance Time (s)		4.0	4.0		4.0	4.0	4.0	4.0	4.0	4.0	4.0	4.0
Vehicle Extension (s)		3.0	3.0		3.0	3.0	3.0	3.0	3.0	3.0	3.0	3.0
Lane Grp Cap (vph)		1030	461		1030	461	184	1424	637	184	2579	637
v/s Ratio Prot		0.23			c0.23		0.08	c0.29		c0.09	0.24	
v/s Ratio Perm			0.08			0.06			0.13			0.21
v/c Ratio		0.81	0.27		0.82	0.20	0.77	0.75	0.34	0.89	0.62	0.54
Uniform Delay, d1		18.3	15.2		18.4	14.9	24.1	14.3	11.6	24.4	13.3	12.8
Progression Factor		1.00	1.00		1.00	1.00	1.00	1.00	1.00	1.00	1.00	1.00
Incremental Delay, d2		5.0	0.3		5.4	0.2	17.2	3.6	1.4	36.0	1.1	3.2
Delay (s)		23.3	15.5		23.8	15.1	41.3	17.9	13.1	60.4	14.5	16.0
Level of Service		C	B		C	B	D	B	B	E	B	B
Approach Delay (s)		21.1			21.5			19.3			18.2	
Approach LOS		C			C			B			B	

Intersection Summary				
HCM Average Control Delay	19.7	HCM Level of Service	B	
HCM Volume to Capacity ratio	0.79			
Actuated Cycle Length (s)	55.0	Sum of lost time (s)	12.0	
Intersection Capacity Utilization	66.9%	ICU Level of Service	C	
Analysis Period (min)	15			

c Critical Lane Group

Lanes and Geometrics
11: 内环往西 &

Lane Group	EBL	EBT	WBT	WBR	SWL	SWR
Lane Configurations			↑↑↑			↗
Ideal Flow (vphpl)	1900	1900	1900	1900	1900	1900
Lane Width (m)	3.6	3.6	3.6	3.6	3.6	3.6
Grade (%)		0%	0%		0%	
Storage Length (m)	0.0			0.0	0.0	0.0
Storage Lanes	0			0	0	0
Turning Speed (k/h)	25			15	25	15
Lane Util. Factor	1.00	1.00	0.91	1.00	1.00	1.00
Ped Bike Factor						
Frt						0.865
Flt Protected						
Satd. Flow (prot)	0	0	5085	0	0	1611
Flt Permitted						
Satd. Flow (perm)	0	0	5085	0	0	1611
Headway Factor	1.00	1.00	1.00	1.00	1.00	1.00
Link Speed (k/h)		50	50		50	
Link Distance (m)		69.4	197.6		94.4	
Travel Time (s)		5.0	14.2		6.8	

Intersection Summary

Area Type:	Other

Volume
11: 内环往西 &

Lane Group	EBL	EBT	WBT	WBR	SWL	SWR
Volume (vph)	0	0	4438	0	0	900
Confl. Peds. (#/hr)						
Confl. Bikes (#/hr)						
Peak Hour Factor	0.92	0.92	0.92	0.92	0.92	0.92
Growth Factor	100%	100%	100%	100%	100%	100%
Heavy Vehicles (%)	2%	2%	2%	2%	2%	2%
Bus Blockages (#/hr)	0	0	0	0	0	0
Parking (#/hr)						
Mid-Block Traffic (%)		0%	0%		0%	
Adj. Flow (vph)	0	0	4824	0	0	978
Lane Group Flow (vph)	0	0	4824	0	0	978

Intersection Summary

Lanes and Geometrics
15: 内环往东 &

Lane Group	EBT	EBR	WBL	WBT	NEL	NER
Lane Configurations	↟↟↟					↗
Ideal Flow (vphpl)	1900	1900	1900	1900	1900	1900
Lane Width (m)	3.6	3.6	3.6	3.6	3.6	3.6
Grade (%)	0%			0%	0%	
Storage Length (m)		0.0	0.0		0.0	0.0
Storage Lanes		0	0		0	1
Total Lost Time (s)	4.0	4.0	4.0	4.0	4.0	4.0
Leading Detector (m)	15.0					15.0
Trailing Detector (m)	0.0					0.0
Turning Speed (k/h)		15	25		25	15
Lane Util. Factor	0.91	1.00	1.00	1.00	1.00	1.00
Ped Bike Factor						
Frt						0.865
Flt Protected						
Satd. Flow (prot)	5085	0	0	0	0	1611
Flt Permitted						
Satd. Flow (perm)	5085	0	0	0	0	1611
Right Turn on Red		Yes				Yes
Satd. Flow (RTOR)						
Headway Factor	1.00	1.00	1.00	1.00	1.00	1.00
Link Speed (k/h)	50			50	50	
Link Distance (m)	213.8			98.0	91.7	
Travel Time (s)	15.4			7.1	6.6	

Intersection Summary

Area Type:　　Other

Volume
15: 内环往东 &

Lane Group	EBT	EBR	WBL	WBT	NEL	NER
Volume (vph)	5922	0	0	0	0	146
Confl. Peds. (#/hr)						
Confl. Bikes (#/hr)						
Peak Hour Factor	0.92	0.92	0.92	0.92	0.92	0.92
Growth Factor	100%	100%	100%	100%	100%	100%
Heavy Vehicles (%)	2%	2%	2%	2%	2%	2%
Bus Blockages (#/hr)	0	0	0	0	0	0
Parking (#/hr)						
Mid-Block Traffic (%)	0%			0%	0%	
Adj. Flow (vph)	6437	0	0	0	0	159
Lane Group Flow (vph)	6437	0	0	0	0	159

Intersection Summary

Timings

龙头寺火车站 2030年Build

15: 内环往东 &

Lane Group	EBT	NER
Lane Configurations	↑↑↑	↗
Volume (vph)	5922	146
Turn Type		custom
Protected Phases	4	
Permitted Phases		2
Detector Phases	4	2
Minimum Initial (s)	4.0	4.0
Minimum Split (s)	20.0	20.0
Total Split (s)	20.0	20.0
Total Split (%)	50.0%	50.0%
Yellow Time (s)	3.5	3.5
All-Red Time (s)	0.5	0.5
Lead/Lag		
Lead-Lag Optimize?		
Recall Mode	Max	Max
Act Effct Green (s)	16.0	16.0
Actuated g/C Ratio	0.40	0.40
v/c Ratio	3.16	0.25
Control Delay	989.6	9.3
Queue Delay	0.0	0.0
Total Delay	989.6	9.3
LOS	F	A
Approach Delay	989.6	
Approach LOS	F	

Intersection Summary

Cycle Length: 40

Actuated Cycle Length: 40

Offset: 0 (0%), Referenced to phase 2:NER and 6:, Start of Green

Natural Cycle: 150

Control Type: Pretimed

Maximum v/c Ratio: 3.16

Intersection Signal Delay: 965.9   Intersection LOS: F

Intersection Capacity Utilization 76.4%   ICU Level of Service D

Analysis Period (min) 15

Splits and Phases: 15: 内环往东 &

Phasings
15: 内环往东 &

Lane Group	EBT	NER
Protected Phases	4	
Permitted Phases		2
Minimum Initial (s)	4.0	4.0
Minimum Split (s)	20.0	20.0
Total Split (s)	20.0	20.0
Total Split (%)	50.0%	50.0%
Maximum Green (s)	16.0	16.0
Yellow Time (s)	3.5	3.5
All-Red Time (s)	0.5	0.5
Lead/Lag		
Lead-Lag Optimize?		
Vehicle Extension (s)	3.0	3.0
Minimum Gap (s)	3.0	3.0
Time Before Reduce (s)	0.0	0.0
Time To Reduce (s)	0.0	0.0
Recall Mode	Max	Max
Walk Time (s)	5.0	5.0
Flash Dont Walk (s)	11.0	11.0
Pedestrian Calls (#/hr)	0	0
90th %ile Green (s)	16.0	16.0
90th %ile Term Code	MaxR	Coord
70th %ile Green (s)	16.0	16.0
70th %ile Term Code	MaxR	Coord
50th %ile Green (s)	16.0	16.0
50th %ile Term Code	MaxR	Coord
30th %ile Green (s)	16.0	16.0
30th %ile Term Code	MaxR	Coord
10th %ile Green (s)	16.0	16.0
10th %ile Term Code	MaxR	Coord

Intersection Summary

Cycle Length: 40
Actuated Cycle Length: 40
Offset: 0 (0%), Referenced to phase 2:NER and 6:, Start of Green
Control Type: Pretimed

Queues
15: 内环往东 &

Lane Group	→ EBT	↗ NER
Lane Group Flow (vph)	6437	159
v/c Ratio	3.16	0.25
Control Delay	989.6	9.3
Queue Delay	0.0	0.0
Total Delay	989.6	9.3
Queue Length 50th (m)	~318.0	7.1
Queue Length 95th (m)	#346.4	16.0
Internal Link Dist (m)	189.8	
Turn Bay Length (m)		
Base Capacity (vph)	2034	644
Starvation Cap Reductn	0	0
Spillback Cap Reductn	0	0
Storage Cap Reductn	0	0
Reduced v/c Ratio	3.16	0.25

Intersection Summary

~　Volume exceeds capacity, queue is theoretically infinite.
　　Queue shown is maximum after two cycles.
#　95th percentile volume exceeds capacity, queue may be longer.
　　Queue shown is maximum after two cycles.

HCM Signalized Intersection Capacity Analysis
15: 内环往东 &

龙头寺火车站　2030年Build

Movement	EBT	EBR	WBL	WBT	NEL	NER
Lane Configurations	↑↑↑					↗
Ideal Flow (vphpl)	1900	1900	1900	1900	1900	1900
Total Lost time (s)	4.0					4.0
Lane Util. Factor	0.91					1.00
Frt	1.00					0.86
Flt Protected	1.00					1.00
Satd. Flow (prot)	5085					1611
Flt Permitted	1.00					1.00
Satd. Flow (perm)	5085					1611
Volume (vph)	5922	0	0	0	0	146
Peak-hour factor, PHF	0.92	0.92	0.92	0.92	0.92	0.92
Adj. Flow (vph)	6437	0	0	0	0	159
RTOR Reduction (vph)	0	0	0	0	0	0
Lane Group Flow (vph)	6437	0	0	0	0	159
Turn Type						custom
Protected Phases	4					
Permitted Phases						2
Actuated Green, G (s)	16.0					16.0
Effective Green, g (s)	16.0					16.0
Actuated g/C Ratio	0.40					0.40
Clearance Time (s)	4.0					4.0
Lane Grp Cap (vph)	2034					644
v/s Ratio Prot	c1.27					
v/s Ratio Perm						c0.10
v/c Ratio	3.16					0.25
Uniform Delay, d1	12.0					8.0
Progression Factor	1.00					1.00
Incremental Delay, d2	975.4					0.9
Delay (s)	987.4					8.9
Level of Service	F					A
Approach Delay (s)	987.4		0.0	8.9		
Approach LOS	F		A	A		

Intersection Summary				
HCM Average Control Delay	963.8	HCM Level of Service	F
HCM Volume to Capacity ratio	1.71		
Actuated Cycle Length (s)	40.0	Sum of lost time (s)	8.0
Intersection Capacity Utilization	76.4%	ICU Level of Service	D
Analysis Period (min)	15		

c   Critical Lane Group

Lanes and Geometrics
16: 内环往东 &

Lane Group	EBL	EBT	WBT	WBR	SWL	SWR
Lane Configurations	↰↰↰	↑				
Ideal Flow (vphpl)	1900	1900	1900	1900	1900	1900
Lane Width (m)	3.6	3.6	3.6	3.6	3.6	3.6
Grade (%)		0%	0%		0%	
Storage Length (m)	0.0			0.0	0.0	0.0
Storage Lanes	0			0	0	0
Total Lost Time (s)	4.0	4.0	4.0	4.0	4.0	4.0
Leading Detector (m)	15.0	15.0				
Trailing Detector (m)	0.0	0.0				
Turning Speed (k/h)	25			15	25	15
Lane Util. Factor	0.94	1.00	1.00	1.00	1.00	1.00
Ped Bike Factor						
Frt						
Flt Protected						
Satd. Flow (prot)	5253	1863	0	0	0	0
Flt Permitted						
Satd. Flow (perm)	5253	1863	0	0	0	0
Right Turn on Red	Yes			Yes		Yes
Satd. Flow (RTOR)						
Headway Factor	1.00	1.00	1.00	1.00	1.00	1.00
Link Speed (k/h)		50	50		50	
Link Distance (m)		204.5	99.5		213.8	
Travel Time (s)		14.7	7.2		15.4	

Intersection Summary

Area Type: Other

Volume
16: 内环往东 &

Lane Group	EBL	EBT	WBT	WBR	SWL	SWR
Volume (vph)	0	900	0	0	0	0
Confl. Peds. (#/hr)						
Confl. Bikes (#/hr)						
Peak Hour Factor	0.92	0.92	0.92	0.92	0.92	0.92
Growth Factor	100%	100%	100%	100%	100%	100%
Heavy Vehicles (%)	2%	2%	2%	2%	2%	2%
Bus Blockages (#/hr)	0	0	0	0	0	0
Parking (#/hr)						
Mid-Block Traffic (%)		0%	0%		0%	
Adj. Flow (vph)	0	978	0	0	0	0
Lane Group Flow (vph)	0	978	0	0	0	0

Intersection Summary

Timings
16: 内环往东 &

龙头寺火车站　2030年Build

Lane Group	EBT
Lane Configurations	↑
Volume (vph)	900
Turn Type	custom
Protected Phases	4
Permitted Phases	
Detector Phases	4
Minimum Initial (s)	4.0
Minimum Split (s)	20.0
Total Split (s)	20.0
Total Split (%)	100.0%
Yellow Time (s)	3.5
All-Red Time (s)	0.5
Lead/Lag	
Lead-Lag Optimize?	
Recall Mode	Max
Act Effct Green (s)	20.0
Actuated g/C Ratio	1.00
v/c Ratio	0.52
Control Delay	1.1
Queue Delay	0.0
Total Delay	1.1
LOS	A
Approach Delay	1.1
Approach LOS	A

Intersection Summary	
Cycle Length: 20	
Actuated Cycle Length: 20	
Offset: 0 (0%), Referenced to phase 2: and 6:, Start of Green	
Natural Cycle: 40	
Control Type: Pretimed	
Maximum v/c Ratio: 0.52	
Intersection Signal Delay: 1.1	Intersection LOS: A
Intersection Capacity Utilization 76.4%	ICU Level of Service D
Analysis Period (min) 15	

Splits and Phases:　16: 内环往东 &

Phasings
16: 内环往东 &

	→
Lane Group	EBT
Protected Phases	4
Permitted Phases	
Minimum Initial (s)	4.0
Minimum Split (s)	20.0
Total Split (s)	20.0
Total Split (%)	100.0%
Maximum Green (s)	16.0
Yellow Time (s)	3.5
All-Red Time (s)	0.5
Lead/Lag	
Lead-Lag Optimize?	
Vehicle Extension (s)	3.0
Minimum Gap (s)	3.0
Time Before Reduce (s)	0.0
Time To Reduce (s)	0.0
Recall Mode	Max
Walk Time (s)	5.0
Flash Dont Walk (s)	11.0
Pedestrian Calls (#/hr)	0
90th %ile Green (s)	16.0
90th %ile Term Code	Coord
70th %ile Green (s)	16.0
70th %ile Term Code	Coord
50th %ile Green (s)	16.0
50th %ile Term Code	Coord
30th %ile Green (s)	16.0
30th %ile Term Code	Coord
10th %ile Green (s)	16.0
10th %ile Term Code	Coord

Intersection Summary

Cycle Length: 20
Actuated Cycle Length: 20
Offset: 0 (0%), Referenced to phase 2: and 6:, Start of Green
Control Type: Pretimed

Queues
16: 内环往东 &

→

Lane Group	EBT
Lane Group Flow (vph)	978
v/c Ratio	0.52
Control Delay	1.1
Queue Delay	0.0
Total Delay	1.1
Queue Length 50th (m)	0.0
Queue Length 95th (m)	0.0
Internal Link Dist (m)	180.5
Turn Bay Length (m)	
Base Capacity (vph)	1863
Starvation Cap Reductn	0
Spillback Cap Reductn	0
Storage Cap Reductn	0
Reduced v/c Ratio	0.52

Intersection Summary

HCM Signalized Intersection Capacity Analysis 龙头寺火车站 2030年Build
16: 内环往东 &

Movement	EBL	EBT	WBT	WBR	SWL	SWR
Lane Configurations	↱↱↱	↑				
Ideal Flow (vphpl)	1900	1900	1900	1900	1900	1900
Total Lost time (s)		4.0				
Lane Util. Factor		1.00				
Frt		1.00				
Flt Protected		1.00				
Satd. Flow (prot)		1863				
Flt Permitted		1.00				
Satd. Flow (perm)		1863				
Volume (vph)	0	900	0	0	0	0
Peak-hour factor, PHF	0.92	0.92	0.92	0.92	0.92	0.92
Adj. Flow (vph)	0	978	0	0	0	0
RTOR Reduction (vph)	0	0	0	0	0	0
Lane Group Flow (vph)	0	978	0	0	0	0
Turn Type		custom				
Protected Phases		4				
Permitted Phases	4					
Actuated Green, G (s)		20.0				
Effective Green, g (s)		20.0				
Actuated g/C Ratio		1.00				
Clearance Time (s)		4.0				
Lane Grp Cap (vph)		1863				
v/s Ratio Prot		c0.53				
v/s Ratio Perm						
v/c Ratio		0.52				
Uniform Delay, d1		0.0				
Progression Factor		1.00				
Incremental Delay, d2		1.1				
Delay (s)		1.1				
Level of Service		A				
Approach Delay (s)		1.1	0.0		0.0	
Approach LOS		A	A		A	

Intersection Summary				
HCM Average Control Delay	1.1	HCM Level of Service	A	
HCM Volume to Capacity ratio	0.52			
Actuated Cycle Length (s)	20.0	Sum of lost time (s)	0.0	
Intersection Capacity Utilization	76.4%	ICU Level of Service	D	
Analysis Period (min)	15			

c   Critical Lane Group

Lanes and Geometrics
19: 2#路 & 环路

Lane Group	EBL	EBT	EBR	WBL	WBT	WBR	NBL	NBT	NBR	SBL	SBT	SBR
Lane Configurations	↰	↑↑	↱				↰	↑↱		↰	↑↱	
Ideal Flow (vphpl)	1900	1900	1900	1900	1900	1900	1900	1900	1900	1900	1900	1900
Lane Width (m)	3.6	3.6	3.6	3.6	3.6	3.6	3.6	3.6	3.6	3.6	3.6	3.6
Grade (%)		0%			0%			0%			0%	
Storage Length (m)	0.0		0.0	0.0		0.0	0.0		0.0	0.0		0.0
Storage Lanes	1		1	0		0	1		0	1		0
Total Lost Time (s)	4.0	4.0	4.0	4.0	4.0	4.0	4.0	4.0	4.0	4.0	4.0	4.0
Leading Detector (m)	15.0	15.0	15.0				15.0	15.0		15.0	15.0	
Trailing Detector (m)	0.0	0.0	0.0				0.0	0.0		0.0	0.0	
Turning Speed (k/h)	25		15	25		15	25		15	25		15
Lane Util. Factor	1.00	0.95	1.00	1.00	1.00	1.00	1.00	0.95	0.95	1.00	0.95	0.95
Ped Bike Factor												
Frt			0.850					0.978			0.914	
Flt Protected	0.950						0.950			0.950		
Satd. Flow (prot)	1805	3610	1615	0	0	0	1805	3531	0	1805	3300	0
Flt Permitted	0.950						0.950			0.950		
Satd. Flow (perm)	1805	3610	1615	0	0	0	1805	3531	0	1805	3300	0
Right Turn on Red			Yes			Yes			Yes			Yes
Satd. Flow (RTOR)			433					43			424	
Headway Factor	1.00	1.00	1.00	1.00	1.00	1.00	1.00	1.00	1.00	1.00	1.00	1.00
Link Speed (k/h)		50			50			50			50	
Link Distance (m)		229.2			146.0			152.3			194.0	
Travel Time (s)		16.5			10.5			11.0			14.0	

Intersection Summary

Area Type: Other

Volume
19: 2#路 & 环路

Lane Group	EBL	EBT	EBR	WBL	WBT	WBR	NBL	NBT	NBR	SBL	SBT	SBR
Volume (vph)	247	299	398	0	0	0	63	423	72	60	287	390
Confl. Peds. (#/hr)												
Confl. Bikes (#/hr)												
Peak Hour Factor	0.92	0.92	0.92	0.92	0.92	0.92	0.92	0.92	0.92	0.92	0.92	0.92
Growth Factor	100%	100%	100%	100%	100%	100%	100%	100%	100%	100%	100%	100%
Heavy Vehicles (%)	0%	0%	0%	0%	0%	0%	0%	0%	0%	0%	0%	0%
Bus Blockages (#/hr)	0	0	0	0	0	0	0	0	0	0	0	0
Parking (#/hr)												
Mid-Block Traffic (%)		0%			0%			0%			0%	
Adj. Flow (vph)	268	325	433	0	0	0	68	460	78	65	312	424
Lane Group Flow (vph)	268	325	433	0	0	0	68	538	0	65	736	0

Intersection Summary

Timings
19: 2#路 & 环路

Lane Group	EBL	EBT	EBR	NBL	NBT	SBL	SBT
Lane Configurations	↰	↑↑	↱	↰	↑↳	↰	↑↳
Volume (vph)	247	299	398	63	423	60	287
Turn Type	Perm		Prot	Prot		Prot	
Protected Phases		4	4	5	2	1	6
Permitted Phases	4						
Detector Phases	4	4	4	5	2	1	6
Minimum Initial (s)	4.0	4.0	4.0	4.0	4.0	4.0	4.0
Minimum Split (s)	20.0	20.0	20.0	8.0	20.0	8.0	20.0
Total Split (s)	20.0	20.0	20.0	12.0	52.0	8.0	48.0
Total Split (%)	25.0%	25.0%	25.0%	15.0%	65.0%	10.0%	60.0%
Yellow Time (s)	3.5	3.5	3.5	3.5	3.5	3.5	3.5
All-Red Time (s)	0.5	0.5	0.5	0.5	0.5	0.5	0.5
Lead/Lag				Lead	Lag	Lead	Lag
Lead-Lag Optimize?				Yes	Yes	Yes	Yes
Recall Mode	None	None	None	None	Max	None	Max
Act Effct Green (s)	14.7	14.7	14.7	7.3	48.3	4.0	45.4
Actuated g/C Ratio	0.19	0.19	0.19	0.09	0.63	0.05	0.59
v/c Ratio	0.78	0.47	0.66	0.41	0.24	0.71	0.35
Control Delay	47.5	30.6	8.6	41.6	6.8	78.2	4.3
Queue Delay	0.0	0.0	0.0	0.0	0.0	0.0	0.0
Total Delay	47.5	30.6	8.6	41.6	6.8	78.2	4.3
LOS	D	C	A	D	A	E	A
Approach Delay		25.7			10.7		10.3
Approach LOS		C			B		B

Intersection Summary

Cycle Length: 80
Actuated Cycle Length: 77.2
Natural Cycle: 50
Control Type: Actuated-Uncoordinated
Maximum v/c Ratio: 0.78
Intersection Signal Delay: 16.9   Intersection LOS: B
Intersection Capacity Utilization 51.8%   ICU Level of Service A
Analysis Period (min) 15

Splits and Phases: 19: 2#路 & 环路

Phasings
19: 2#路 & 环路

Lane Group	EBL	EBT	EBR	NBL	NBT	SBL	SBT
Protected Phases		4	4	5	2	1	6
Permitted Phases	4						
Minimum Initial (s)	4.0	4.0	4.0	4.0	4.0	4.0	4.0
Minimum Split (s)	20.0	20.0	20.0	8.0	20.0	8.0	20.0
Total Split (s)	20.0	20.0	20.0	12.0	52.0	8.0	48.0
Total Split (%)	25.0%	25.0%	25.0%	15.0%	65.0%	10.0%	60.0%
Maximum Green (s)	16.0	16.0	16.0	8.0	48.0	4.0	44.0
Yellow Time (s)	3.5	3.5	3.5	3.5	3.5	3.5	3.5
All-Red Time (s)	0.5	0.5	0.5	0.5	0.5	0.5	0.5
Lead/Lag				Lead	Lag	Lead	Lag
Lead-Lag Optimize?				Yes	Yes	Yes	Yes
Vehicle Extension (s)	3.0	3.0	3.0	3.0	3.0	3.0	3.0
Minimum Gap (s)	3.0	3.0	3.0	3.0	3.0	3.0	3.0
Time Before Reduce (s)	0.0	0.0	0.0	0.0	0.0	0.0	0.0
Time To Reduce (s)	0.0	0.0	0.0	0.0	0.0	0.0	0.0
Recall Mode	None	None	None	None	Max	None	Max
Walk Time (s)	5.0	5.0	5.0		5.0		5.0
Flash Dont Walk (s)	11.0	11.0	11.0		11.0		11.0
Pedestrian Calls (#/hr)	0	0	0		0		0
90th %ile Green (s)	16.0	16.0	16.0	8.0	48.0	4.0	44.0
90th %ile Term Code	Max	Max	Max	Max	MaxR	Max	MaxR
70th %ile Green (s)	16.0	16.0	16.0	8.0	48.0	4.0	44.0
70th %ile Term Code	Max	Max	Max	Max	MaxR	Max	MaxR
50th %ile Green (s)	16.0	16.0	16.0	8.0	48.0	4.0	44.0
50th %ile Term Code	Max	Max	Max	Max	MaxR	Max	MaxR
30th %ile Green (s)	16.0	16.0	16.0	7.1	48.0	4.0	44.9
30th %ile Term Code	Max	Max	Max	Gap	MaxR	Max	Hold
10th %ile Green (s)	9.9	9.9	9.9	0.0	48.0	0.0	48.0
10th %ile Term Code	Gap	Gap	Gap	Skip	MaxR	Skip	Hold

Intersection Summary

Cycle Length: 80
Actuated Cycle Length: 77.2
Control Type: Actuated-Uncoordinated
90th %ile Actuated Cycle: 80
70th %ile Actuated Cycle: 80
50th %ile Actuated Cycle: 80
30th %ile Actuated Cycle: 80
10th %ile Actuated Cycle: 65.9

Queues
19: 2#路 & 环路

Lane Group	EBL	EBT	EBR	NBL	NBT	SBL	SBT
Lane Group Flow (vph)	268	325	433	68	538	65	736
v/c Ratio	0.78	0.47	0.66	0.41	0.24	0.71	0.35
Control Delay	47.5	30.6	8.6	41.6	6.8	78.2	4.3
Queue Delay	0.0	0.0	0.0	0.0	0.0	0.0	0.0
Total Delay	47.5	30.6	8.6	41.6	6.8	78.2	4.3
Queue Length 50th (m)	40.6	24.2	0.0	10.4	17.5	10.5	12.1
Queue Length 95th (m)	#75.6	36.8	24.5	22.8	25.2	#31.7	21.0
Internal Link Dist (m)		205.2			128.3		170.0
Turn Bay Length (m)							
Base Capacity (vph)	369	738	674	181	2226	92	2115
Starvation Cap Reductn	0	0	0	0	0	0	0
Spillback Cap Reductn	0	0	0	0	0	0	0
Storage Cap Reductn	0	0	0	0	0	0	0
Reduced v/c Ratio	0.73	0.44	0.64	0.38	0.24	0.71	0.35

Intersection Summary

\# 95th percentile volume exceeds capacity, queue may be longer.
  Queue shown is maximum after two cycles.

HCM Signalized Intersection Capacity Analysis
19: 2#路 & 环路

龙头寺火车站 2030年Build

Movement	EBL	EBT	EBR	WBL	WBT	WBR	NBL	NBT	NBR	SBL	SBT	SBR
Lane Configurations	↰	↟↟	↱				↰	↟↱		↰	↟↱	
Ideal Flow (vphpl)	1900	1900	1900	1900	1900	1900	1900	1900	1900	1900	1900	1900
Total Lost time (s)	4.0	4.0	4.0				4.0	4.0		4.0	4.0	
Lane Util. Factor	1.00	0.95	1.00				1.00	0.95		1.00	0.95	
Frt	1.00	1.00	0.85				1.00	0.98		1.00	0.91	
Flt Protected	0.95	1.00	1.00				0.95	1.00		0.95	1.00	
Satd. Flow (prot)	1805	3610	1615				1805	3531		1805	3298	
Flt Permitted	0.95	1.00	1.00				0.95	1.00		0.95	1.00	
Satd. Flow (perm)	1805	3610	1615				1805	3531		1805	3298	
Volume (vph)	247	299	398	0	0	0	63	423	72	60	287	390
Peak-hour factor, PHF	0.92	0.92	0.92	0.92	0.92	0.92	0.92	0.92	0.92	0.92	0.92	0.92
Adj. Flow (vph)	268	325	433	0	0	0	68	460	78	65	312	424
RTOR Reduction (vph)	0	0	352	0	0	0	0	16	0	0	178	0
Lane Group Flow (vph)	268	325	81	0	0	0	68	522	0	65	558	0
Heavy Vehicles (%)	0%	0%	0%	0%	0%	0%	0%	0%	0%	0%	0%	0%
Turn Type	Perm		Prot				Prot			Prot		
Protected Phases		4	4				5	2		1	6	
Permitted Phases	4											
Actuated Green, G (s)	14.7	14.7	14.7				6.0	48.3		3.1	45.4	
Effective Green, g (s)	14.7	14.7	14.7				6.0	48.3		3.1	45.4	
Actuated g/C Ratio	0.19	0.19	0.19				0.08	0.62		0.04	0.58	
Clearance Time (s)	4.0	4.0	4.0				4.0	4.0		4.0	4.0	
Vehicle Extension (s)	3.0	3.0	3.0				3.0	3.0		3.0	3.0	
Lane Grp Cap (vph)	340	679	304				139	2184		72	1917	
v/s Ratio Prot		0.09	0.05				0.04	c0.15		c0.04	c0.17	
v/s Ratio Perm	c0.15											
v/c Ratio	0.79	0.48	0.27				0.49	0.24		0.90	0.29	
Uniform Delay, d1	30.2	28.3	27.1				34.6	6.7		37.3	8.2	
Progression Factor	1.00	1.00	1.00				1.00	1.00		1.00	1.00	
Incremental Delay, d2	11.5	0.5	0.5				2.7	0.3		73.0	0.4	
Delay (s)	41.7	28.8	27.6				37.3	6.9		110.4	8.6	
Level of Service	D	C	C				D	A		F	A	
Approach Delay (s)		31.7			0.0			10.3			16.9	
Approach LOS		C			A			B			B	

Intersection Summary					
HCM Average Control Delay	21.5		HCM Level of Service	C	
HCM Volume to Capacity ratio	0.45				
Actuated Cycle Length (s)	78.1		Sum of lost time (s)	16.0	
Intersection Capacity Utilization	51.8%		ICU Level of Service	A	
Analysis Period (min)	15				

c Critical Lane Group

SimTraffic Simulation Summary
2030年Build

2011-1-18

Summary of All Intervals

Run Number		Avg
Start Time	6:57	6:57
End Time	7:10	7:10
Total Time (min)	13	13
Time Recorded (min)	10	10
# of Intervals	2	2
# of Recorded Intvls	1	1
Vehs Entered	2975	2975
Vehs Exited	2867	2867
Starting Vehs	280	280
Ending Vehs	388	388
Denied Entry Before	210	210
Denied Entry After	985	985
Travel Distance (km)	1003	1003
Travel Time (hr)	153.2	153.2
Total Delay (hr)	129.7	129.7
Total Stops	2310	2310
Fuel Used (l)	510.8	510.8

Interval #0 Information Seeding

Start Time	6:57
End Time	7:00
Total Time (min)	3

Volumes adjusted by Growth Factors.
No data recorded this interval.

Interval #1 Information Recording

Start Time	7:00
End Time	7:10
Total Time (min)	10

Volumes adjusted by Growth Factors.

Run Number		Avg
Vehs Entered	2975	2975
Vehs Exited	2867	2867
Starting Vehs	280	280
Ending Vehs	388	388
Denied Entry Before	210	210
Denied Entry After	985	985
Travel Distance (km)	1003	1003
Travel Time (hr)	153.2	153.2
Total Delay (hr)	129.7	129.7
Total Stops	2310	2310
Fuel Used (l)	510.8	510.8

SimTraffic Performance Report
2030年Build

3: 2#路 & D路 Performance by approach

Approach	WB	SB	All
Delay / Veh (s)	39.6	44.8	41.3
HC Emissions (g)	16	7	23
CO Emissions (g)	380	108	488
NOx Emissions (g)	48	16	63

5: 1#路 & D路 Performance by approach

Approach	EB	WB	NB	SB	All
Delay / Veh (s)	31.3	18.2	11.5	151.5	63.3
HC Emissions (g)	8	9	4	33	54
CO Emissions (g)	341	357	126	1009	1834
NOx Emissions (g)	27	32	16	85	160

11: 内环往西 & Performance by approach

Approach	WB	SW	All
Delay / Veh (s)	6.0	10165.4	85.4
HC Emissions (g)	19	21	40
CO Emissions (g)	434	216	649
NOx Emissions (g)	89	16	105

15: 内环往东 & Performance by approach

Approach	EB	NE	All
Delay / Veh (s)	851.6	8.6	804.8
HC Emissions (g)	104	0	105
CO Emissions (g)	1083	14	1096
NOx Emissions (g)	88	2	90

16: 内环往东 & Performance by approach

Approach	EB	All
Delay / Veh (s)	2.8	2.8
HC Emissions (g)	5	5
CO Emissions (g)	216	216
NOx Emissions (g)	22	22

19: 2#路 & 环路 Performance by approach

Approach	EB	NB	SB	All
Delay / Veh (s)	27.3	22.7	10.6	19.9
HC Emissions (g)	5	5	8	18
CO Emissions (g)	184	131	373	688
NOx Emissions (g)	18	16	29	63

SimTraffic Performance Report
2030年Build

Total Network Performance

Delay / Veh (s)	159.9
HC Emissions (g)	335
CO Emissions (g)	9286
NOx Emissions (g)	831

Queuing and Blocking Report
2030年Build

Intersection: 3: 2#路 & D路

Movement	WB	WB	WB	WB	WB	SB	SB
Directions Served	T	T	T	R	R	R	R
Maximum Queue (m)	106.0	110.1	108.4	100.3	14.9	81.6	104.7
Average Queue (m)	99.2	98.3	96.9	30.2	11.2	77.6	98.4
95th Queue (m)	108.3	116.2	116.8	88.2	16.1	81.0	116.6
Link Distance (m)	191.3	191.3	191.3	191.3	191.3	70.0	70.0
Upstream Blk Time (%)						23	29
Queuing Penalty (veh)						200	254
Storage Bay Dist (m)							
Storage Blk Time (%)							
Queuing Penalty (veh)							

Intersection: 5: 1#路 & D路

Movement	EB	EB	EB	WB	WB	WB	NB	NB	NB	NB	SB	SB
Directions Served	T	T	R	T	T	R	L	T	T	R	L	T
Maximum Queue (m)	43.0	41.7	82.2	52.1	46.2	39.0	21.0	38.3	37.7	23.5	225.2	230.2
Average Queue (m)	35.1	32.7	48.1	43.4	42.1	22.6	16.5	28.9	32.8	8.2	111.3	151.5
95th Queue (m)	47.9	46.8	81.4	51.9	50.5	36.7	22.1	41.2	41.2	22.0	248.2	238.0
Link Distance (m)	157.6	157.6	157.6	147.7	147.7	147.7	70.0	70.0	70.0	70.0	294.6	294.6
Upstream Blk Time (%)												
Queuing Penalty (veh)												
Storage Bay Dist (m)												
Storage Blk Time (%)												
Queuing Penalty (veh)												

Intersection: 5: 1#路 & D路

Movement	SB	SB	SB	SB
Directions Served	T	T	T	R
Maximum Queue (m)	235.9	206.9	208.5	214.6
Average Queue (m)	144.7	133.6	125.9	99.0
95th Queue (m)	237.8	214.1	212.7	234.0
Link Distance (m)	294.6	294.6	294.6	294.6
Upstream Blk Time (%)				
Queuing Penalty (veh)				
Storage Bay Dist (m)				
Storage Blk Time (%)				
Queuing Penalty (veh)				

Queuing and Blocking Report
2030年Build

Intersection: 11: 内环往西 &

Movement	WB	SW
Directions Served	T	R
Maximum Queue (m)	172.2	66.8
Average Queue (m)	68.8	65.7
95th Queue (m)	207.8	68.8
Link Distance (m)	167.6	62.2
Upstream Blk Time (%)	2	100
Queuing Penalty (veh)	0	0
Storage Bay Dist (m)		
Storage Blk Time (%)		
Queuing Penalty (veh)		

Intersection: 15: 内环往东 &

Movement	EB	EB	EB	NE
Directions Served	T	T	T	R
Maximum Queue (m)	67.8	62.0	62.0	22.5
Average Queue (m)	63.2	62.0	62.0	12.4
95th Queue (m)	67.0	62.0	62.0	22.2
Link Distance (m)				59.7
Upstream Blk Time (%)				
Queuing Penalty (veh)				
Storage Bay Dist (m)				
Storage Blk Time (%)				
Queuing Penalty (veh)				

Intersection: 16: 内环往东 &

Movement
Directions Served
Maximum Queue (m)
Average Queue (m)
95th Queue (m)
Link Distance (m)
Upstream Blk Time (%)
Queuing Penalty (veh)
Storage Bay Dist (m)
Storage Blk Time (%)
Queuing Penalty (veh)

Queuing and Blocking Report
2030年Build

2011-1-18

Intersection: 19: 2#路 & 环路

Movement	EB	EB	EB	EB	NB	NB	SB	SB	SB
Directions Served	L	T	T	R	L	T	L	T	R
Maximum Queue (m)	67.2	23.1	15.6	54.0	13.4	138.6	25.4	83.5	8.8
Average Queue (m)	43.7	16.3	12.8	25.9	6.1	111.4	16.9	38.2	8.6
95th Queue (m)	67.6	25.7	18.3	55.4	14.8	159.3	24.8	76.3	8.8
Link Distance (m)					134.0	134.0	165.8	165.8	165.8
Upstream Blk Time (%)						4			
Queuing Penalty (veh)						0			
Storage Bay Dist (m)									
Storage Blk Time (%)									
Queuing Penalty (veh)									

Nework Summary

Network wide Queuing Penalty: 454

Actuated Signals, Observed Splits
2030年Build

2011-1-18

Intersection: 5: 1#路 & D路

Phase	1	2	4	5	6	8
Movement(s) Served	SBL	NBT	EBT	NBL	SBT	WBT
Maximum Green (s)	7.0	20.0	16.0	7.0	20.0	16.0
Minimum Green (s)	4.0	4.0	4.0	4.0	4.0	4.0
Recall	None	C-Max	None	None	C-Max	None
Avg. Green (s)	6.8	22.3	16.0	6.7	22.5	16.0
g/C Ratio	0.10	0.41	0.29	0.10	0.41	0.29
Cycles Skipped (%)	18	0	0	18	0	0
Cycles @ Minimum (%)	0	0	0	0	0	0
Cycles Maxed Out (%)	73	100	100	45	100	100
Cycles with Peds (%)	0	0	0	0	0	0

Controller Summary

Average Cycle Length (s): 55.0
Number of Complete Cycles : 10

Intersection: 19: 2#路 & 环路

Phase	1	2	4	5	6
Movement(s) Served	SBL	NBT	EBTL	NBL	SBT
Maximum Green (s)	4.0	48.0	16.0	8.0	44.0
Minimum Green (s)	4.0	4.0	4.0	4.0	4.0
Recall	None	Max	None	None	Max
Avg. Green (s)	4.0	48.8	16.0	6.6	48.1
g/C Ratio	0.04	0.61	0.20	0.07	0.60
Cycles Skipped (%)	14	0	0	17	0
Cycles @ Minimum (%)	86	0	0	0	0
Cycles Maxed Out (%)	86	100	100	33	100
Cycles with Peds (%)	0	0	0	0	0

Controller Summary

Average Cycle Length (s): 79.6
Number of Complete Cycles : 6

参考文献

［1］包晓雯.世纪之交论我国城市立体交叉的发展［J］.中国市政工程，1999（1）：
　　6-10.

［2］丁印成.城市立交方案评价体系研究［D］.哈尔滨：东北林业大学，2007.

［3］国家统计局.中国统计摘要（2013）［M］.北京：中国统计出版社，2013.

［4］贾海燕.展线型立交关键技术研究［D］.重庆：重庆交通大学，2009.

［5］江南.中国古代的"立交桥"［J］.科学之友：上半月，2010（12）：25

［6］勒·柯布西耶.明日之城市［M］.李浩，译.北京：中国建筑工业出版社，
　　2009.

［7］美国汽车工业发展史［J］.中国汽摩配，2006（10）：78.

［8］谢阳阳.多路互通式立交的类型及适用条件［D］.西安：长安大学，2012.

［9］石颖.多路立交类型体系及评价的研究［D］.重庆：重庆交通大学，2011.

［10］王素芬.南站立交全国第一座立交桥迎来送往五十余载［N］.乌鲁木齐晚报，
　　2012-12-10.

［11］American Association of State Highway Officials. A Policy on Geometric Design of
　　Rural Highways［M］. Washington DC，1954.

［12］Chlewicki Gilbert. New Interchange and Intersection Designs：The Synchronized
　　Split-Phasing Intersection and the Diverging Diamond Interchange［J］. the 2nd
　　Urban Street Symposium，Anaheim，Califormia，2003（7）.

［13］Kane Joseph Nathan. Famous First Facts，2006.

［14］Leisch Joel P，Morrall J. Evolution of Interchange Design in North America
　　［C］// the 2014 Conference of the Transportation Association of Canada，
　　Montreal，Quebec Patent no. 1173505 at Google Patent Search Wikipedia，Road
　　interchanges in Germany，2016.

［15］中交第一公路勘察设计研究院.公路路线设计规范（JTG D20—2006）［S］.
　　北京：人民交通出版社，2006.

［16］潘兵宏，许金良，杨少伟.多路互通式立体交叉的形式［J］.长安大学学报：
　　自然科学版，2002（4）：31-33.

［17］杜立平.群布型立交关键技术研究［D］.重庆：重庆交通大学，2009.

［18］Airports Council International. 2010 North American Final Rankings，2011.

［19］United States Department of Transportation. Top 25 U.S. Freight Gateways，Ranked by Value of Shipments: 2008，2009.

［20］陈玮.对我国山地城市概念的辨析［J］.华中建筑，2001（3）：55-58.

［21］成受明.山地城市空间扩展动力机制及扩展模式研究［D］.重庆：重庆大学，2003.

［22］崔叙，赵万民.西南山地城市交通特征与规划适应对策研究［J］.规划师，2010，26（2）：79-83.

［23］顾尚华.道路交通噪声的危害与控制措施［J］.交通与运输，2003（2）：24-25.

［24］黄光宇.山地城市学原理［M］.北京：中国建筑工业出版社，2006.

［25］黄铃岚.山地城市交通分析［J］.科海故事博览·科技探索，2013（11）.

［26］蒋林，王芳，孟庆.城乡规划视角下的"山地"和"山地城镇"界定初探［J］.重庆山地城乡规划，2014（4）：87-92.

［27］蓝岚，伍炜.基于交通量特性分析的山地城市交通发展策略［J］.重庆交通大学学报：社会科学版，2015，15（1）：24-26.

［28］李泽新，王蓉.山地城市道路交通环境特点及其控制对策［J］.山地学报，2014，32（1）：46-51.

［29］刘榆燕.山地城市交通特性分析［J］.房地产导刊，2015（27）.

［30］秦雷.基于组团式山地城市交通演变机理的交通控制技术与策略研究［D］.重庆：重庆交通大学，2012.

［31］王芳,蒋林."山地城市"界定研究——以重庆市为例［C］//中国科学技术协会、重庆市人民政府.山地城镇可持续发展专家论坛论文集［C］.中国科学技术学会、重庆市人民政府：中国城市规划学会，2012.

［32］肖克非.中国山区经济学［M］.北京：大地出版社，1988.

［33］徐进,林伟,张余,等.山地城市道路长上坡路段交通噪声分布特性实测研究［J］.科学技术与工程，2016，16（17）：275-282.

［34］张雪原，翟国光.山地城市空间形态生长特征分析［J］.现代城市研究，2013，28（2）：45-50+56.

［35］Stamatiadis，Nickforos，Gong，Huafeng. Analysis of Inconsistencies Related to Design Speed，Operating Speed and Speed Limits，KTC–06–12/SPR286–05–1F，Kentucky Transportation Center，2007.

［36］北京市政工程设计研究总院.城市道路路线设计规范（CJJ 193—2012）［S］.北京：中国建筑工业出版社，2012.

［37］陈显余.八车道高速公路的交通现状分析及管理对策思考［J］.公安学刊：

浙江警察学院学报，2006（2）：78-79+99.

［38］中交第一公路勘察设计研究院有限公司.公路工程技术标准（JTG B01—2014）［S］.北京：人民交通出版社，2014.

［39］江苏省交通规划设计院.京沪高速公路（淮安—江都）扩建工程可行性安全性评价专题研究报告［R］，2011.

［40］日本道路公团.日本高速公路设计要领［M］.交通部工程管理司译制组，译.西安：陕西旅游出版社，1991.

［41］秦利燕.济青高速公路交通事故分布规律研究［D］.长春：吉林大学，2002.

［42］沈大高速公路事故分布规律研究.辽宁省交通厅重点科研项目（辽9506-KRS）［R］，1997.

［43］施轶峰，陈康俊，张延军.互通式立交匝道车速研究［J］.公路，2011（8）：124-128.

［44］吴玲涛，何勇，米晓艺，等.浅析城市快速路交通事故特性[J].道路交通与安全，2008，8（5）：10-12+17.

［45］谢永彰，龙科军，余进修，等.城市快速路交通事故特性研究［J］.交通与运输：学术版，2005（2）：90-93.

［46］中国公路工程咨询集团有限公司.公路立体交叉设计细则（JTG/T D21—2014）［S］.北京：人民交通出版社，2014.

［47］中国汽车技术研究中心，交通部公路科学研究所，公安部交通管理科学研究所.汽车、挂车及汽车列车外廓尺寸、轴荷及质量限值（GB 1589—2004）［S］.北京：中国标准出版社，2004.

［48］中国汽车技术研究中心，交通部公路科学研究所，公安部交通管理科学研究所.汽车、挂车及汽车列车外廓尺寸、轴荷及质量限值（GB 1589—2016）［S］.北京：中国标准出版社，2016.

［49］American Association of State Highway and Transportaiton Officials. A Policy on Geometric Design of Highways and Streets［M］. Washington D C: 2011.

［50］Chrysler S T，Holick A J，Williams A A，et al. Driver Comprehension of Diagrammatic Advanced Guide Signs and their Alternatives［C］. Transportation Research Board 86th Annual Meeting，2007.

［51］Cirillo J A. Interstate System Accident Research Study II，Interim Report，Part I. In Highway Research Record 188，HRB，National Research Council，1967，1-7.

［52］Cirillo J A. Interstate System Accident Research Study II，Interim Report，Part II［J］. Public Roads，1967，35（3）：71-75.

［53］Ellis N C. Driver Expectancy: Definition for Design［R］. Texas Transportation Institute，College Station，1972.

［54］Firestine M，McGee H，Toeg P. Improving truck safety at interchanges: summary report［R］. Curves，1989.

［55］Khorashadi A. Effect of Ramp Type and Geometry on Accidents［J］. Analysis of Variance，1998（11）：123.

［56］Harold Lunenfeld，Alexander G J. Human Factors in Highway Design and Operations［J］.Journal of Transportation Engineering，1984，110（2），149-158.

［57］Lundy A R. The Effect of Ramp and Geometry on Accidents［J］. Highway Research Boerd，1967（163）：80-117.

［58］Richard C M，Lichty M G. Driver Expectations When Navigating Complex Interchanges，FHWA-HRT-13-048，FHWA，2013.

［59］Russell E R. Using Concepts of Driver Expectancy，Positive Guidance，and Consistency for Improved Operation and Safety［J］. 1998 Transportation Conference Proceedings，1998：155-158.

［60］World Health Organization. Global Status Report on Road Safety 2015［R］. 2015，15（4）：286.

［61］陈东波，高德发，马红平.层次分析法（AHP）在立交方案评价中的应用［J］. 交通科技，2013（3）：157-159.

［62］方国华，黄显锋.多目标决策理论方法及其应用［M］.北京：科学出版社，2011.

［63］林雨，张方方，方守恩.基于投影寻踪的互通立交方案综合评价方法［J］. 公路交通科技，2008（5）：136-139.

［64］卢耀军，刘富成，陈晓芳.城市立交方案评价指标权重确定方法研究［J］. 西部交通科技，2010（Z1）：112-115+124.

［65］杨林，高贺，王立军.公路互通式立交方案的模糊综合评价［J］.东北林业大学学报，2002，30（1）：92-94.

［66］曾祥纪，蒋惠园.基于三角模糊数的综合评价法在互通立交方案选取中的应用［J］.武汉理工大学学报：交通科学与工程版，2008（3）：543-546.

［67］赵静，但琦.数学建模与数学实验［M］.4版.北京：高等教育出版社，2014.

［68］张炳江.层次分析法及其应用案例［M］.北京：电子工业出版社，2014.

［69］张飘，贺玉龙，刘小明.高速公路互通式立交多目标决策选型评价方法研究［J］.公路交通科技，2001（5）：82-86.

［70］田铮，林伟.投影寻踪方法与应用［M］.西安：西北工业大学出版社，2008.

［71］王晓宁，安实，张德军，等.基于物元分析的立交方案综合评价方法［J］.武汉理工大学学报：交通科学与工程版，2009，33（2）：207-210.

致　谢

　　本书技术经验篇主要参考了美国硅谷 US101 San Jose 段立交群改造工程。该项目工程实施研究由林同棪国际（TYLin International）和 Parsons 历时两年半合作完成。在此感谢在该项目中一起努力的林同棪国际同事和来自 Parsons 的合作伙伴，感谢你们在项目研究过程中提供的无私帮助，感谢你们为大家提供了一个完整的典型立交群设计案例！

　　在实战案例篇，本书主要选用了重庆火车北站北站场立交群设计项目。该项目从可研到施工图设计，均由林同棪国际工程咨询（中国）有限公司独立完成，参与该项目的领导同事多达 140 多人，在此特别表示由衷的感谢！

　　本书在编写过程中，大量参考和引用了世界各地的立交群设计案例，但在本书中，仅有这些案例的图片及经验介绍给读者学习了解，在此衷心感谢那些为这些案例付出的所有人。同时，在本书的编写过程中，也引用了海内外同行在立交群设计方面总结的经验教训，在此特别感谢 Joel Leisch，John Morrall，Richard Lundy 等！

　　本书在选题及材料组织过程中，得到了全国勘察设计大师蒋中贵先生、林同棪国际工程咨询（中国）有限公司总工程师李小荣设计大师的指点和帮助，同时也得到了公司其他领导的关心与支持，在此特别感谢！

　　本书编写时间紧迫，期间常常无暇顾及家人，在此特别感谢夫人邵知宇博士对小家的倾心付出，感谢聪明伶俐的儿子 Ryan 带来的无限乐趣！

　　还有无数应该感谢的人，在此不一一罗列他们的名字，感谢你们的付出和支持！

龚华凤